Writing Lessons
From the Masters

舒明月 著

大师们的写作课

好文笔是读出来的

增订版

人民文学出版社

图书在版编目（CIP）数据

大师们的写作课：好文笔是读出来的/舒明月著．——2版（增订版）.-北京：人民文学出版社，2023（2025.2重印）
ISBN 978-7-02-018192-6

Ⅰ.①大… Ⅱ.①舒… Ⅲ.①写作学 Ⅳ.① H05

中国国家版本馆 CIP 数据核字（2023）第 152172号

责任编辑　周　贝
装帧设计　李思安
责任印制　张　娜

出版发行　人民文学出版社
社　　址　北京市朝内大街 166 号
邮政编码　100705

印　　刷　河北博文科技印务有限公司
经　　销　全国新华书店等

字　　数　302 千字
开　　本　880 毫米 ×1230 毫米　1/32
印　　张　14.875　插页 3
版　　次　2020 年 8 月北京第 1 版
　　　　　2023 年 9 月北京第 2 版
印　　次　2025 年 2 月第 4 次印刷

书　　号　978-7-02-018192-6
定　　价　55.00 元

如有印装质量问题，请与本社图书销售中心调换。电话：010-65233595

目 录

序言1　好文笔是读出来的　/　001
序言2　写作是一种具有杀伤力的梦想　/　004

内容篇
在文学世界里看见十万种活色生香

[颜色]　除了红黄蓝绿,我们还能写出什么?(上)　/　003
[颜色]　除了红黄蓝绿,我们还能写出什么?(下)　/　010
[花事]　化"景语"为"情语"的四步法　/　015
[美食]　各种普通食物最好吃的时刻　/　025
[萌物]　汪曾祺的"鸡教"与杨绛家的猫　/　035
[猛兽]　善用"把"字句,为文字降速　/　044
[童真]　真≠善——撕破孩童世界的隐讳　/　051
[容貌]　千万别将外貌与性格过多联结　/　059
[男色]　张爱玲为什么从来不写美男子?　/　068
[情色]　如何写出韩国情色电影一样的唯美　/　075
[云雨]　像剥开一个珍美的小橘子似的　/　086

技能篇
深入解码，寻找大师们的写作密码

【标点】 天才笔下的标点不同凡响 / 095
【造语】 出奇制胜，才能"惊"艳于人 / 106
【比喻】 善用比喻是一种基因突变 / 113
【比喻】 钱锺书的比喻有浓重段子手气质 / 125
【通灵】 菲茨杰拉德化平庸为神奇的法力 / 140
【情感】 "冷"心肠写不出"热"文章 / 153
【血书】 高手对决，比的是情感浓度 / 161
【匮乏】 "黄金时代"请你放下文艺范儿 / 169
【节制】 冯唐是如何毁在没有节制上的？ / 179
【雅俗】 正确添加方言俗语的比例 / 189
【收束】 散文要"度尾"，小说多"煞尾" / 197

拓展篇
为写作开辟每一种可能

【传承】 好一朵牡丹花，谁接过去？ / 211
【译言】 你为什么不必读翻译文学？ / 219
【互文】 语言的杂交，掌控得好就是创意 / 225
【模仿】 一流艺术模仿生活，二流艺术模仿艺术 / 236
【新秀】 文章流传广泛的关键在于文体创新 / 244
【社会】 所有的写作，都是为了被阅读 / 256
【文艺】 不是我们拥有才华，是才华将我们用作容器 / 268

批注篇
全文精批,领受顶级作家的繁密招式

刻意制造落差,小事写出大滋味
　　——关于鲁迅《风筝》 / 279

动词求"准",也就兼具了"新"
　　——关于阿城《溜索》 / 285

宕开一笔的俏皮结尾法
　　——关于张春《各种普通的食物最好吃的时刻》 / 296

经典故事模式:正负两主题相互激荡
　　——关于汪曾祺《黄油烙饼》 / 311

同类事件的七十二般变化讲述
　　——关于张爱玲《琉璃瓦》 / 329

捕捉细之又细的生活现象与感官体验
　　——关于费滢《鸟》 / 355

主角的丰富层层展现,配角的鲜明始终如一
　　——关于刘震云《一句顶一万句》 / 371

天真散文里也有世故的匠心
　　——关于琦君《香菇蒂》 / 393

使用高超的暧昧笔法为读者造梦
　　——关于沈从文《萧萧》 / 404

经典故事模式:双线交叉叙述,高潮次第来临
　　——关于白先勇《孤恋花》 / 431

后记　文字,不只是一小部分人的爱好 / 457

序言1
好文笔是读出来的

好文笔是读出来的？之所以用了这么个标题，意在旗帜鲜明地反对如下观点：好文笔是写出来的。

我认为在提升文笔的训练中，读比写重要。只读不写，写作仍旧可以提升；但只写不读就未必了。"熟能生巧"这个词只适用于简单的手眼配合、肌体平衡活动，而任何一门艰深的学科，后起之秀再怎样天赋异禀也是在前人的基础上才好开拓。语言文字何其精微复杂，埋头硬写绝对难以搞定。必须阅读经典作品，取法乎上，写作才有可能获得实质提升。

举个例子说明，且看鲁迅《秋夜》的著名起段：

> 在我的后园，可以看见墙外有两株树，一株是枣树，还有一株也是枣树。

中学教案是怎么讲解的呢？——"这是运用反复的修辞手法，指出赞颂对象，使读者有一个突出而强烈的印象。"是不是感到牵强敷衍，隔靴搔痒，解释力弱到令人过目就忘？咱还是来看看台湾的小说奇才张大春的说法吧：

> （如果将鲁迅的原句）修剪成"在我的后园，可以看见墙外有两株枣树"这样的两个句子，乃至于"我的后园有两株枣树"这样的一个句子……一旦修剪下来，读者将无法体会那种站在后园里缓慢转移目光、逐一审视两株枣树的况味。修剪之后的句子也将使《秋夜》的首段变成描写"枣树"的准备；然而鲁迅根本没准备描写枣树呢——或者应该这么说：枣树只是鲁迅为了铺陈秋夜天空所伏下的引子，前面那四个"奇怪而冗赘"的句子竟是写来为读者安顿一种缓慢的观察情境，以便进入接下来的五个句子："这（按：指枣树）上面的天空，奇怪而高，我生平没有见过这样的奇怪而高的天空。他仿佛要离开人间而去，使人们仰面不再看见。"

张的解释令人信服。为什么信服？因为任何读者，只要用心跟随鲁迅的文字，他的大脑里呈现出的情境——镜头的转移以及画面的切换，一定和张大春所言如出一辙。只不过普通读者难以像小说家那样感觉敏锐而得于心，文字娴熟而应于手，因此只能一面朦胧觉得教案的解释不对劲，一面却口中嗫嚅说不出所以然。而得到真正通透的解释后，除了恍然大悟的智力愉悦外，倘若读者有心，就很可以从中学到一些关于文章起承转合、控制节奏的技法了。

在本书中，我将试着以一个世故读者的犀利的眼，看穿貌似浑然天成的作品下作者的匠心，并将它们条陈出来。这些作者包括但不止于鲁迅、张爱玲、沈从文、汪曾祺、胡兰成、余光中、金庸、白先勇、阿城、琦君、朱天文、简媜、张大春、安妮宝贝、严歌苓、李娟、冯唐、六神磊磊、郭敬明、大咕咕咕鸡……希望我的发现能够给执着于提升文笔的人们一点启发和助益。

在阅读这本书的过程中，读者还可以向我的微信公众号——"舒明月写作课"后台发送"颜色""花事""美食"等关键词，获取对应篇目的推荐阅读材料。

舒明月写作课

序言2
写作是一种具有杀伤力的梦想

大学主修政治的我，毕业后进入某政治组织的全国委员会工作，旁人眼中顺风顺水的日子，自己的感觉却是"风刀霜剑严相逼"。几年后终于无可忍耐跳脱出去，奔向了自以为是的光明生活。却没料到才在咨询公司干了半年，就又觉得不过是攒英文报告的流水线工种，仍旧兴致缺缺……

于是，深冬的早晨，二十六七大龄女徘徊在上海滩的繁华地界，不明媚、很忧伤，扪心自问：

"青年一个狗的路在何方？"

但凡工作不如意，人生不太平，心底就总有一个声音浮现："没关系，这些挫折苦恼可都是将来写作的素材啊。"过往的很多年，我好像就指着这个声音含混地活了下来，时常快乐如狗。然而年岁毕竟没活到狗肚子里去，确凿无疑地，值得庆幸地，我知道自己的心智在日趋明晰成熟。以前无一例外忽悠完我后就如夜鱼般溜脱的声音，这次被我牢牢抓住了——"将来写作的素材"——嗯哼，将到哪一天？

是的，将到哪一天？

假如热爱写作，为什么不提笔就写？假如不热爱写作，为什么念念难忘？导致写作拖延的心理根源是什么？……追因本能强烈如我者，思索了整整一日也毫无成果。

幸而这两年积累了丰富的战拖经验，知道很多事情多想无益，行动才是黑马，它往往能出乎意料地昭示答案。既然已认识到外企的工作同样不适宜，况且半年多的"高薪"已使我攒了足够的一笔钱，再况且还有出版社拿来一本书让翻译，就索性辞了职，以积蓄和翻译来供养写作生涯吧。

就那么念头一转地"落了草"，自此成为野生写作者。一面勤勤恳恳如农夫翻地般翻书，一面写男女情爱小说投给杂志社。先是投给一家数年前曾发过我小说的省级文联刊物（所谓纯文学杂志），编辑很快回复："风格偏流行，不适合我们刊物。"只好转投一家流行熟女杂志，编辑倒是相中了，毫不吝啬地褒扬了一番，让压缩篇幅以便发表。于是迅速斩去一些字句，回复了邮件，静候佳音。然而，对方莫名其妙就中断了联络，几次追问，再无一个字的消息。吭吭哧哧辛苦修改一场，全白费了。究竟怎么回事？还真是翻手为云覆手为雨，好任性呢。

后来又给一个少年杂志写过几篇调查稿、人物稿，也是反复修改，或是稿子写完人家根本也不用。我由此认识到写作者和纸媒之间的尊卑等级。渠道的稀缺注定了把持关隘者的任性,他们往往将读者的偏好揣度为一只履,然后抱臂旁观,要求写作者削足适这只履。无数写作者前赴后继地削啊,场面血腥,触目惊心。

因为难以忍受此等苦楚,我暂停了向纸媒投稿,开始在自己当时唯一知晓和拥有的渠道——微信朋友圈里,每天发一段二三百字的文学短评,起名"明月谈文学"。尽管投稿受挫,心情却并未受到太大影响,因为每天光是念及"我终于开始认真对待写作了"这一事实,就兴高采烈到无以复加,入眼的一切都变亮了,像刚换了副新眼镜,自己也被震惊了。何况朋友圈里的短评还颇受欢迎,每篇都获得满眼的点赞和评论,这似乎又恰好为我内心那个飘飘然的热气球坠上一个沉甸甸的底座,乃得以完美平衡,加速飞行。

乘风飞行,意气昂扬,有一种感觉扑面而来且越发强烈,那就是——我的人生于节节溃败之际,总算走对了一步早就该走的棋啊!

很小的时候,我就在文学上有异于常人的敏感。但凡精彩的字句,一旦入了眼,也就入了心,记忆永不磨灭。这种纯然的审美敏锐,在任何时候都如锥之处囊中,无可掩饰。照理说这样的一块材质,有它毋庸置疑的用处,将来从事相关的行业就是了。只可惜,一个人生活道路的选择,常常不太出于"拥有什么"(禀赋),而更出于"匮乏什么"(渴望)。在我家乡那样的十二线城市,平头百姓最渴望的就是进入体制,能者呼风唤雨,无能者至少可免于辛苦劳碌、恐惧畏缩。自小成绩优秀的我,又被传扬

"会写文章",就当仁不让成了浇灌家族渴望的甘霖,被期待遵循古代"写文章—当大官"或当代"笔杆子"受提拔重用的路径,终有一天光耀门楣。

于是"误入歧途"许多载——如今一言以蔽之"误入歧途",可在当年,那份工作是家人以及我自己都认同的光明大道。工作后果然需要写很多文章,但那类包含"切实加强""大力推进"等字样的文章,追求的是一种玄学意境。

别人写起这类贯彻落实文章,与做其他事情无甚分别,脑力主要用于领会上级精神。而我,却因为需要压抑自己天然强烈的倾向而内耗过大,以至于无暇充分领会精神。到后来索性因为爱惜羽毛,怕私人的写作也沾染上拘谨的文风而故意怠工。于是,做一个体制内"笔杆子"的可能性几乎为零了。

文章写不好,那么做事呢?抱持"将来要写作"的念头,也令自己始终生活在别处。既然留了一条光辉的出路,眼前的一切就显得喑哑黯淡。为了经历而经历,也难免浮光掠影、蜻蜓点水,感到没有什么是值得发狠用力的,一枝独秀地清高着,对别人的热衷与钻营也多嗤之以鼻。做事方面,同样乏善可陈。

在体制内清高,还好歹可以举价值观或者效率的大旗,跟人痛诉环境不尽如人意。可是,脱离了体制,到了咨询公司里,仍然一副世外高人的悠游模样,那就值得严肃地反省一番了。如今我才总算明白了:原来一切都源于内心那个颇具杀伤力的梦想。

有那么一类梦想:假如你不去实现它,它就会毁坏你的生活。它会败坏你对于生活的正常热情和执着。写作就是其中的一种。当我开始正儿八经地写作,那内心巨大欢乐的迸发令我意识到,原来毕业后很多年之所以干啥啥不成,是因为我的人生其实只被注定了干一件事,并且不管它能不能成。

正巧那时候读到荣格的文章,其中有一段话:

> 根植于无意识深处的创作冲动和激情,是某种与艺术家个人的命运和幸福相敌对的东西,它践踏一切个人欲望,无情地奴役艺术家去完成自己的作品,甚至不惜牺牲其健康和平凡的幸福。

简直泪流满面!结合这一段话,写作拖延的谜底算是揭开了。来复个盘吧:

置身于严酷的生存竞争中,平凡的家庭出于对资源的渴求,在其认知范畴内,基于可预期性和回报率,为我做了上佳的职业选择。我在理性上也百分百认同,最初在行动上也积极配合。而文学性写作,由于渠道有限,机遇难得,前景极不明朗,无优裕的投入产出比;虽有一定天分,不足以抵扣其风险,因此并不值得认真投入。

但事情坏就坏在这一点天分上。如荣格所说,这天分是"一种自然力","它以自然固有的狂暴力量和机敏狡猾去实现它的目的"。当它察觉到我在忽略它、远离它、遏制它,就对我施行了十倍的反作用力,使我狼狈不堪,郁郁寡欢。我起初不明就里,以为根源在于某一特定的职业环境,于是奋力挣脱,寻找别样的职业环境，结局是并没有什么实际效果。直到我放弃了一切有悖于它的世俗盘算和规划，顺应它的能量，这才见识到它的能量有多么巨大。由此也是猛然间明白了"前世今生"，通晓了以往不开心的症结。

此前所谓"写作拖延"，是一场旷日持久的"写"与"不写"的拉锯战，明面上"不写"占上风，确实多年来也没几个作品，可实际关切点始终在文学上，像是夜眠于寒冰床，不由自主地在修炼内力。尽管不动笔，但以色鬼看美女的灼灼眼神来看作品。这本书就是这一段人生的产物，有些人觉得"好文笔是读出来的"说法很扯，但这是我如假包换个人的经验，我的文笔确实是读出来的，不是写出来的。

开写这本书是在朋友圈"明月谈文学"发了大约三十期后，觉得短评不过瘾，想抻开了写，又加上评论勾起了好奇，大家希望看到原文，多重因素一结合，就创出了"颜色篇"那样的体例。用一个松散的主题将深印于我脑海中的文字片段串联起来，再点评特色，分析笔法。

专栏写好了两篇还是先发给纯文学杂志的编辑看，编辑回复：读着很好，但这种文章我们从没有登过，无法归到任何一个栏目里去。幸而从朋友处得知时下的写作者都是先在网络平台上发布作品，才决定到豆瓣阅读试水。一试之下，效果喜人。作品登上了最热文章榜，热爱写作的读者亦纷纷表达感激，订阅量也在短时间之内破万。编辑来访、选题通过、图书出版并冲上当当网最热新书榜单……一切都是一个大写的"顺"字。

杂志就那么几十页的体量，择取作品难免偏于保守，有种种条件和限制。"好文笔"专栏的体例非驴非马，作者也不是文学教授，几乎没可能在杂志上刊登。但这些问题在网络上就完全不存在，有容乃大，它盛得下一千一万种创新，慷慨到可以完全不顾作者的名头，只以作品衡量。只要有一点可读之处，就大可给它阳光，让它自由生长，自己负责灿烂，而不必削足适任何一种履。

此外，我也不是那种能写上满抽屉的手稿而不急于被阅读的作者，充足而及时的反馈是我写作继续的重要刺激力。所以，倘若没有网络的高效传播、频繁互动，"好文笔"专栏大概只会是最初的两三篇，绝无可能发展到如今的十多万字。同时，一些深具形式感的网络文学平台，也为"好文笔"专栏这类带有"严肃文学"追求的作品匹配了稳定而高质的读者流。

我敢肯定，此刻读着这篇文章的人当中，一定也有为写作梦想深深困扰着的少年，对着我的自述心有戚戚。你要做的是立刻动起笔来写出作品。写作曾经是一件前景极不明朗的事情，多少无闻的天才，看不见的巨作，都滚滚长江东逝水了。但一拨儿开放、自由的网络平台的出现以及各类出版机构的壮大，简直就是给中文写作世界普及了一场社保，将"怀才不遇""湮没不闻""石沉大海""知音难觅"这一类使写作者胆寒退缩的悲催情境排除出他们的生活可能性；让有天分的人顺畅地走上写作的道路，将写作梦想的杀伤力永久封印。功德无量啊。

写，还是不写，从此不该再是一个问题。

内 容 篇

在文学世界里看见十万种活色生香

> 文字描摹了美好的物态，但很多时候我们发现真实生活因为有文字的呼应显得更美了。

【颜色】

除了红黄蓝绿，我们还能写出什么？（上）

胡兰成在《禅是一枝花》里记过这样的一件事：

> 那同学道：我二哥去年到日本去开学会，去看能乐练习，有一女子姓中司，是中学教员，每周也来学舞，她在能乐的舞台上执扇而舞，束发的押发针的宝石红，随着身体的旋转一闪一闪，给我二哥非常女性的感觉。中司生得纤弱秀丽，人前进退应对有礼仪，我二哥说她真是个小小可怜娘，像田塍上的槿花。我二哥就被她头上押发针的一点宝石红迷住了。中司因师父介绍，随众认识了我二哥，回去搭电车恰好有几站是同路，她在电车上应对，极敬重我二哥，且觉得亲近，也不过是这样。惟有那晚她舞时押发针闪动的宝石

红，听我二哥讲起来，我都为之神往了。那仅仅是一个颜色呵，可是古今来女色的色都在这里了。

这是本篇的绝妙引子。色彩之令人目眩而神惑，想必大家都有体会。一个极好的颜色，即便不能达到上文中铭心刻骨的效果，也至少会令它所附着的事物显得更为可爱。因此，若以文字再造一个世界，无论写景状物、记事言情，都应该像设计师或电影导演那样孜孜于色彩的运用。哪怕对于颜色不十分敏感，酌量在文章中加入一些，也总能收获积极的效果。正如品位一般的女人不可轻易自化浓妆，但简单涂些粉底、抹个唇彩，妥妥地可以提升美丽指数，不大容易出差错。

鲁迅就是个善于运用颜色的大家，他特别懂得在寒冽清冷的底子上涂绘鲜明的色彩，印象最深的是《野草》中的一段：

雪野中有血红的宝珠山茶，白中隐青的单瓣梅花，深黄的磬口的腊梅花；雪下面还有冷绿的杂草。蝴蝶确乎没有……但我眼前仿佛看见冬花开在雪野中……

仔细研究一下会发现，在色彩之外，鲁迅对景和物的"形"并没有着笔太多，不过是"单瓣""磬口"几个词而已。之所以给人以难以磨灭的印象，设色之妙占据了七八成。他在这一段中使用了许多饱和度相当高的色彩。雪的纯白晶莹与花的鲜艳夺目互相映衬，带来强烈的视觉冲击。相同的手法在小说《在酒楼上》中也有使用：

> 几株老梅竟斗雪开着满树的繁花，仿佛毫不以深冬为意；倒塌的亭子边还有一株山茶树，从暗绿的密叶里显出十几朵红花来，赫赫的在雪中明得如火，愤怒而且傲慢，如蔑视游人的甘于远行。

其实鲁迅曾经说过："对于自然美，自恨并无敏感，所以即便恭逢良辰美景，也不甚感动"，但是他写景状物仍旧当得起顾随形容的"一笔一个花"，全然大家水准。这其中奥妙，就在善于用色。当然他对于色彩一定有天生的敏锐，但后天的自我培养也不可忽略。记得萧红回忆鲁迅的文章中就提到他留日时曾经读过不少美学方面的书籍。诸位看客实在应该效仿他老人家，即便自认格高，也不惮精益求精。

以"一株是枣树，还有一株也是枣树"而闻名的《秋夜》中，亦有一段深可赏玩：

> 那罩是昨晚新换的罩，雪白的纸，折出波浪纹的叠痕，一角还画出一枝猩红色的栀子。……那老在白纸罩上的小青虫，头大尾小，向日葵子似的，只有半粒小麦那么大，遍身的颜色苍翠得可爱，可怜。

有人曾评论：这样的设色和构图，是一幅标准的齐白石小品。简直要为此评论点一百个赞,太得风人深致了!

雪白、猩红与翠绿,仍旧一派明艳,没有对自身笔力的高度自信,不敢如此大胆使用色彩。写到这里,我陡然联想到了女明星的红毯妆,很多也是这样的用色思路,足见此种风格的征服力。

鲁迅说了许多,就此打住吧。接下来可以说说岁月静好的爱玲了。我对张爱玲小说的总体评价是"明艳端方,光彩照人"。与鲁迅的清冷凄艳不同,她笔下是一片彩绣辉煌,流光溢彩,像撒了金粉一样,有人民群众喜闻乐见的富贵气象。且看著名的《金锁记》片段:

> 1. 那扁扁的下弦月,低一点,低一点,大一点,像赤金的脸盆,沉了下去。
> 2. 那曹七巧且不坐下,一只手撑着门,一只手撑了腰,窄窄的袖口里垂下一条雪青洋绉手帕,身上穿着银红衫子,葱白线香滚,雪青闪蓝如意小脚裤子……

赤金、银红和闪蓝——又是金,又是银,又如宝石般闪耀。此等色泽,谁人不爱?《金锁记》里还有一句,"敝旧的太阳弥漫在空气里像金的灰尘,微微呛人的金灰,揉进眼睛里去,昏昏的……",连灰尘都是金的,张小姐果然造境不遗余力。

张爱玲写颜色还有一招绝活,即不知从哪里搜罗来各种名词作为色彩的前缀,这当然是承袭的红楼笔法,不过也有她自己的创造在里头。比如《金锁记》里随意扫扫就有雪青、蟹壳青、竹根青、佛青、藏青等各种青，搜了搜中国传统色彩名录，发现并没有什么"竹根青"和"佛青"，大概都是张小姐的发明。现代人也还在延续着这种发明，比如造了"太空灰""科技灰"等词。不过，失去了无数古典文本层层晕染的美感，这些词总是让人觉得怪怪的。由此牵连出一个大问题，即——任何现时的写作都与已有的文本存在着呼应，有意识地运用这种呼应，可以增加写作的魅力。

张爱玲是个感官异常敏锐的人，这一点绝大多数人都望尘莫及。但技法层面还是有很多可以学习的，比如心中想到某种色彩笔下却只有干巴巴的红黄蓝绿，完全不知如何向细处描摹时，可以发动联想，找日常事物中相似的颜色。《沉香屑——第一炉香》里有这样一句：

> 草坪的一角，栽了一棵小小的杜鹃花，正在开着，花朵儿粉红里略带些黄，是鲜亮的虾子红。

"虾子红"，即"粉红里略带些黄"那种颜色。爱玲奶奶发动联想，揪出家常生活中颜色最相似的事物：煮熟了的虾子，再将它轻轻巧巧地摆在基础颜色词"红"之前，立刻成就了读者脑海中一幅鲜明的画面。

这一招，我将它命名为写颜色的"借物大法"。从前教一个小孩写作文，每天留了二十分钟给他做"借物大法"训练，效果非常好。我拿裁缝店里的那种布料卡的大厚本来，随手翻一页，指一个给他，问他：

"这是什么颜色？"

"呃……"

"先说是红还是黄还是绿？"

"红。"

"没错。那接下来好好想想，有什么东西和它颜色一样的？"

"月季……"

"那它就是月季红，聪明！或者我们也可以说玫瑰红，简称'玫红'。"

实在咬着手指想不出来的，就叫他记住了，哪天看到了或想到了告诉我。那段时间这小孩对颜色格外留意，有点走火入魔的感觉……

对颜色的详细观察与联想，以川端康成的《花未眠》中一段最为令人称绝：

去年岁暮，我在京都观察晚霞，就觉得它同长次郎使用的红色一模一样。我以前曾看见过长次郎制造的称之为夕暮的名茶碗。这只茶碗的黄色带红釉子，的确是日本黄昏的天色，它渗透到我的心中。我是在京都仰望真正的天空才想起茶碗来的。观赏这只茶碗的时候，我脑中不由地浮现出场本繁二郎的画来。那是一幅小画。画的是在荒原寂寞村庄的黄昏天空上，泛起破碎而蓬乱的十字形云彩。这的确是日本黄昏的天色，它渗入我的心。场本繁二郎画的霞彩，同长次郎制造的茶碗的颜色,都是日本色彩。在日暮时分的京都,我也想起了这幅画。于是,繁二郎的画、长次郎的茶碗和真正黄昏的天空,三者在我心中相互呼应,显得更美了。

是的,文字描摹了美好的物态,但很多时候我们发现真实生活因为有文字的呼应显得更美。许多人存有对文笔的执念,抱有对艺术的向往,便基于此。

【颜色】

除了红黄蓝绿,我们还能写出什么?(下)

《老残游记》是本有趣的书,作者刘鹗是个有趣、有故事的人。难得的是,他既有传统文人对万物的精妙感觉又不耽于其中,对时局颇具识见,主张修铁路开煤矿;而且还是个实干家,经商、行医、治河、赈饥样样上手。虽然我今天要说的是他对于色彩的感觉和描摹能力,但因为这人太过有看点,文理工商医诸科通吃,有才干有情怀,着实值得仰慕一番。

鲁迅称赞《老残游记》"写景状物,时有可观",黑妞白妞说书的一段也选入了中学语文教材。刘鹗善作譬喻,他形容黑妞说书"如新莺出谷,乳燕归巢",而对白妞说书的摹写就更是实力派大炫技了。下面的这一段是写千佛山的景色,里头也有妙喻:

到了铁公祠前，朝南一望，只见对面千佛山上，梵宇僧楼，与那苍松翠柏，高下相间，红的火红，白的雪白，青的靛青，绿的碧绿，更有那一株半株的丹枫夹在里面，仿佛宋人赵千里的一幅大画，做了一架数十里长的屏风。正在叹赏不绝，忽听一声渔唱，低头看去，谁知那明湖业已澄净的同镜子一般。那千佛山的倒影映在湖里，显得明明白白，那楼台树木，格外光彩，觉得比上头的一个千佛山还要好看，还要清楚。这湖的南岸，上去便是街市，却有一层芦苇，密密遮住。现在正是开花的时候，一片白花映着带水气的斜阳，好似一条粉红绒毯，做了上下两个山的垫子，实在奇绝。

我头一次读到时就觉目眩神迷。鲁迅擅点绘，张爱玲惯撒金，刘鹗呢？大概就是以大块的晕染出色了。两个奇崛恢宏的比喻让瑰丽的色彩充塞宇宙，人被罩入其中，有一种陶醉的感觉。王国维说："有造境，有写境，此理想与写实二派之所由分。然二者颇难分别。因大诗人所造之境，必合乎自然，所写之境，亦必邻于理想故也。"刘鹗这一段是在描写济南千佛山的实景，王国维说得太对了，它美到不真实，美到像梦境，令我联想至一篇日本童话——安房直子的《狐狸的窗户》：

拐了一个弯，突然，我觉得天空特别耀眼，就像是擦亮了的蓝玻璃……这时，地面也有点淡蓝。

"咦？"

我悚立了，眨了两下眼睛。啊，那儿不是往常见惯了的杉树林，而是宽广的原野，同时，还是一片蓝色桔梗花的花田。

……

那景色过于美丽，使我有些害怕了。

但是，那儿吹着很好的风，桔梗花田一望无际，就这样返回去，未免太可惜了。

也是大块的晕染，创造出一个摄人心魄的理想境界。因为是童话，可以理直气壮地造境，任性地只挑最喜欢的一个色使用。桔梗花的蓝色贯穿始终，大片的色彩晕染和低回的忧伤情绪相得益彰。此外，这一篇的奇特之处还在于色彩不仅造境，且构成了核心情节，作者的浪漫想象力或曰穿针引线的织缀能力令人咋舌，令人无比羡慕嫉妒恨。自打读了这篇，我对童话这种文体的颜色定义都变成蓝色了。

蓝色的梦境，在汪曾祺的小说里也邂逅过一回：

喝，这一大片马兰！马兰他们家乡也有，可没有这里的高大。长齐大人的腰那么高，开着巴掌大的蓝蝴蝶一样的花。一眼望不到边。这一大片马兰！他这辈子也忘不了。他像是在一个梦里。

除以上的三段之外，闭眼搜索，文字中就再想不出这样的用色了。大约古诗中还有，比如李贺的"桃花满陌千里红"。某些电影里有，比如张艺谋的《英雄》。可是我总觉得电影比起音乐和文字来要欠着一层，审美空间都被导演给挤占了。文字的锦绣世界对我们这个民族似乎向来有一种特别的吸引力，多少人沉沦其中。就像汪曾祺小说《徙》中所写：阅读时仿佛周围一切都不存在了，天地间只有这字字珠玑的好文章……

言归正传。鲁迅、张爱玲、刘鹗，虽手法不同，但总的说来都是"重口味"。古代诗人里头最"重口味"的非李贺莫属了，汪曾祺对他有著名的评断："别人的诗都是画在白底子上的画，李贺的诗是画在黑底子上的画，故颜色特别浓烈。"李贺的色彩运用已经不是奇崛而是诡谲了，有点超过了我的承受限度。我喜爱的他的色彩，还是一些在不那么黑的底子上的，比如"琉璃钟，琥珀浓，小槽酒滴真珠红"，又如"况是青春日将暮，桃花乱落如红雨"，咸淡合宜，滋味丰富。

中国的文章家们运用色彩的主流还是轻灵派，讲求含蓄蕴藉，要清真本雅，这大概是与儒家的教诲一脉相承，所谓乐而不淫、哀而不伤，凡事适度。而上面提到的这几位，都是个性中含有一股奇气，所以笔下的色彩也与主流的范式大不相同。

并不是说轻灵派不好，像汪曾祺惯用的透明水彩色（马兰那段属于汪的特例），照样美呆了：

英子跳到中舱，两支桨飞快地划起来，划进了芦花荡。芦花才吐新穗。紫灰色的芦穗，发着银光，软软的，滑溜溜的，像一串丝线。有的地方结了蒲棒，通红的，像一枝一枝小蜡烛。青浮萍，紫浮萍。长脚蚊子，水蜘蛛。野菱角开着四瓣的小白花。惊起一只青桩（一种水鸟），擦着芦穗，扑鲁鲁鲁飞远了。

这一段估计很多人都有印象，是他成名作《受戒》的结尾。你看他描摹色彩全然不用力，青就是青，紫就是紫，白就是白，不再另加繁复的形容。他写景状物都很"萌"，为什么？一颗童心。儿童没有特别多的形容词，但是他的眼睛很亮，什么东西都要细细看一看。这一段里他写了多少东西，就有多少种色泽。如果你想要写出一段五彩斑斓的"萌"文字，学一学汪曾祺吧。

推荐阅读

鲁迅：《雪》《秋夜》

张爱玲：《金锁记》

川端康成：《花未眠》

胡兰成：《禅是一枝花》第十九则：俱胝惟竖一指

刘鹗：《老残游记》第二回：历山山下古帝遗踪 明湖湖边美人绝调

安房直子：《狐狸的窗户》

汪曾祺：《黄油烙饼》《受戒》

【花事】
化"景语"为"情语"的四步法

写及花的词作中,我最喜欢的是苏东坡的《贺新郎·夏景》:

乳燕飞华屋。悄无人、桐阴转午,晚凉新浴。手弄生绡白团扇,扇手一时似玉。渐困倚、孤眠清熟。帘外谁来推绣户,枉教人、梦断瑶台曲。又却是,风敲竹。

石榴半吐红巾蹙。待浮花、浪蕊都尽,伴君幽独。秾艳一枝细看取,芳心千重似束。又恐被、秋风惊绿。若待得君来向此,花前对酒不忍触。共粉泪,两簌簌。

石榴花是很常见的,算不得超级美丽,然而东坡写石榴花的"秾艳一枝细看取,芳心千重似束"一句却冠绝古今。其实,在文字 Geek（极客）的世界中，最令他们动心沉醉的不是大自然的物色，而向来是摄取了自然物色的文字的美。那些五色相宣、八音协畅的文字，是真的能够极耳目之娱的。如《老残游记》里所说，令人"五脏六腑里，像熨斗熨过，无一处不伏贴；三万六千个毛孔，像吃了人参果，无一个毛孔不畅快"。而在时髦的语汇里，这又叫作"审美的巅峰体验"。

除了上面的《贺新郎》，另有周邦彦的《六丑·蔷薇谢后作》：

  正单衣试酒，恨客里、光阴虚掷。愿春暂留，春归如过翼。一去无迹。为问花何在？夜来风雨，葬楚宫倾国。钗钿堕处遗香泽。乱点桃蹊，轻翻柳陌。多情为谁追惜。但蜂媒蝶使，时叩窗隔。

  东园岑寂，渐蒙笼暗碧。静绕珍丛底，成叹息。长条故惹行客。似牵衣待话，别情无极。残英小、强簪巾帻。终不似一朵，钗头颤袅，向人欹侧。漂流处、莫趁潮汐。恐断红、尚有相思字，何由见得。

中国古代的文学虽说长于抒情，但抒发的多是类型化的情感，伤春、悲秋、怀远、怀怨等。不过，车轱辘话倒回来重说，在高度类型化的题材下却能千百年来翻陈出新，始终佳作不绝，汉语这门语言不可谓不惊人地发达，古人驾驭文字的能力不可谓不极端强悍。你看东坡的《贺新郎》，美人与花的相互映衬比拟，本是词之套路，可东坡却能在下阕写花时几乎句句都含双关，将美人的心思嵌在花之情状中（比如"芳心千重似束"，既是指花心，也是指美人心），再交由时间来叙事，巧思玲珑无人能及，大约也只有余光中的名作《珍珠项链》尚可比拟。并且，直接状物的三句毫不含糊，初开时的"石榴半吐红巾蹙"，全盛期的"秾艳一枝细看取，芳心千重似束"，色泽、质感、形态都描摹得地道，你简直想不通凭这寥寥几个字是怎么做到的。再看周邦彦写蔷薇，这种植物的特点如枝条柔曼、盛开时花朵坠重等，也都得以呈现。

尽管王国维说"一切景语皆情语"，尽管很多人都触景生情，感到过自身与天地之间有某种神奇的关联，但艺术的表达究竟有其规矩和技巧，不是"好美啊好美，我好开心啊开心"就能打发过去的。你看周邦彦通篇主观那么浓烈，但并不沦于马锦涛式的浮夸嘶喊和现代后现代艺术的空洞自恋，就是因为与他浓烈的情感相伴共舞的，是一个与诸多客观要素互动的过程：

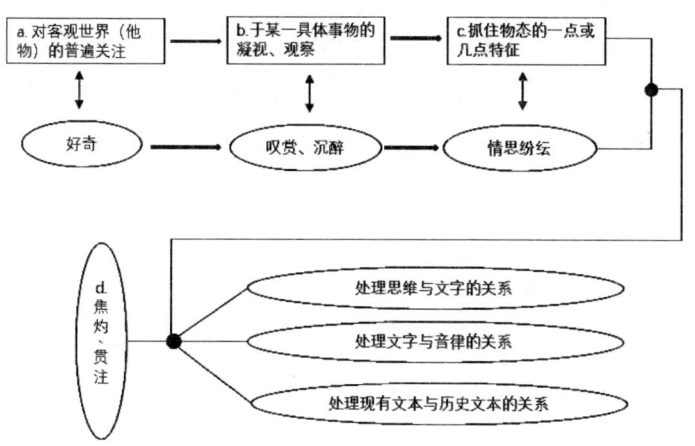

如果不关注对象，不斟酌语言，不在意形式，不追溯古典，只知道一股脑地将情绪倾倒在花花草草上，结果往往不会很妙。如：

> 春天的脚步已远，赏花的人群和蜜蜂、蝴蝶们一起都散了，只剩这一树盛开的紫藤花，令人不由眼前一亮。花朵儿成串成线，彼此挨挨挤挤，好不热闹！
> "我在绽放！"它们在笑。
> "我在盛开！"它们叫着。

拟人的修辞喧宾夺主了。除非剧情是往《聊斋志异》的方向走，接下来将其中一朵思凡，变作容貌姝丽、眼波流转的紫衣少女，否则这么写花，不甚恰当。状物时的拟人手法在过去的几十年里用得太泛滥了。

拟人和通感一样，属于存在感非常强的修辞，必须酌量使用。比如汪曾祺写紫穗槐，只说它"姗姗可爱"，即是一种点到为止的拟人。而如果想大张旗鼓地使用拟人，必须去掉那一层幼稚，整点出奇的效果，像汪曾祺写栀子花那样：

> 栀子花粗粗大大，又香得掸都掸不开，于是为文雅人不取，以为品格不高。栀子花说："去你妈的，我就是要这样香，香得痛痛快快，你们他妈的管得着吗！"

读完大家都失笑。微博上有评论：很摇滚！很朋克！

但拟人法也只偶一见之，汪曾祺写花卉，大多数时候是忠实地在走传统的路子，承继的是《植物名实图考长编》这些古代植物学著作的那种准确、简洁而蕴藉的说明文风（汪曾祺几次在文章中提到这本书，闲暇时常会翻看）。可惜此书不在手头，另找到一本《二如亭群芳谱》，作者为明代王象晋，摘录其中对山茶花的介绍：

> 山茶，一名曼陀罗树……花有数种，十月开至二月，有鹤顶茶，（大如莲，红如血，中心塞满如鹤顶，来自云南，曰滇茶。）玛瑙茶，（红、黄、白、粉为心，大红为盘，产自温州。）宝珠茶，（千叶攒簇，色深少态。）杨妃茶，（单叶，花开早，桃红色。）焦萼白宝珠，（似宝珠而蕊白，九月开花，清香可爱。）正宫粉，赛宫粉，（皆粉红色。）石榴茶，（中有碎花。）海榴茶，（青蒂而小。）菜榴茶，踯躅茶，（类山踯躅。）真珠茶，串珠茶，（粉红色。）又有云茶，磬口茶，茉莉茶，一捻红，照殿红，（郝经诗注云，山茶大者曰月丹，又大者曰照殿红。）千叶红，千叶白之类，（叶各不同，或云亦有黄者。）不可胜数，就中宝珠为佳，蜀茶更胜。虞衡志云，广州有南山茶，花大倍中州，色微淡，叶薄有毛，结实如梨，大如拳，有数核，如肥皂子大。于若瀛云，宝珠山茶，千叶，含苞历几月而放，殷红若丹，最可爱，闻滇南有二三丈者，开至千朵，大于牡丹，皆下垂，称

绝艳矣。

再看汪曾祺的笔法是不是一脉相承：

　　1. 凡花大都是五瓣，栀子花却是六瓣。山歌云："栀子花开六瓣头。"栀子花粗粗大大，色白，近蒂处微绿，极香……
　　2. 秋葵也命薄。瓣淡黄，白心，心外有紫晕。风吹薄瓣，楚楚可怜。
　　3. 凤仙花有单瓣者，有重瓣者。重瓣者如小牡丹……

其实不仅汪曾祺，很多名家都沿用的这个路子。
比如张恨水：

　　山野间有小花，紫瓣黄蕊，似金钱菊而微小。叶长圆……一雨之后，花怒放，乱草之中，花穿蓬蓬杂叶而出，带水珠以静植，幽丽绝伦。

比如鲁迅：

　　旋花一名鼓子花，中国也到处都有的。自生原野上，叶作戟形或箭镞形，花如牵牛花，色淡红或白，午前开，午后萎，所以日本谓之昼颜。

这些文字不也十分耐读吗？如果怀有描写花卉的诚意，那么先把这个路子学起来吧。也就是说，止于上文图示中的b步，先不要着急进入c，非得抓住突出的点以及夹缠进纷繁的情思什么的。就先面面俱到来交代吧，什么形什么色，花几瓣叶几片，何时开何时败。好比绘画中的写生与临摹，这些属于基本功，基本功都不扎实，就别整那些个幺蛾子了。

其实娇妍的花朵本来就很美，哪怕没有奇崛的主观来配合，施施然写进文章，也是一件讨巧而容易出彩的事。不妨多摘录汪老几段文字：

1. 浙江永嘉多木芙蓉。……芙蓉有一特别处，红白相间。初开白色，渐渐一边变红，终至整个的花都是桃红的。花期长，掩映于手掌大的浓绿的叶丛中，欣然有生意。

2. 紫穗槐我认识，枝叶近似槐树，抽条甚长，初夏开紫花，花似紫藤而颜色较紫藤深，花穗较小，瓣亦稍小。风摇紫穗，姗姗可爱。

3. 牡丹的特点是花大、型多、颜色丰富。我们在李集参观了一丛浅白色的牡丹，花头之大，花瓣之多，令人骇异。大队的支部书记指着一丛花说："昨天量了量，直径六十五公分"，古人云牡丹花大盈尺，不为过分。他叫我们用手掂掂这朵花。掂了掂，够一斤重！苏东坡诗云"头重欲人扶"，得其神理。牡丹花分三大类：单瓣类、重瓣类、千瓣类；六型：葵花型、荷花型、玫瑰花型、平头型、皇冠型、绣球型；八大色：黄、红、蓝、白、黑、绿、紫、粉。通称："三类、六型、八大色"。姚黄、魏紫，这里都有。紫花甚多，却不甚贵重。古人特重姚黄，菏泽的姚黄色浅而花小，并不突出，据说是退化了。园中最出色的是绿牡丹、黑牡丹。绿牡丹品名豆绿，盛开时恰如新剥的蚕豆。挪威的别伦·别尔生说花里只有菊花有绿色的，他大概没有看到过中国的绿牡丹。黑牡丹正如墨菊一样，当然不是纯黑色的，而是紫红得发黑。菏泽用"黑花魁"与"烟笼紫玉盘"杂交而得的"冠世墨玉"，近花萼处真如墨染。堪称菏泽牡丹的"代表作"的，大概还要算清代赵花园园主赵玉田培育出来的"赵粉"。粉色的牡丹不难见，但"赵粉"极娇嫩，为粉花上品。传至洛阳，称"童子面"，传至西安，称"娃儿面"，以婴儿笑靥状之，差能得其仿佛。

4. 我家的后园有四棵很大的腊梅。这四棵腊梅，从我记事的时候，就已经是那样大了。很可能是我的曾祖父在世的时候种的。这样大的腊梅，我以后在别处没有见过。主干有汤碗口粗细，并排种在一个砖砌的花台上。这四棵腊梅的花心是紫褐色的，按说这是名种，即所谓"檀心磬口"。腊梅有两种，一种是檀心的，一种是白心的。我的家乡偏重白心的，美其名曰："冰心腊梅"，而将檀心的贬为"狗心腊梅"。腊梅和狗有什么关系呢？真是毫无道理！因为它是狗心的，我们也就不大看得起它。

张爱玲不像汪曾祺那样具有一种博物的雅趣，单纯为了状物而状物。因此，按照我在前文所作的分析图，她的小说里要是出现花啊草的，通常不会只到 b 这一步，一定是走完全程，当然，在小说这种体裁里，d 步要处理的几大关系有所变化，主要是思维与文字、文字与时间、虚构与现实等。

《沉香屑——第一炉香》里有两段写到象牙红花：

1. 定了船票回来，天快晚了，风沙啦沙啦吹着矮竹子，很有些寒意。竹子外面的海，海外面的天，都已经灰的灰，黄的黄，只有那丈来高的象牙红树，在暮色苍茫中，一路上高高下下开着碗口大的红花。

2. 薇龙走到转弯的地方，回头望一望，他的车依旧在那儿。天完全黑了，整个的世界像一张灰色的圣诞卡片，一切都是影影绰绰的，真正存在的只有一朵一朵挺大的象牙红，简单的，原始的，碗口大，桶口大。

这才是"一切景语皆情语"的正面示例。

有评论家指出《沉香屑——第一炉香》这小说根本是篇鬼话，"说一个少女，如何走进'鬼屋'里，被吸血鬼迷上了，做了新鬼。'鬼'只和'鬼'交往，因为这世界既丰富又自足的，不能和外界正常人互通有无的"。你看张爱玲对象牙红花的描写，晦暗的底幕上幽异的硕大的红花，是不是与整篇故事的氛围贴合到极致？

要把景语成功地化作情语，在具体手法上，除了别滥用幼稚的拟人外，还忌文艺腔的拟人，硬把人的文艺情绪往山川万物上安，造作极了：寂寞的河流、愤怒的蔷薇、沉默的青山。这大概是郭敬明开辟的一派写法，很是风行过一阵子。但它同样也不属于上乘的表达。

你看张爱玲写象牙红，可曾用了阴森啊诡异等字眼？不着一字，但全然给人那样的感觉。此方为正道。

推荐阅读

　　余光中：《珍珠项链》

　　张爱玲：《沉香屑——第一炉香》

关注"舒明月写作课"
向后台发送"花事"二字，
获取以上作品全文

[美食]
各种普通食物最好吃的时刻

四年前我在机关里工作，对人生兴味索然的表征之一就是胃口奇差，有一阵子每天只能"量出为入"，估摸着一天的活动大概需要多少能量，换算成几片肉、几根菜、几团饭，分三顿逼自己吃下去。包里常备巧克力一类高脂肪高糖零食，一旦额外被领导吩咐了跑腿，奔走的同时就要及时补充能量。精刮算计地努力活下去，而这份努力本身，也成为我活着的一大慰藉。

我开始琢磨怎么能让自己馋一点儿。那年月机关里宴请还很普遍，我常有机会置身参翅燕鲍的珍馐丛中，口舌与美食交缠得并不少。只是福薄不足以承富贵，吃什么都木然而难以下咽。并且还总有煞不住的小家子气，面对一席佳肴却想着，这得是多少人辛苦一天的收入，越发惶惶不可终餐。由此看来，砸钱吃好的这条道是走不通的。

后来又想到"氛围感染法",即观察胃口好的人吃饭如何香甜,听他们咂嘴的声音,看他们喜滋滋的表情,期冀受到感染、胃口大增。实行了几天,略有效果,却不料某天饭桌上同事说了句:"哎呀,真不喜欢和你一起吃饭,吃得那么勉强,害得我也吃不下了。"心里一凉,自卑不已,把氛围感染的一条道也从此绝了。

最后化解这场进食危机的竟然还是文学。尽管过去二十来年在坎坷世间多靠文学救难,但我还是没料想到它竟能如观音般现千手千面,说诸多法门。那个长夏的午后我去机关图书馆乱翻书,翻到从前借阅过的一本汪曾祺的集子,因为无事可做,就专拣印象不大深的篇目来重读。其中一篇《安乐居》:

> 酒菜不少。煮花生豆、炸花生豆。暴腌鸡子。拌粉皮。猪头肉,——单要耳朵也成,都是熟人了!猪蹄,偶有猪尾巴,一忽的工夫就卖完了。也有时卖烧鸡、酱鸭,切块。最受欢迎的是兔头。一个酱兔头,三四毛钱,至大也就是五毛多钱,喝二两酒,够了。……这些酒客们吃兔头是有一定章法的,先掰哪儿,后掰哪儿,最后磕开脑绷骨,把兔脑掏出来吃掉。没有抓起来乱啃的,吃得非常干净,连一丝肉都不剩。安乐居每年卖出的兔头真不老少。这个小饭馆大可另挂一块招牌:"兔头酒家"。
>
> ……

一块喝酒的买了兔头，常要发一点感慨："那会儿，兔头，五分钱一个，还带俩耳朵！"老吕说："那是多会儿？——说那个，没用！有兔头，就不错。"

　　……

　　他爱吃豆制品。熏干、鸡腿、麻辣丝……小葱下来的时候，他常常用铝饭盒装来一些小葱拌豆腐。有一回他装来整整两饭盒腌香椿。

　　……

　　他从提包里摸出一个小饭盒，里面有一双截短了的筷子，多半块熏鱼、几只油爆虾、两块豆腐干。要了一两酒，用手纸擦擦筷子，吸了一口酒。

读着读着，我突然感到一种辽远的、空虚的况味自腹中升起，一路涌至舌根处的腺体，然后在嘴巴里疑惑地打了个转，最终随着一声唾液的吞咽，又消退回去，流落腹中。起初我没大留意，不承想在接下来的十几分钟内，身体里各处更肆意地此呼彼应，很快就形成了淹然之势。我心烦意乱，放回书，匆匆走出图书馆。可怜的我一直走出了那幢楼，走到了无遮无拦的瓦蓝天空下，才猛然意识到：我这是——想吃东西了！

此前数月，我常常饿到腹内一片哀鸣，然而并不想吃东西。消化系统万马齐喑，只有胃这名最后的勇士在绝望呐喊。而那一天，暗没的部分终于蠢蠢而动，与胃君同声连气了。人在狂喜之下反而会生出克制来，我于是：迈开一名机关干部的沉稳步伐，亲切走访了附近的小街,"视察"了小街上的德州扒鸡店。

开了胃,吃了鸡,回去把汪曾祺谈吃的文字统统搜罗来读。有《黄油烙饼》:

> 三级干部会开了三天,吃了三天饭。头一天中午,羊肉口蘑臊子蘸莜面。第二天炖肉大米饭。第三天,黄油烙饼。晚饭倒是马马虎虎的。
>
> "社员"和"干部"同时开饭。社员在北食堂,干部在南食堂。北食堂还是红高粱饼子,甜菜叶子汤。北食堂的人闻到南食堂里飘过来的香味,就说:"羊肉口蘑臊子蘸莜面,好香好香!""炖肉大米饭,好香好香!""黄油烙饼,好香好香!"
>
> 萧胜每天去打饭,也闻到南食堂的香味。羊肉、米饭,他倒不稀罕:他见过,也吃过。黄油烙饼他连闻都没闻过。是香,闻着这种香味,真想吃一口。

亦有《讲用》:

> 剧团外出,他不吃团里的食堂。每次都是烙了几十张烙饼,用包袱皮一包,带着。另外带了好些卤虾酱、韭菜花、臭豆腐、青椒糊、豆儿酱、芥菜疙瘩、小酱萝卜,瓶瓶罐罐,丁零当啷。他就用这些小菜就干烙饼。一到烙饼吃完,他就想家了,想北京,想北京的"吃儿"。他说,在北京,

哪怕就是虾米皮熬白菜，也比外地的香。"为什么呢？因为，——五味神在北京！""五味神"是什么神？至今尚未有人考证过，不见于载籍。

在搜罗的过程中我又发现了王世襄这么个人物，他和汪曾祺风格接近，一颗童心，一世玩家。王老自己说："我自幼及壮，从小学到大学，始终是玩物丧志，业荒于嬉。秋斗蟋蟀，冬怀鸣虫……挈狗捉獾，皆乐之不疲。而养鸽飞放，更是不受节令限制的常年癖好。"王老写吃的文字和汪老的有相同的开胃功效。且看《春菰秋蕈总关情》一文：

当年从道县去江华的公路尚未修通，要步行两天才能到达。中途走到桥头铺，眼看一位大娘提着半篮刚刚采到的钮子蕈送进一家小饭铺，我顿时不禁垂涎三尺。不过普查队的队长是一位"左"的十分可爱的同志，非常强调组织性、纪律性，还时时警告队员要注意影响。像我这样出身不好，受帝国主义教育毒害又很深的人，她自然觉得有责任对我进行监督改造，如果我不进行请示批准，擅自进小饭铺吃碗粉，晚上的生活会就不愁没有内容了。好在一路之上我走在最前面，队长落在后头至少三五里之遥，我乍着胆子进去吃了碗蕈子粉。哈哈！这是我在整个普查中吃到的最好的野蕈子！我很想来个第二碗，生怕被队长看见而没有吃，抹了抹嘴走出了小铺的门。

台湾作家琦君[1]的散文《香菇蒂》，写的是赌徒阿兴的乖巧女儿小花和香菇的故事：

"四朵香菇，妈妈带走两朵，回去烧给弟弟的爸爸吃。说他年纪大了，要吃补品，还有两朵，炒了米粉丝给我爸爸下酒，妈妈叫我等爸爸回来一同吃，妈妈把香菇蒂摘下来熬了汤给我喝，好香啊。妈妈说香菇蒂跟香菇一样补。"

"你没有吃香菇炒米粉丝吗？"

"爸爸回来，一面用拳头捶桌子，一面喝酒，一面大口大口吃粉丝。他连看也没看我，我不敢走过去。他一会儿就吃光了。我就用香菇蒂汤泡饭吃。"

正因为读了这些写菌类的文章，向来对菌类无感甚至觉得多数蘑菇（尤其是香菇）都有股怪味的我，也开始尝试着耐心仔细一些去品味了。不敢说以我的"笨嘴拙舌"能感受到如何精妙的滋味，但至少见蘑菇而欣喜的心情有了，甚至等不及就要下箸。

这些美食文字，效果好到有些匪夷所思。我略感不安，因为联想到青春期常会出于某一隐秘的连接就狂热地爱好某物。不过后来还是甄别出了两者的差异：青春期的爱好更多是一种"标

----

[1] 琦君，台湾中生代的著名散文家。著有散文《春酒》《一对金手镯》《髻》等。电视剧《橘子红了》即由琦君的同名长篇小说改编。

榜",是为了凸显自我而以某物(或某人物)来装饰,其实有表演的意味在。如今,随年岁渐长,喧嚣退去,我的思索行为显然真诚得多,因而也明智得多,大可不必再警惕地防范了。

我想,文学之所以在我身上持续地发生神奇效力,是因为很久以前,生存条件、天资禀赋、教养方式等种种外力就一齐导引我,将生命的热情贯注到了文学当中,此后多年这一"我与文学的共同体"有幸一直受到涵养蕴育,于是形成一个巨大的能量库。当遭遇生活困境时,我能够有意识地调用其中的能量,但也许更多时候,是无意识地就用上了。这也就可以解释对我来说为什么《舌尖上的中国》的开胃效果远不如美食文字,因为并不存在一个"我与纪录片的共同体"。我还想到了为什么古人会说"人无癖不可与之交也",因为癖好正是一个人生命力之所在。

文学的审美多属一种移情作用,经由情感,某些重要的心理内容被投射到对象之中。但是,审美的主体不会意识到这种投射,他只会觉得那经过移情的对象,对他而言显得富有生气,仿佛是在生动地和他说话一样。这是荣格的一篇论文里的观点。确实如此啊!那经过移情的安乐居兔头,铝饭盒里的香椿、熏鱼,还有新采的野蕈烧出的一碗米粉,真的就是在我眼前飘香四溢,美味招摇,令我那冥顽不灵的感官们瞬间就灵了。

最近又读到一篇神作,题目叫《各种普通食物最好吃的时刻》,作者是新生代散文家张春:

鸭脖子用手撕着一条条吃是最好吃的。吃完可以撕的肉以后，再把骨头一节节分开，仔细吃缝里面的肉，啃到只剩白骨，最后一口吃白骨上的软骨，才最美。吃鸭脖子应该持续地吃下去，以免要洗手擦手，由于麻烦而扫兴。我曾经独自连续四小时不动弹地吃鸭脖子，在一个正在装修地面满是灰尘的空房间里，坐在唯一一张能坐的小板凳上。真乃奇女子。

这和上文汪曾祺的那段吃兔头有一样的妙处。我发现，对待食物的珍重态度特别能够打动人，感染人，从而开胃。不过也得适度，像《棋王》里王一生火车上吃饭的那一大段描述，虽然写得足够精彩，但因为穷形尽相，只令人皱眉唏嘘，完全不开胃。倒是众知青吃蛇的那几段，我早年读过之后，就一直对长条节状有骨的肉食（包括黄鳝、鸭颈、鹅颈等）抱有好感：

> 蛇肉到了时间，端进屋里，掀开锅，一大团蒸气冒出来，大家并不缩头，慢慢看清了，都叫一声好。两大条蛇肉亮晶晶地盘在碗里，粉粉地冒蒸气。我又将切好的茄块儿放进锅里蒸。
>
> ……
>
> 我将酱油膏和草酸冲好水，把葱末、姜末和蒜末投进去，叫声："吃起来！"大家就乒乒乓乓地盛饭，伸筷撕那蛇肉蘸料，刚入嘴嚼，纷纷嚷鲜。
>
> ……
>
> 不一刻，蛇肉吃完，只剩两副蛇骨在碗里。我又把蒸熟

的茄块儿端上来，放小许蒜和盐拌了。再将锅里热水倒掉，续上新水，把蛇骨放进去熬汤。大家喘一口气，接着伸筷，不一刻，茄子也吃净。我便把汤端上来，蛇骨已经煮散，在锅底刷拉刷拉地响。这里屋外常有一二处小丛的野茴香，我就拔来几棵，揪在汤里，立刻屋里异香扑鼻。大家这时饭已吃净，纷纷舀了汤在碗里，热热的小口呷，不似刚才紧张，话也多起来了。

张春的文章里还有一段写嫩蚕豆的，因为还有颜色的美是我敏感的方面，所以更添了一丝喜欢：

  蚕豆丰收也在春天，出来混的小孩每个人都要有一串蚕豆项链，特别豪华的还有蚕豆手镯。大人们用蒸锅焖熟，用线穿起来做成项链，我们挂在脖子和手上，想吃就拉一个下来。所有的小孩都挂着蚕豆无所事事地坐在各处，你吃一个我的，我还你一个。焖熟的蚕豆皮很软，一捏就挤出来了，小孩子吃它会发出"mia mia"享受的声音。我注意到最近人们常常提起"薄荷色"，其实要是叫"嫩蚕豆色"好像会更美，那两种颜色非常接近。因为蚕豆的颜色好像更厚和柔软一点。这样感觉没什么道理，就是胡乱一说。

无比感激这些善于写吃的作家。他们的笔开疆拓土，而我的胃口也随之延展，文字刻骨铭心到什么程度，我对文字里的美食的情结就深到什么程度。《黄油烙饼》是汪曾祺小说中的佳作，由于这篇绝妙的小说，坝上风光和黄油烙饼都成为我的心头所好。哪怕没有烙饼，烤面包涂黄油也可以吃出满满的欢喜。而《各种普通食物最好吃的时刻》一文写到了好几十种常见食物，每一种又都写得那样细、那样真，简直可以用作我的"日常开胃大全"了。

在吃货当道的年代里，真希望能再多出几位这样有才的作者，以造福于先天不足的弱势群体——像我这样的非吃货们。

推荐阅读

  汪曾祺：《安乐居》《讲用》《黄油烙饼》

  王世襄：《春菰秋蕈总关情》

  琦君：《香菇蒂》

  阿城：《棋王》

  张春：《各种普通食物最好吃的时刻》

【萌物】

汪曾祺的"鸡教"与杨绛家的猫

文字可以萌动人心,在我,最初的体验来自冯骥才的《珍珠鸟》。那时这篇文章还没选入课本,语文考试行进到阅读部分,毫无防范就被萌到了:

> 它小,就能轻易地由疏格的笼子钻出身。瞧,多么像它的父母:红嘴红脚,灰蓝色的毛,只是后背还没生出珍珠似的圆圆的白点;它好肥,整个身子好像一个蓬松的球儿。
> ……
> 有一天,我伏案写作时,它居然落到我的肩上。我手中的笔不觉停了,生怕惊跑它。呆一会儿,扭头看,这小家伙竟趴在我的肩头睡着了,银灰色的眼睑盖住眸子,小红脚刚

好给胸脯上长长的绒毛盖住。我轻轻抬一抬肩，它没醒，睡得好熟！还呷呷嘴，难道在做梦？

隔了多年再细打量这篇文字，觉得除了对鸟儿的形貌观察入微外，其他也并无特别出彩处，而且文章结尾"我笔尖一动，流泻下一时的感受：信赖，往往创造出美好的境界"，实属无味说教，算不得精彩的收笔。看来，此文令人难以忘怀，说到底是因为描摹对象本身就具萌态，因此只需配以平实准确的文字，即可"杀伤力"十足。

由此引出一个作家们（包括编剧们）屡试不爽的技巧：虚构作品中酌量添加萌物可大大增加阅读趣味。这方面最成功的例子莫过于沈从文的《边城》。那里面的汪星人有个朴实的名字——"狗"。最精彩的一段是这样的：

> 黄狗坐在船头，每当船拢岸时必先跳上岸边去衔绳头，引起每个过渡人的兴味。有些过渡乡下人也携了狗上城，照例如俗话说的，"狗离不得屋"，一离了自己的家，即或傍着主人，也变得非常老实了。到过渡时，翠翠的狗必走过去嗅嗅，从翠翠方面讨取了一个眼色，似乎明白翠翠的意思，就不敢有什么举动。直到上岸后，把拉绳子的事情作完，眼见到那只陌生的狗上小山去了，也必跟着追去。或者向狗主人轻轻吠着，或者逐着那陌生的狗，必得翠翠带点儿嗔恼的嚷着："狗，狗，你狂什么？还有事情做，你就跑呀！"于是这

黄狗赶快跑回船上来，且依然满船闻嗅不已。翠翠说："这算什么轻狂举动！跟谁学得的！还不好好蹲到那边去！"狗俨然极其懂事，便即刻到它自己原来地方去，只间或又象想起什么似的，轻轻的吠几声。

评论家李健吾赞叹《边城》："一切准乎自然，而我们明白，在这种自然的气势之下，藏着一个艺术家的心力。"你看上面一段写狗，绝无一厢情愿给狗虚拟出多少情绪与心理，就是本本分分地为现实制作拓本。这得有多么纯熟的技艺、老到的手法、举重若轻的气度，才能拓得如此纤毫不差、浓淡相宜。我想到村上春树说他在国外时由于浪迹漂泊无法养猫，便只好逗一逗附近的猫以缓解强烈的"猫饥饿"状态；爱狗的同学们要是无法养狗，附近又无可逗之狗，强烈推荐读一读《边城》，绝对有缓解"狗饥饿"的功效。

沈从文有一种神奇的本领无人能及，就是于同一笔墨中蕴含层次，或者说善于制造一种暧昧的分殊对立。他写汪星人，写主人如何得了它的陪伴与它欢乐互动，可是整体上却使人觉得"狗吠人愈静"，其实更强化了翠翠的孤雏身份。从《边城》全篇来说，黄狗的神态、少女的心思、船夫的盘算、茶峒的风俗……统统真实无比，但无一不真的细处聚合起来，却烘托出一个如梦似幻的纯美乌托邦。这大概就是李健吾所谓的"心力"了，即以执着的理想扭曲现实的魄力。与沈从文相比，弟子汪曾祺虽然创作数量过之，质量也更均衡，却因缺乏这种蛮横的"心力"，到底不大抢得过老师的风头去。

不过汪曾祺状写萌物还是颇有一手的，西南联大系列里有一篇《鸡毛》，其中当然写到鸡：

> 每天一早，文嫂打开鸡窝门，这些鸡就急急忙忙，迫不及待地奔出来，散到草丛中去，不停地啄食。有时又抬起头来，把一个小脑袋很有节奏地转来转去，顾盼自若，——鸡转头不是一下子转过来，都是一顿一顿地那么转动。到觉得肚子里那个蛋快要坠下时，就赶紧跑回来，红着脸把一个蛋下在鸡窝里。随即得意非凡地高唱起来："郭格答！郭格答！"文嫂或她的女儿伸手到鸡窝里取出一颗热烘烘的蛋，顺手赏了母鸡一块土坷垃："去去去！先生要用功，莫吵！"这鸡婆子就只好咕咕地叫着，很不平地走到草丛里去了。到了傍晚，文嫂抓了一把碎米，一面撒着，一面"咕咕"叫着，这些母鸡就都即即足足地回来了。它们把碎米啄尽，就鱼贯进入鸡窝。进窝时还故意把脑袋低一低，把尾巴向下耷拉一下，以示雍容文雅，很有鸡教。鸡窝门有一道小坎，这些鸡还都一定两脚并齐，站在门坎上，然后向前一跳。这种礼节，其实大可不必。进窝以后，咕咕囔囔一会，就寂然了。于是夜色就降临抗战时期最高学府之一，国立西南联合大学的新校舍了，阿门。

原谅我放纵不羁笑点低，当读到"雍容文雅，很有鸡教"

时,足足笑了小半宿。汪曾祺在此段中有意调侃,所以用了些拟人语。写动物虽免不了要揣度其心理,但不可没有节制。说到这里忍不住吐槽当下语文教材里的一篇课文,沈石溪的《斑羚飞渡》,说一群斑羚被猎人追到山崖边,对崖太远跳不过去,羊群中的中老年羊乃舍生取义,与年轻羚羊两两配对同时起跳,甘在半空中当跳板,叫后生踩着它的身体跃上对崖,自己则坠入山谷。读完我只想说:如果是让羚羊们说话,全然当作寓言或者童话来写还罢了,偏偏又拿腔作调地摆出一副纪实的架势。正如鲁迅所言:幻灭之来,多不在假中见真,而在真中见假。

"颜色"一篇里提到过,汪曾祺一片童心,眼睛很亮,什么东西都要细细看一看。读他的文字,简直可以想见他入神看鸡的模样。他看到鸡"把一个小脑袋很有节奏地转来转去"——鸡就是那样子转头的,留意过的人觉得他写得真是对,没留意过的人心想原来这样子啊——文学之永恒价值,就在于不厌其烦地传达最细微的人类经验,令阅读者产生共鸣,且觉知到差异。而求同存异,正是造就和谐世界的关键。

阿城也擅作细笔。他的名篇《孩子王》里有一段写小猪的:

> 教室前的场子没了学生,显出空旷。阳光落在地面,有些晃眼。一只极小的猪跑过去,忽然停下来,很认真地在想,又思索着慢慢走。我便集了全部兴趣,替它数步。小猪忽然又跑起来,数目便全乱了。

够萌吧？小猪的形象，替猪数步的"我"的形象，简直如"照花前后镜，花面交相映"一般，来回地反射着萌态，叫人忍俊不禁。阿城的小说里遍布着此种微景观，成为他文字魅力的一大源头。

中国现当代文学里最出名的猪自然非王小波笔下那只特立独行的猪莫属了。文章显然真假参半，和《斑羚飞渡》一样，有作者自己的发挥在里头，但高妙而用心良苦，境界远非《斑》文可比。特立独行的猪兄野性勃勃，王小波行文精练，值得品鉴，但因为这篇写的是"萌物"，在此就不转录。

川端康成也善于将动物写得可爱，小说《禽兽》里有一段写鸱鸺[1]的：

> 鸱鸺一见他的脸，气得瞪圆双眼，不住地摇晃着瑟缩的脖颈，啾唰呜咻，呼哧呼哧地喘着粗气。在他的注视之下，这只鸱鸺绝不吃食。每当他用手指夹着肉片一靠近它，它就气鼓鼓的，把肉叼住挂在嘴边，不想咽下。有时他偏同它比赛耐性，固执地一直等到天明。他在旁边，鸟儿连瞅也不瞅碎食一眼，纹丝不动地呆在那里。待到天色微微发白，它终于饿了，可以听见鸟爪横着向栖木上放鸟食的地方移动的声音。回头看去，鸟儿耸起头上的羽毛，眯缝着眼睛，那副表情无比阴险，无比狡猾。一只往饵食方向探头的鸟儿，猛然

---

[1] 鸱鸺，chī xiū，也就是猫头鹰。

抬起头来，憎恶地吹了口气，又装作不认识他的样子。过了片刻，他又听见鸸鹋的爪声。双方的视线碰在一起以后，鸟儿又离开了饵食。这样反复折腾了好几次，伯劳鸟已经吱吱喳喳地唱起了欢快的晨曲。

这一段里写到人和鸟视线的相碰，就令我想到了台湾《联合报》文学奖获奖作品《鸟》，作者是费滢：

这一只脚上扣了线，没办法飞走，只是展展翅膀，然后歪头看他。这和他在以前于十五秒内就擦肩而过的动物们不一样，眼神碰在一起，又分开，而不仅是匆匆闪过的一瞬。

《鸟》中还有这样的句子：他拿近了瞧，鸟的眼睛像一枚细小的黑纽扣，看不见瞳孔的，眼圈那里带出点机灵与俏皮，嘴部一层嫩壳还没剥落，翅膀那儿的绒毛也未褪去。……他平举树枝，快步走回家……鸟儿在枝子上的每次跳动都传到手心里，催化着从指尖到耳后的一阵酸涩感。——精细的审美力，异常敏锐的感官，像极了川端康成。而且，笼罩全篇的哀伤以及人物性格的天真与残忍并存，也与《禽兽》一篇十分相似。

絮絮叨叨说了许多，还没提到喵星人。可惜，爱猫的文人众多，写喵星人的文字也很是不少。出色的名家名段，且看汪曾祺的《绿猫》：

一头银狐色暹罗大猫伏在阶前蒲团上打盹，或凝视庭中微微漾动的身影，耳朵竖得尖尖的，无端紧张半天，忽然又懒涣下来。

炉火纯青。这样的片段，我哪怕能写出一个，朝写出来，夕死可矣。

杨绛在《我们仨》里提到过家里的小猫，可惜着力点全在其"明星"老公身上，猫咪不过跑了跑龙套。王蒙也爱猫，说在新疆养的一只猫是谦谦君子，从不偷嘴，遇到好吃的还避嫌绕道。倒是看到网上流传的一篇猫文，作者是淡豹，可以摘出些精彩段落，作为本篇的收尾：

到家里来不久，她就学会了开柜子门，常钻进钻出，脖子上的铃铛，隔了柜门，远远响得生动。不知她究竟在黑洞洞的柜子里找到了什么欢愉，我猜她大概是想要一间自己的房间。一个女权主义猫。可能她在柜子里写诗。梅花瓣迹下的诗，一行行，打开门就散了。

她的好奇伴着耐心。我洗澡出来，她总是等在门口。她迷那种会发出巨大声音的机器，我吹头发、用吸尘器，她就机灵地在旁边守着看，但拿近了她又怕，噗地跳开。把吹风机架在洗手台上，她一步步谨慎移到旁边，伸爪子探探，看那东西究竟会不会动、能不能闹起来。伸爪拨弄一下，不动，她滴溜溜着眼睛又挪近些，再迅疾一拨，吹风机的平衡打破了，掉下来，她倏地飞跳开，好似那一声巨响全在意料之内，而她终于戳破了吹风机的伪装。

又，想起自己也写过猫：

这猫也有安静的时段，通常是在晚饭后。我倚在床头看书看电视，它跳上床往人怀里黏，就知道它是困了。取一块软毛巾，婴孩一般抱起，轻拍轻哄。看着它的眼睛，眯起来，眯起来，渐渐变成一条缝。一旦停止轻拍，它的眼睛便又睁开，带点疑惑地看你，轻喵一声。于是用指尖点点它的额头，要它快睡，继续抱着，摇着……这时节，总会滋生出一点"初为人母"的喜悦。

推荐阅读

汪曾祺：《鸡毛》

川端康成：《禽兽》

【猛兽】

善用"把"字句,为文字降速

我常发现自己身处被猛兽追赶的梦境,醒来后仍感惊恐和震怖。这种梦境大约是几百万年来的人类祖先基于惨痛且普遍的经历,特地为我刻在基因中或留在潜意识深处的。

但是在动物园里看猛兽,隔着厚厚玻璃,祖宗们的教训我又全然都忘光,一个"怕"字从未浮现在眉间心上,只觉得它们大多惫懒,偶尔有些萌萌哒,不禁想伸手拍它们脑袋。真要说体会到怕,还得是在文本里。以下文字出自台湾《联合报》文学奖获奖作品,大陆作者吴纯的《驯虎》:

1.这是一头发情期的虎,没有及时安排配偶,让它在饥饿之后更加焦躁不已。它的毛孔发热,汗水噗嗤噗嗤地冒着。和一对湖蓝色的眼睛对视，驯兽师感觉自己的心脏已被五花大绑，他不禁赞叹这紧张着的肌腱，对称的花纹三角头颅，带着一种不咆哮不足以表达的美感。他顿时不敢轻举妄动，他知道它的一念之差就能跃出一条流畅的弧线，把他彻底撕碎。他从塑胶袋里随手取一片肉，不符常规地扔过十米见外的地方，他看见了时间定格时虎跃起的身姿：颀长秀丽，纹路毕现。

2. 他躺在游泳池边，枕在四方形浅绿云母石阶上，头发沾着水，孟加拉很快将那几块肉咀嚼殆尽，它开始在水池边踱步，一声不响走到他的身边，他看见它阳光下蓝冰般的眼神，再次对视他心无恐惧。虎蹲坐在一米开外的地面上，气定神闲面朝水池，呼吸浑重，背脊起伏，带着空气热浪的兽气又让他警觉起来。他摊开四肢，远远望过来，棕色的皮肤就像被惨烈撕开的猎物。

最令人难忘的是这几句：

1. 对称的花纹三角头颅，带着一种不咆哮不足以表达的美感。

2. 他知道它的一念之差就能跃出一条流畅的弧线，把他彻底撕碎。

3. 他看见了时间定格时虎跃起的身姿：颀长秀丽，纹路毕现。

两段中还都有提及老虎漂亮的蓝眼睛。人类也是很奇怪的物种了，就算怕到心脏绑成粽子，仍旧眼睛贼溜溜地要去觊觎猫科动物的美。几句之最为出彩，就在于把这种复杂而真实的人类心理呈现出来了。令我不禁想到鲁迅写阿Q，在生死之大厄面前，他关注的竟然还是圈画得不圆，为此感到羞愧。还有令狐冲在数千人对峙生死顷刻之际，却想到"小师妹这时不知在干什么"。

分毫毕现的近距离特写说完了，再来说个远的、囫囵的吧。出自刘鹗的《老残游记》：

> 大家等了许久，却不见虎的动静。还是那树上的车夫胆大，下来喊众人道："出来罢，虎去远了。"车夫等人次第出来，方才从石壁缝里把子平拉出，已经吓得呆了。过了半天，方能开口说话，问道："我们是死的是活的哪？"车夫道："虎过去了。"子平道："虎怎样过去的？一个人没有伤么？"那在树上的车夫道："我看他从洞西沿过来的时候，只是一穿，仿佛像鸟儿似的，已经到了这边了。他落脚的地方，比我们这树梢还高着七八丈呢。落下来之后，又是一纵，已经到了这东岭上边，'呜'的一声向东去了。"

车夫的描述，虎三个动作一个声：一穿，一落，一纵，呜的一声。这感觉简直不像老虎了，像阿凡达，或者至少是添了翼的老虎。古代人见虎跟现代人在厚玻璃隔离之外见虎的情景天差地别，他们躲都躲不及，哪里敢看，胆大如车夫者，也只是囫囵一瞧，哪里又可能细看了？既不敢细看，但大脑里又疯狂想象，老虎可不就变成阿凡达了。

刘鹗的这段文字完全可以套用来写我初中时严厉的班主任：自习课时，眼角刚瞥到班主任在后门出没，只是一穿，已经落到最前的一扇窗户处，又是一纵到了讲台前，大家都埋头装用功，班级里一片死寂，然后听得她呜的一声向外去了。过了半天，有大胆的同学方开口说话："过去了。"大家纷纷道："怎样过去的？竟然一个人没有伤么？"

竟毫不违和！

以上的文字或近或远，但都只动眼动耳，没跟老虎贴皮凑肉。跟老虎近身肉搏的，最著名的片段当然是《水浒传》里的"武松打虎"了：

（武松）却待要睡，只见发起一阵狂风来。那一阵风过处，只听得乱树背后扑地一声响，跳出一只吊睛白额大虫来。武松见了，叫声："啊呀"，从青石上翻将下来，便拿那条哨棒在手里，闪在青石边。那大虫又饥又渴，把两只爪在地上略按一按，和身望上一扑，从半空里撺将下来。武松被那一惊，酒都作冷汗出了。

说时迟，那时快，武松见大虫扑来，只一闪，闪在大虫背后。那大虫背后看人最难，便把前爪搭在地下，把腰胯一掀,掀将起来。武松只一闪,闪在一边。大虫见掀他不着,吼一声,却似半天里起个霹雳,振得那山冈也动,把这铁棒也似虎尾,倒竖起来只一剪。武松却又闪在一边。原来那大虫拿人只是一扑,一掀,一剪;三般捉不着时,气性先自没了一半。那大虫又剪不着,再吼了一声,一兜兜将回来。

武松见那大虫复翻身回来,双手抡起哨棒,尽平生气力,只一棒,从半空劈将下来。只听得一声响,簌簌地将那树连枝带叶劈脸打将下来。定睛看时,一棒劈不着大虫。原来打急了,正打在枯树上,把那条哨棒折做两截,只拿得一半在手里。那大虫咆哮,性发起来,翻身又只一扑,扑将来。武松又只一跳,却退了十步远。那大虫恰好把两只前爪搭在武松面前。武松将半截棒丢在一边,两只手就势把大虫顶花皮紧紧地揪住,一按按将下来。那只大虫急要挣扎,被武松尽力气捺定,那里肯放半点儿松宽。

武松把只脚望大虫面门上、眼睛里,只顾乱踢。那大虫咆哮起来,把身底下爬起两堆黄泥做了一个土坑。武松把大虫嘴直按下黄泥坑里去。那大虫吃武松奈何得没了些气力。武松把左手紧紧地揪住顶花皮,偷出右手来,提起铁锤般大小拳头,尽平生之力,只顾打。打到五七十拳,那大虫眼里、口里、鼻子里、耳朵里,都迸出鲜血来,更动弹不得,只剩口里兀自气喘。

大虫将出,先起势,氛围制造给满分,"只见发起一阵狂风来。那一阵风过处，只听得乱树背后扑地一声响"。是不是联想到很多类似的场景，不管电影还是武侠小说中，大多怪兽或高人出场前，必定昏天暗地飞沙走石一番。

还要提请大家注意的是几段中的"把"字。把字句是可以为文字降速的。《水浒传》中鲁智深倒拔垂杨柳的一节就用了诸多的"把"字，让节奏慢下来，读者也就能感受到鲁智深拔杨柳的吃力了。固然他天生神勇，拔杨柳毕竟不是拔根葱，节奏要是太顺溜了，显得不那么真实。而上面打虎的几段文字，前大半部分写武松的动作都不用"把"字，因为那时以闪避为主，必须迅捷轻快；直到和老虎贴身肉搏了，才有了一连串的"把"字，乃得以动作沉重起来，节奏滞涩起来。

打虎的片段里还有个情节设置上的套路：大虫先攻，武松守，两闪躲过，大虫之势见弱；到武松攻，却打偏了且损失工具，大虫怒势再起，武松只得徒手，情势急转直下。看到这里读者是不是心要揪起来？直到武松一跳后撤，再徒手揍虎，心才终放下了。

假设那棒子没打歪，或没打断，就不会有这一揪一放。好莱坞的动作电影情节设置深得其道，总是把主角逼到绝境，再擦着生死边缘化险为夷，定时炸弹不拖到最后一秒绝不停。要不，怎能赚出你一身冷汗？

当然，作为猫科动物狂热爱好者，读到最后两节着实有些心中不忍。真真天地不仁啊，才让武松和虎狭路相逢了，非得弄出个你死我活来不可。如果可以扮演一回天地，我大概会安排"三碗不过冈"的小酒店里有位美貌的老板娘，三句曼语就将武松劝得留宿。数天后武松便携了娇娘子归家拜见兄嫂。嫂嫂金莲见兄弟有此美人在侧，未来也必不会说出"你若有意，饮我这半盏残酒"的话来。她若不是心被武松撬松了，结局又闹得那样僵，也就未必会着了西门大官人的道，后来也不至于将一腔怨愤泄到武大头上。武大也就不至于七窍流血地死了。

而那只吊睛白额的老虎，也就不会同武大一样，"口里、鼻子里、耳朵里，都迸出鲜血来"地惨死了。

它会那么颀长秀丽，纹路毕现地出没在山林中，一跃一条流畅的弧线。对称的花纹三角头颅，带着一种不咆哮不足以表达的美感。而一咆哮起来，整个山林都在晃。

多么好！

推荐阅读

  吴纯：《驯虎》

  施耐庵：《水浒传》第二十三回：横海郡柴进留宾 景阳冈武松打虎

【童真】

真≠善

——撕破孩童世界的隐讳

20世纪80年代中期成名的先锋派作家们,比如莫言、余华、苏童等,据说善于呈现童年感觉。莫言至今最好的作品还被认为是早期的《透明的红萝卜》,作品讲述一个小孩子在饥馑的年代里竟然拔掉一地的萝卜,只因为几天前他于铁匠的砧板上见到一只(由于炉火的映射显得)晶莹透明、带有金色光芒的美丽红萝卜。拔萝卜的场景是这样的:

> 他用手背揉揉眼睛,抽泣了一声,继续向前走。走了一会,他趴下,爬进萝卜地。那个瘦老头不在,他直起腰,走到萝卜地中央,蹲下去,看到萝卜垄里点种的麦子已经钻出

紫红的锥芽,他双膝跪地,拔出了一个萝卜,萝卜的细根与土壤分别时发出水泡破裂一样的声响。黑孩认真地听着这声响,一直追着它飞到天上去。天上纤云也无,明媚秀丽的秋阳一无遮拦地把光线投下来。黑孩把手中那个萝卜举起来,对着阳光察看。他希望还能看到那天晚上从铁砧上看到的奇异景象,他希望这个萝卜在阳光照耀下能像那个隐藏在河水中的萝卜一样晶莹剔透,泛出一圈金色的光芒。但是这个萝卜使他失望了。它不剔透也不玲珑,既没有金色光圈,更看不到金色光圈里苞孕着的活泼的银色液体。他又拔出一个萝卜,又举出阳光下端详,他又失望了。以后的事情就变得很简单了。他膝行一步。拔两个萝卜。举起来看看。扔掉。又膝行一步,拔,举,看,扔……

莫言对生命早期那种强烈而奇特感觉的抓取确实值得称道。但是,好的作家应当具备两方面素质,除了"能感之",还必须"能写之"。拔萝卜这一段,行文杂糅,语感也不甚佳,让人觉得成年莫言对待文字,远不如笔下的少年倾听细跟断裂的声音那般醉心。

从小孩子的角度感受世界,据此叙事,往往造成一种远近交错的暧昧氛围,令读者产生"既熟悉又陌生"的奇妙感觉。将这一技法运用到炉火纯青地步的,有沈从文的《萧萧》,林海音的《城南旧事》,以及费滢的《鸟》。

且看《萧萧》,一个童养媳的故事:

天晴落雨日子混下去,每日抱抱丈夫,也帮同家中作点杂事,能动手的就动手。又时常到溪沟里去洗衣,搓尿片,一面还捡拾有花纹的田螺给坐在身边的小丈夫玩。到了夜里睡觉,便常常做这种年龄人所做过的梦,梦到后门角落或别的什么地方捡得大把大把铜钱,吃好东西,爬树,自己变成鱼到水中各处溜,或一时仿佛身子很小很轻,飞到天上众星中,没有一个人,只是一片白,一片金光,于是大喊"妈!"人就吓醒了。醒来心里还只是跳。

吵了隔壁的人,不免骂着:"疯子,你想什么!白天玩得疯,晚上就做梦!"

萧萧听着却不作声,只是咕咕地笑。也有很好很爽快的梦,为丈夫哭醒的事情。那丈夫本来晚上在自己母亲身边睡,吃奶方便,但是吃多了奶,或因另外情形,半夜大哭,起来放水拉稀是常有的事。丈夫哭到婆婆无可奈何,于是萧萧轻脚轻手爬起床来,睡眼迷蒙,走到床边,把人抱起,给他看月光,看星光;或者仍然呶呶的亲嘴,互相觑着,孩子气的"嗨嗨,看猫呵!"那样喊着哄着,于是丈夫笑了。玩一会会,困倦起来,慢慢的阖上眼。人睡定后,放上床,站在床边看着,听远处一传一递的鸡叫,知道天快到什么时候了,于是仍然蜷到小床上睡去。天亮后,虽不做梦,却可以无意中闭眼开眼,看一阵在面前空中变幻无端的黄边紫心葵花,那是一种真正的享受。

记得小时候常闭眼看黑暗中Windows屏保似的变幻图形,但这一体验太过隐幽琐屑,从未和人交流过,年岁渐长也就淡忘了,不意料却在沈从文的小说中又与它打了个照面,当时真是讶异惊喜无比。多亏了作家特异的感受力、记忆力与描摹力,不然哪里会有这样的重逢。

一般来说,描摹孩童的懵懂心理和费解行状,采取上帝视角(全知视角)来叙事比较合适。这样可以适时切换,不至于因为叙事的缜密秩序而削弱了孩童的无理性混沌感。《城南旧事》虽说也是少有的佳作,可惜臻于完美的情节安排使得作者难以隐没(以《惠安馆》篇为例),扰乱了小说由头至尾苦心经营的小女孩口吻,算是白璧微瑕的一点。

但文字还是好啊,必须摘录:

妞儿犹豫了一会儿,附在我的耳旁小声而急快地说:"我不是我妈生的,我爸爸也不是亲的。"

她说得那样快,好像一个闪电过去那么快,跟着就像一声雷打进了我的心,使我的心跳了一大跳。她说完后,把附在我耳旁的手挪开,睁着大眼睛看我,好像在等着看我听了她的话,会怎么个样子。我呢,也只是和她对瞪着眼,一句话也说不出。

我虽然答应妞儿不讲出她的秘密,可是妞儿走了以后,我心里一直在想着这件事,我越想越不放心,忽然跑到妈妈面前，愣愣地问：

妈，我是不是你生的？

下面再说说费滢的《鸟》，这篇小说曾获得台湾的重要文学奖项《联合报》文学奖。也许因为作者写作时才不过二十出头，童年的记忆还真切未泯，整篇小说有逼人而来的浓郁童真，而意识流式的写法避免了《城南旧事》的叙事心机，文字的流转妩媚又将先锋派甩过十八条大街去。一气读完，心中不知暗暗喝了多少个彩。这小说真是当得起评委给出的"浑然天成"四个字。

一直到鸡爪槭的树干上黏了微小鸟蛋一样的虫茧，夹竹桃开得繁重，他掐下一朵，汁液里一股子苦味，随手就擦在自己肥大的校服上。然后，转眼是虫茧里爬出多刺毛虫的时节，夹竹桃已经谢了，学校正忙着锯树翻新操场，毛虫随枝桠碎片掉下来，在煤灰上缓缓蠕动，被他用石头砸死一条，又从角落里围过来无数。他还是没长高，校服下摆空荡得厉害，没气概，没强壮，笑起来没骨气。D君已成城墙堵在身后，一双手在他背上移动，说是要帮他打通穴道，却弄痒他，两人一起嘿嘿笑到抽。最后，用巨大死去树枝做的弓箭，他小心藏在施工砖后面，原是打算偷袭D君的石头屁股的，也随时间一齐消失也。

是不是读起来特别顺畅？作者不过就是撷取了小孩子生活中的一些琐碎事，能够写到如此耐读，形式之美占了七八成。就好比乐曲，所谓主题压根不重要，重要的是音符的调度配合，众星拱月般地烘托出氛围。这一段两百来字，简直无一字不和谐。节奏就像昆曲，有轻有重，长短相间，缓急相成。大家有兴趣可以去听《牡丹亭·幽媾》一出，里头杜丽娘自荐枕席的"宜春令"就是这么个味儿。唱词如下：

（旦）斜阳外，芳草涯，再无人有伶仃的爹妈。奴年二八，没包弹风藏叶里花。为春归惹动嗟呀，瞥见你风神俊雅。无他，待和你剪烛临风，西窗闲话。

能感受到《鸟》这一段节奏之美的读者，若想进一步探究其奥秘，我可以给出一些提示。不妨标出这一段中所有"的"字，看它们是如何分布的？多用"的"，可放缓节奏，去掉"的"，甚至在不影响文意的前提下省去更多的成分，节奏即可加快。

《鸟》中还有兄妹电话聊天的一段，也精确抓取了无厘头童趣：

妹妹小F仍在乡间，电话来说，天太热了，茅坑里又生蛆啦。他回答曰，长刺爬虫也很讨厌，刺很硬哪。

"西瓜像行星，瓜田是太阳系。"

"讨厌照相机，喜欢军刀与模型。"

>"车前草能止血,蚂蟥缩起来变成一个球。"
>
>……
>
>"阿婆买给我只小狗。起了和你一样的名字。"

《鸟》的结局是孩子杀死了小鸟。童真混沌,未分善恶,但我们写起小孩子来常常会落入"真=善"的窠臼,忍不住要为幼者讳。莫言等人的先锋派小说之所以在80年代文坛中声名鹊起,正在于撕破生活里一层又一层的隐讳。只不过他们撕扯的是某种更冠冕堂皇也更令人窒息的东西罢了。

如果不要求感觉和文字双美合璧,单找文学里的可爱又窝心的萌娃,台湾作家琦君笔下的小花一定要提:

>我和小花并排坐在青石台阶上,猜着豆子拳(乡下孩子的一种游戏)。小花是赌徒阿兴的女儿,已经七岁了,却长得好小好矮,大家都说她只有三块豆腐干那么高。她细眉细眼的,小鼻子、小嘴巴,皮肤细滑得跟糯米捏出来似的,跟她妈妈一模一样,说话口齿又清楚。我好喜欢她,她也常常跑来跟我玩。
>
>……
>
>五叔婆又去搅拌香菇了。小花喊道:"婆婆,给我两朵香菇好不好?"她把两个小指头一伸。五叔婆朝她看一眼,把嘴瘪了一下,却大方地给她四朵,拣了小小的四朵。小花高兴地喊:"那么多呀!"她的手太小,一只手两朵都捏不

下，就双手捧着，急急跑回家去。

还有王鲁彦笔下的菊英：

菊英幼时是何等的好看，何等的聪明，又是何等的听娘话！她才学会走路，尚不能说话的时候，一举一动已很可爱了。来了一位客，娘喊她去行个礼，她便过去弯了一弯腰。客给她糖或饼吃，她红了脸不肯去接，但看着娘，她说"接了罢，谢谢！"她便用两手捧了，弯了一弯腰。她随后便走到她的身边，放了一点在自己的口里，拿了一点给娘吃，娘说，"娘不要吃。"她便"嗯"的响了一声，露出不高兴的样子，高高的举着手，硬要娘吃，娘接了放在口里，她便高兴得伏在娘的膝上嘻嘻的笑了。

本篇就写到这里，推荐大家去读上面这一篇《菊英的出嫁》，小说后面有个惊心动魄的大反转。

推荐阅读

沈从文：《萧萧》

费滢：《鸟》

林海音：《惠安馆记事》（《城南旧事》第一篇）

琦君：《香菇蒂》

王鲁彦：《菊英的出嫁》

【容貌】
千万别将外貌与性格过多联结

以前我在朋友圈开过一个微专栏叫"明月谈文学",其中一期谈到眼型。以张爱玲的小说集《传奇》为例:

《金锁记》里的曹七巧是"三角眼,小山眉";

《倾城之恋》的白流苏是"眉心很宽,一双娇滴滴,滴滴娇的清水眼",印度公主是"影沉沉的大眼睛";

《茉莉香片》男主角是"淡眉毛,吊梢眼",女主角是"眉眼浓秀";

《沉香屑——第一炉香》的葛薇龙是"眼睛长而媚,双眼皮的深痕直扫入鬓角里去";

《心经》里是"极长极长的黑眼睛,眼角向上剔着";

《花凋》里的川嫦"清炯炯的大眼睛，长睫毛"……

张爱玲笔下人物的亮相方式是我喜欢的，寥寥几笔，非常传神。且就貌而写貌，不将面部特征与人物性格作过多牵强的联系。那种"峻直的鼻梁显出他个性的坚毅"的写法最讨厌了，有些外国小说老爱整这一套。我觉得吧，除非精研面相多年，很少有人可以在面部特征与性格之间作直觉式的联结。小说里有新人物登场，描写起外貌来，最大的功能是抛出一点引子，让读者在此素材的基础上随着小说叙事的展开而一路脑补，塑造出一个属于他/她自己的貌与神和谐的人物形象。因此，所谓引子，是既要有那么一点倾向性，但又适可而止，留出足够空间。很多国外的小说，属于引过了头，有点啰里吧嗦，惹人腻烦。以屠格涅夫的《猎人笔记》为例：

> 他的脸像球一样圆肥，表现出羞涩、和善而温顺的神情；鼻子也很圆肥，上面全是青筋，表明他是一个好色之徒。他的头上，前面一根头发也不剩了，后面簇着稀疏的淡褐色发卷；一双小眼睛好像是用芦苇叶子切出来似的，亲切地眨动着；红润的嘴唇甜蜜地微笑。

果不其然，又开始给人相面：鼻露青筋，说明好色。其他地方呢，则跟古典油画似的面面俱到，笔笔认真，写实到无趣。阅读中遇到类似段落，我基本都是一目十行地略过。得到同样待遇的还有许多描写风景的片段，很多小说家，哪怕是某些一流的小说家，作品中也常常会出现大段琐碎无趣的人物外貌和自然风光描写，究其原因，大概因为这既能满足创造欲望，且又不像塑造性格和罗织情节那么困难，所以作者们往往觉得过瘾，忘记了节制。

中国话本小说里的外貌描写也同样不怎么高明。与西方小说相比，辞藻倒是稍华丽一些，对文字老饕们大约有些价值，可是手法上千篇一律，写起美人来总不过是眉如什么、眼如什么、肤如什么、体如什么，再叫出历史上的几个大美女比如西施、飞燕来帮衬一番。《西游记》里写女儿国国王就属典型的一例：

> 眉如翠羽，肌似羊脂。脸衬桃花瓣，鬓堆金凤丝。秋波湛湛妖娆态，春笋纤纤妖媚姿。斜軃红绡飘彩艳，高簪珠翠显光辉。说甚么昭君美貌，果然是赛过西施。柳腰微展鸣金佩，莲步轻移动玉肢。月里嫦娥难到此，九天仙子怎如斯。宫妆巧样非凡类，诚然王母降瑶池。

西方小说虽然啰唆，好歹张三李四都不一样，美女也各有各的美法。话本小说则一概模糊了特点，从固定词库中略加挑选，一组装就成了。总之美得不能再美就对了，您自个儿发挥去。这种情况一直到《红楼梦》那里才有明显的突破。尽管曹雪芹采用的仍然是话本小说里的套语形式，但实质上他已向俗套里贯注了不一样的精神，表达出他特异的艺术家心性。他写黛玉：

> 两弯似蹙非蹙胃烟眉，一双似喜非喜含露目。态生两靥之愁，娇袭一身之病。泪光点点，闲喘微微。闲静时如姣花照水，行动处似弱柳扶风。心较比干多一窍，病如西子胜三分。

烟眉泪目，愁容病体，而心思灵秀。我们看到此后曹雪芹正是在泪、病和灵这三个互相缠绕的面向上丰富黛玉的形象。因此这一段可算作完美引子的例证。其实除却黛玉、宝钗这些重中之重的主角，《红楼梦》一众人物的外貌描写颇多可圈可点之处，我印象较深的还有一段写尤三姐的：

> 这尤三姐松松挽着头发，大红袄子半掩半开，露着葱绿抹胸，一痕雪脯。底下绿裤红鞋，一对金莲或翘或并，没半刻斯文。两个坠子却似打秋千一般，灯光之下，越显得柳眉笼翠雾，檀口点丹砂。本是一双秋水眼，再吃了酒，又添了饧涩淫浪……

历来女人腮边两颗坠子，因其特具女性气质且晶亮着摇摇晃晃，最能撩拨男人心弦。读现代诗时，常常会发现诗人们的目光流连于此，遐想联翩。而美人的脚，相比于手，也同样更具想象空间，因此也被男性赋予了较多的情色意味。想想西门大官人与金莲小娘子的惊世恋情，正是"始于足下"的呢。

还是回到张爱玲吧。她有一篇小说《琉璃瓦》，写姚家三个美丽女儿的嫁娶之事,三部分篇幅大致相等,恰如三折扇的屏风一般精巧别致。写外貌的文字实在是好,不可不录。

大女儿琤琤:

> 三朝回门,卑卑褪下了青狐大衣,里面穿着泥金缎短袖旗袍。人像金瓶里的一朵栀子花。淡白的鹅蛋脸,虽然是单眼皮,而且眼泡微微的有点肿,却是碧清的一双妙目。

二女儿曲曲:

> 曲曲比琤琤高半个头,体态丰艳,方圆脸盘儿,一双宝光璀璨的长方形的大眼睛,美之中带着点犷悍。

三女儿心心:

> 心心把头发往后一撩,露出她那尖尖的脸来。腮上也不知道是不是胭脂,一直红到鬓角里去。乌浓的笑眼,笑花溅到眼睛底下,凝成一个小酒涡。

有趣的一点是,这三个女儿的容貌气质恰与张爱玲小说的几种不同风格相契合。大女儿琤琤,"人像金瓶里的一朵栀子花",这是《金锁记》等描写上海大家族篇目的风格;二女儿曲曲,"一双宝光璀璨的长方形的大眼睛",这是写战前香港亚热带浓郁生活《沉香屑——第一炉香》《连环套》等的风格；三女儿心心，"下颔尖尖，有些单薄相"，这是1949年后的《小艾》以及后来的《秧歌》《赤地之恋》，由于取材变化，不具备《红楼梦》式的富贵气象，但终究是姚家的女儿，仍有乌浓的笑眼和笑花凝成的小酒窝。

由于太喜欢张爱玲的亮相法，我在小说里不免仿写过：

> 妙妙和艾米丽不同，她是中国人与外国人都认可的美女，因为她既不迁就东方审美，也不迁就西方审美，完全照着猫的样子来出落。短小的圆脸，尖下颔，滴溜溜杏仁眼，深长而标致的蒙古褶好像猫的两道眼线，细双眼皮，眉毛是淡的，山根是平的，耳朵是尖的，一股子精灵气。肤色偏黑，然而毫无瑕疵，闪着光泽，是中国人赞叹的"黑里俏"。她不接外企的地气，不用英文名，通行的就是自己的本名"妙妙"——名字也跟猫一样。

我在通考《传奇》各篇中的容貌写法时，还有一个意外的发现。张爱玲写白种人外貌的文字都不算很出色，再一次印证了我的观点，创新乃是对传统文学语言高度熟稔基础上的大胆尝试和灵活应用。古典文学里没有西洋美人，因此张爱玲无可继承，一切都靠自己平地而起，自然艰难得多。

总的说来，中文小说中写人物外貌的上乘文字，即便其中夹缠些情色的成分、肉欲的感觉，基本运用的也都还是东方的写意笔法（比如上文的尤三姐一段），与西方的油画式描写法大异其趣。想要体味中西之差异，可以来看曹禺的《雷雨》剧本中四凤亮相的一段：

> 四凤约有十七八岁，脸上红润，是个健康的少女，她整个的身体都很发育，手很白很大，走起路来，过于发育的乳房很明显地在衣服底下颤动着。她穿一件旧的白纺绸上衣，粗山东绸的裤子，一双略旧的布鞋。她全身都非常整洁，举动虽然很活泼，因为经过两年在周家的训练，她说话很大方，很爽快却很有分寸。她的一双大而有长睫毛的水凌凌的眼睛能够很灵敏地转动，也能敛一敛眉头，很庄严地注视着。她有大的嘴，嘴唇自然红艳艳的，很宽，很厚，当着她笑的时候，牙齿整齐地露出来，嘴旁也显着一对笑涡，然而她面部整个轮廓是很庄重地显露着诚恳。她的面色不十分白，天气热，鼻尖微微有点汗，她时时用手绢揩着。她很爱笑，她知道自己是好看的，但是她现在皱着眉头。

按照剧情，四凤该是个十分惹人爱的姑娘，不然何以周家的两个少爷都为她倾倒。可是读了这段亮相，却觉得怪怪的，哪里不对劲呢？我皱眉苦想。

最后还是胡适的评论启发了我。胡博士对《雷雨》很看不顺眼，说它"实不成个东西"，"里面的人物都是外国人物，没有一个中国人物，事情也不是中国事"。这话一针见血，令我恍然大悟。

四凤是个东方少女,但这一段亮相作者描绘出来的是一个经典的西方少女形象,油画里比比皆是的那种——手大嘴大,体态丰腴,这些东方文学中的少女一般不具备的特征,给人带来了审美上的凌乱。

有了摄影之后,西方现代的绘画遭到巨大挑战,画家们不得不开始探索绘画在逼真写实之外的可能性和表达路径。其实文学也是一样,头头脚脚全方位多角度地刻苦写真已是吃力不讨好的法子。文学若想在诸多有现代技术撑腰的艺术(如电影)之前不至于失色,就一定要懂得扬长避短。要以东方式的敏感心灵,去谛听万物的妙音,抓住它的精魂,呈现给读者。

沈从文在《边城》中这样写翠翠:

> 翠翠在风日里长养着,把皮肤变得黑黑的,触目为青山绿水,一对眸子清明如水晶。自然既长养她且教育她,为人天真活泼,处处俨然如一只小兽物。人又那么乖,如山头黄麂一样,从不想到残忍事情,从不发愁,从不动气。平时在渡船上遇陌生人对她有所注意时,便把光光的眼睛瞅着那陌生人,作成随时皆可举步逃入深山的神气,但明白了人无机心后,就又从从容容的在水边玩耍了。

这样的审美愉悦度,电影大概很难达到的吧?

推荐阅读

　　曹雪芹:《红楼梦》第三回:托内兄如海荐西宾 接外孙贾

母惜孤女

曹雪芹：《红楼梦》第六十五回：贾二舍偷娶尤二姨 尤三姐思嫁柳二郎

张爱玲：《琉璃瓦》

沈从文：《边城》

【男色】
张爱玲为什么从来不写美男子？

闲话不说，先扔出一个美男来：

程参谋朝着钱夫人，立了正，利落的一鞠躬，行了一个军礼。他穿了一身浅泥色凡立丁的军礼服，外套的翻领上别了一副金亮的两朵梅花中校领章，一双短筒皮靴靠在一起，乌光水滑的。钱夫人看见他笑起来时，咧着一口齐垛垛净白的牙齿，容长的面孔，下巴剃得青光，眼睛细长上挑，随一双飞扬的眉毛，往两鬓插去，一杆葱的鼻梁，鼻尖却微微下佝，一头墨浓的头发，处处都抿得妥妥帖帖的。他的身段颀长，着了军服分外英发，可是钱夫人觉得他这一声招呼里却又透着几分温柔，半点也没带武人的粗糙。

这是白先勇的《游园惊梦》。白先勇毕竟是张派大弟子，写起容貌来纯然是爱玲小姐的路子。不过，张爱玲笔下却始终未见这等英挺俊美的男人，究其原因，大概是成长经历、两性际遇令她对男性始终难消负面情感，因此吝于笔墨。她小说里的翩翩佳公子，至多是这个样子：

> 他（乔琪乔）比周吉婕还要没血色，连嘴唇都是苍白的，和石膏像一般。在那黑压压的眉毛与睫毛底下，眼睛像风吹过的早稻田，时而露出稻子下的水的青光，一闪，又暗了下去了。人是高个子，也生得停匀，可是身上衣服穿得那么服帖、随便，使人忘记了他的身体的存在。

两相对照，明显就感觉白先勇的眼睛贼得多，头头脚脚一应细节都看到，掩不住叹赏。小说里还有一句，"他的马裤把两条修长的腿子绷得滚圆，夹在马肚子上，像一双钳子"，一句话把线条、质感和力感都交代到了，写男色到这个份上，算得上极致了。

那么张爱玲呢？按小说中的设定，乔琪乔是风月场上的拔尖人物，能将老少交际花们一网打尽，且引起葛薇龙"不可理喻的蛮暴的热情"，饶是这样，张爱玲都不肯耐下性子来，将自己对男性的失望厌恶略略克制，泼洒点出色文字以飨粉丝。眼巴巴地读着，却看她敷衍完事，潦草交差，心中真是恨恨然。"身体的存在"都忘记了,还有什么看头?别说白先勇,哪怕取向主流,没表露过爱慕同性苗头的汪曾祺,写起美好男子来,也知道不能忘记身体的存在。《大淖记事》里的小锡匠是这个样子的:

> 老锡匠有个徒弟,也是他的侄儿,在家大排行第十一,小名就叫个十一子,外人都只叫他小锡匠。这十一子是老锡匠的一件心事。因为他太聪明,长得又太好看了。他长得挺拔厮称,肩宽腰细,唇红齿白,浓眉大眼,头戴遮阳草帽,青鞋净袜,全身衣服整齐合体。天热的时候,敞开衣扣,露出扇面也似的胸脯,五寸宽的雪白的板带煞得很紧。走起路来,高抬脚,轻着地,麻溜利索。锡匠里出了这样一个一表人才,真是鸡窝里飞出了金凤凰。老锡匠心里明白:唱"小开口"的时候,那些挤过来的姑娘媳妇,其实都是来看这位十一郎的。

扇面也似的胸脯!这比喻新鲜又形象,带来南朝文学"玉体正横陈"一般的视觉冲击。其实写男人,身体非但不能忘记,相较于写女人,还应当更突出一层。正所谓美女要盘亮(脸蛋),帅哥看条顺(身材)。再看看《羊舍一夕》里的运动型帅哥:

> 接着,这小子,好像遭了掐脖旱的小苗子,一朝得着足量的肥水,嗖嗖地飞长起来,三四年工夫,长成了一个肩阔胸高腰细腿长的,非常匀称挺拔的小伙子。一身肌肉,晒得

紫黑紫黑的。照一个当饲养员的王全老汉的说法：像个小马驹子。

不知大家有无贴近观察过赛马，那一种肌肉的匀实、皮毛的光亮紧绷、身姿的英挺，着实给人以非常男性的感觉，令人倾慕。汪曾祺的比喻贴切得很。

汪曾祺不同于白先勇的地方在于不特别关注人物的服饰。当然，这也是取材差异所致。白先勇（包括张爱玲），笔端常流连于上流社会，他们的小说向来富贵迷眼，对服饰器物的描摹不厌繁复，承接的乃是红楼传统。且看白先勇另一篇小说《一把青》中美男的亮相，也是五分之三的篇幅都花费在衣装上：

郭轸全身都是美式凡立丁的空军制服，上身罩了一件翻领镶毛的皮夹克，腰身勒得紧峭，裤带上却系着一个Ray-Ban太阳眼镜盒儿。一顶崭新高耸的军帽帽檐正压在眉毛上；头发也蓄长了，渗黑油亮的发脚子紧贴在两鬓旁。才是一两年工夫，没料到郭轸竟出挑得英气勃勃了。

而汪曾祺所写则多为社会中下阶层，如前文里1949年前的小锡匠及之后的农场职工，能有什么华丽装束？至多也就衣衫整齐合体罢了。可是俗话说人靠衣装佛靠金装，既然没有太好的衣装，要造成一个美人的印象，就必须以侧笔烘托了。上面列举的两段，最后一句都是侧写。《受戒》里写小英子母女仨的一段也

不例外,最后的一句是:

> 这两个丫头,这一头的好头发!通红的发根,雪白的簪子!娘女三个去赶集,一集的人都朝她们望。

大家不妨把这一招学起来。沈从文也这么用,《边城》里的二佬傩送:

> 傩送美丽得很,茶峒船家人拙于赞扬这种美丽,只知道为他取出一个诨名为"岳云"。虽无什么人亲眼看到过岳云,一般的印象,却从戏台上小生岳云,得来一个相近的神气。

近代以后,大概由于西方审美的渐染,文学中的男色向着阳刚的方向迈进了一大步,英气陡增,不复昆曲小生斯文儒雅的作派,与魏晋时期"熏香敷粉,行步顾影"的情态更是相隔千里。汪曾祺虽说和西方文化不甚亲昵,但他写起美男子来,感觉也是在照着大卫像的模子脱。白先勇笔下的美男似乎更合东方审美,不过又都从了军,仍然是在阴柔与阳刚、文气与英气间调和着。由"他的身段顾长,着了军服分外英发,可是钱夫人觉得他这一声招呼里却又透着几分温柔,半点也没带武人的粗糙"这一句,我们即可窥见他在阴阳天平上处心积虑的调控,艺术家真是不容易啊。

然而，几千年的审美心理毕竟不容完全取缔。有的时候，我还是不禁会万分怀想那些貌比朝霞，风姿俊秀，带有阴柔美的古代美男。比如大家都熟悉的宝玉：

面若中秋之月，色如春晓之花，鬓若刀裁，眉如墨画，面如桃瓣，目若秋波。虽怒时而若笑，即瞋视而有情。……越显得面如敷粉，唇若施脂；转盼多情，语言常笑。天然一段风骚，全在眉梢；平生万种情思，悉堆眼角。

比如晋代有名的美男子周小史：

可怜周小童，微笑摘兰丛。鲜肤胜粉白，曼脸若桃红。挟弹雕陵下，垂钩莲叶东。脸动飘香樹，衣轻任好风。

我竟不知道原来大可不必消极地"怀想"了；青春偶像换了一茬又一茬，于更迭中审美也悄然复归，如今少女们消费的男色，已然是鲜肤曼脸的现代周小史了。老到不追星的我，终于在肯德基的广告牌上惊为天人地认识了鹿晗。

心中陡然浮现《惊惶庞麦郎》的节奏：

那就是我要的滑板鞋……
哦，不
那就是我要的美少年……

推荐阅读

  白先勇：《游园惊梦》

  汪曾祺：《大淖记事》

关注"舒明月写作课"
向后台发送"男色"二字，
获取以上作品全文

【情色】
如何写出韩国情色电影一样的唯美

窥浴是文学及影视的经典情色场景，作者和编剧们乐此不疲。要妥善安排一场窥浴，画面的中心固然该给掬水洗身的被窥者，然而着力的重心还该在窥视者这头，毕竟内心戏由他担着。"情色"乃"情"字当头，难度系数之高于岛国动作片一类的"色情"，正在于必须向深去挖掘心理，向细去描摹感觉。

想当年，郁达夫以《沉沦》一篇名动天下，正人君子们虽恨得牙痒，可又无法骂他"诲淫"，不就是因为他把内心戏做足了，使人无可辩驳？

且看《沉沦》里的"窥浴"：

　　拿出了一本 G. Gissing 的小说来读了三四页之后，静寂的空气里,忽然传了几声沙沙的泼水声音过来。他静静儿的听了一听,呼吸又一霎时的急了起来,面色也涨红了。迟疑了一会,他就轻轻的开了房门,拖鞋也不拖,幽脚幽手的走下扶梯去。轻轻的开了便所的门,他尽兀自的站在便所的玻璃窗口偷看。原来他旅馆里的浴室,就在便所的间壁,从便所的玻璃窗看去,浴室里的动静了了可看。他起初以为看一看就可以走的,然而到了一看之后,他竟同被钉子钉住的一样,动也不能动了。

那一双雪样的乳峰!

那一双肥白的大腿!

这全身的曲线!

呼气也不呼,仔仔细细的看了一会,他面上的筋肉,都发起痉挛来了。愈看愈颤得厉害,他那发颤的前额部竟同玻璃窗冲击了一下。被蒸气包住的那赤裸裸的"伊扶"便发了娇声问说:

"是谁呀?……"

他一声也不响,急忙跳出了便所,就三脚两步的跑上楼上去了。

他跑到了房里,面上同火烧的一样,口也干渴了。一边他自家打自家的嘴巴,一边就把他的被窝拿出来睡了。他在被窝里翻来覆去,总睡不着,便立起了两耳,听起楼下的动静来。他听听泼水的声音也息了,浴室的门开了之后,他听见她的脚步声好像是走上楼来的样子。用被包着了头,他心里的耳朵明明告诉他说：

"她已经立在门外了。"

他觉得全身的血液，都在往上奔注的样子。心里怕得非常，羞得非常，也喜欢得非常。然而若有人问他，他无论如何，总不肯承认说，这时候他是喜欢的。

他屏住了气息，尖着了两耳听了一会，觉得门外并无动静，又故意喀嗽了一声，门外亦无声响。他正在那里疑惑的时候，忽听见她的声音，在楼下同她的父亲在那里说话。他手里捏了一把冷汗，拼命想听出她的话来，然而无论如何总听不清楚。停了一会，她的父亲高声笑了起来，他把被蒙头的一罩，咬紧了牙齿说：

"她告诉了他了！她告诉了他了！"

这一天的晚上他一睡也不曾睡着。第二天的早晨，天亮的时候，他就惊心吊胆的走下楼来。洗了手面，刷了牙，趁主人和他的女儿还没有起来之先，他就同逃也似的出了那个旅馆，跑到外面来。

我相信没有人读这一段会觉得像看岛国动作片一样爽，相反，它令人难受、紧张，少年人为性的冲动及随之产生的耻辱自卑所裹挟的情状，简直被郁达夫写绝了。而他写被窥者，不过只用了三个感叹句："那一双雪样的乳峰！那一双肥白的大腿！这全身的曲线！"

以前读过一篇评论文章，将郁达夫的这三个感叹句判作"十分扫兴",因为"幼稚的白话在这里毁掉了老谋深算的文言所造成的最后一点间离效果"。不过,对诗词功底绝佳的郁达夫来说,整点文言的间离效果想必并非难事吧;他的《沉沦》之所以石破天惊,就在于将白话文运用到了不仅无间离,反而如紧箍咒一般遇肉生根的疼痛效果。记得小学时我曾不慎撩开窗帘看到一青年男子正洗澡,惊惶瞬间里视觉捕捉到的正是白长腿和臀部的线条,而瞬间后久久不散的耻辱负罪感亦与《沉沦》主人公相仿。

而且所谓文言的间离效果,大概也就是用几个"蓓蕾""金茎"的习语喻称,貌似比"雪白的大腿"隐晦,可是因为被用得滥俗了,愈显猥琐龌龊。文言里也有著名的窥浴场面,《长生殿》有专门的一出"窥浴",瞧瞧是个什么画风:

【水红花】(合)悄偷窥,亭亭玉体,宛似浮波菡萏,含露弄娇辉。【浣溪纱】轻盈臂腕消香腻,绰约腰身漾碧漪。【望吾乡】(老旦)明霞骨,沁雪肌。【大胜乐】(贴)一痕酥透双蓓蕾,(老旦)半点春藏小麝脐。【傍妆台】(贴)爱杀红巾罅,私处露微微。永新姐,你看万岁爷呵,【解三酲】凝睛睇,【八声甘州】恁孜孜含笑,浑似呆痴。【一封书】(合)休说俺偷眼宫娥魂欲化,则他个见惯的君王也不自持。【皂罗袍】(老旦)恨不把春泉翻竭,(贴)恨不把玉山洗颓,(老旦)不住的香肩呜嘬,(贴)不住的纤腰抱围,【黄莺儿】(老旦)俺娘娘无言匿笑含情对。(贴)意怡怡,

【月儿高】灵液春风,淡荡恍如醉。【排歌】(老旦)波光暖,日影晖,一双龙戏出平池。【桂枝香】(合)险把个襄王渴倒阳台下,恰便似神女携将暮雨归。

效果也并不特别好吧?倘不合并昆曲极致讲究的唱念做舞,单看文本,很难为它点赞。

文言(包括旧小说、戏曲的语言体系)的确有充足的辞藻与形式的美感,但对婉转曲折的心理和精微复杂感觉的观照还太过欠缺,因此写及性爱,不想沾染上猥琐腌臜感,唯一能采取的策略就是:如同燕子在水面上一掠而过。比如《牡丹亭·寻梦》:

他兴心儿紧咽咽,呜着咱香肩。俺可也慢揸揸做意儿周旋。等闲间把一个照人儿昏善,那般形现,那般软绵。

已然是古代文学金字塔尖的水平了。不过汤显祖在这里还是露了个破绽——"香肩"。男作者们请记住,写情色文字,女性角色自思或自述时,千万别用什么"酥胸""香肩""皓腕""玉臂"等。这一类香艳的词语,不觉得只有被撩拨起情欲的男人才会用吗?一具天天见、隔天还要搓洗的自家的身体,哪来那么多肉麻的词汇?说得学术点,情色文学里的女性总免不了"自我色情化",十分讨厌。

旧的语言资源不够用,幸而有"五四"的新小说家们为汉字的文学拓开了局面,此后作者们写起情色来,果然有了点清新的风味。当代作家张贤亮《男人的一半是女人》中也写到窥浴：

> 她整个身躯丰满圆润，每一个部位都显示出有韧性、有力度的柔软。阳光从两堵绿色的高墙中间直射下来，她的肌肤像绷紧的绸缎似的给人一种舒适的滑爽感和半透明的丝质感。尤其是她不停地抖动着的两肩和不停地颤动着的乳房，更闪耀着晶莹而温暖的光泽。而在高耸的乳房下面，是两弯迷人的阴影。
>
> ……
>
> 她全神贯注地在享受洗澡的快乐，她在一心一意地洗涤着自己，好像要把五脏六腑、把灵魂都翻出来洗似的。
>
> 她忘记了自己，我也忘记了自己。开始，我的眼睛总不自觉地朝她那个最隐秘的部位看。但一会儿，那整幅画面上仿佛升华出了一种什么东西打动了我。这里有一种超脱了令人厌恶的生活，甚至超脱了整个尘世的神话般的气氛，世界因为她而光彩起来；我的劳改生活因为见着了这幅生动的画面而有了一种戏剧性的幸运，一种辛酸的幽默感。我非常想去和她作友好的谈话，想笑谑她一番，但我又怕打扰了她，使她吓得逃跑，从而使梦境般的奇遇、幻觉般的画面全部被破坏掉。
>
> 我只是呆呆地看着。

可能受奥威尔《1984》影响，作者有一种将性奉为极权政治突破口的明显意图。画风倒是不猥琐了，却有点牵强，分析性语言突兀地杵在那里，阻断了读者的审美。小说的空间里最忌讳有几根观念的提线，叫本该鲜活动脱的人物都成了僵硬的傀儡。情色文学呼唤内心戏，但得贴着人物写，不能扯着人物写。

"贴着人物写"不是我的发明，这是汪曾祺对他老师沈从文的崇高评价。沈从文写情色才是真的好呢！有一篇《采蕨》，讲的是少男少女的亲昵暧昧，通篇都是妙句，简直不知道该怎么摘录。勉强地舍弃了许多，留下这几段：

> 他要撒野，她是知道的。一到近乎撒野的举动将做出时，阿黑就说她"要告"，告五明的爹，因此一来，这小鬼就"茅苫"了。到他茅苫不知所措时，阿黑自然会笑，用笑把小鬼的心安顿下来。
>
> 五明这小子，人小胆小，说是"要告"，就缩手不前。女子习惯是口同手在心上投降以后也还是不缴械的。须要的是男子的顽强固执。若五明懂得这学理，稍稍强项，说是"要告就告去吧。准备挨一顿打好了。"……用了虽回头转家准备挨打在所不辞的牺牲精神，一味强到阿黑，阿黑是除了用双手蒙脸一个凡事不理，就是用手来反搂五明两件事可作。这只能怪五明了，糟蹋了这么一个好春天。
>
> ……
>
> 天气的确太好了。这天气，以及花香鸟鸣，都证明天也许可人在这草坪上玩一点新鲜玩意儿。五明的心因天气更活

泼了一点。

他箍了她的腰,手板贴在阿黑的胸前,轻轻的抚摩着。这种放肆使阿黑感到受用,使五明感到舒服。

阿黑故意把脸扭过去,不作声,装成十分生气。其实一切全见到了,心在跳,跳得不寻常。

……

过了不久,阿黑哧的笑了,睁开眼回过头来,一只手就拧了五明的脸。

"小鬼,你真是作孽害人,你人还那么小小的,就学会了使坏到这样子?谁教你这一手?"

这小鬼,得了胜利,占了上风,他慌张得像赶夜鱼,深怕鱼溜脱手。

……

五明这小子,说是蠢,才真不蠢!不知从什么地方学来这些铺排,作的事,竟有条有理,仿佛是养过孩子的汉子,这样那样,湾里坳上,于是乎请了客,自己坐主席,毫不谦逊的执行了阿黑的夫的职务。

读完《采蕨》,有种"倚天一出,谁与争锋"的兴叹感。沈从文贴着人物写,笔力强悍,把初涉性事山路十八弯的少女心都写尽了。比如小女生对性总是少去主动了解,因而初恋男友往往可算作性启蒙老师,学生不正是常常惊讶于老师的博学和笃行?一句"不知从什么地方学来这些铺排,作的事,竟有条有理",

可不就是说得既到点子上，又十分有趣，叫人忍俊不禁？因为贴着人物写，阿黑也就半点没有前文论及的"自我色情化"。沈从文一不被"欲望书写的一整套固定角度、场景和语汇"扯着走，陷作品于污泥；二也不会被某些政治或哲学观念扯着走，悬作品于半空。

郁达夫固然也是贴着人物写，但贴的是男人，差不多算自传，这就差了一点；而且抒情主体太怯弱了，在封闭的社会里被自身的欲望和他人的目光推来搡去。比不上沈从文的顽勇，管你什么雨打来风吹去，他自有定力。他像超能洗衣粉一般，涤尽了禁忌与压抑的污渍，交给读者一段崭新洁净、散发香味的情色文本，弥足珍贵。

沈从文写情色的自然大方，还体现在不特别费心思去做隐语。特别费心思做隐语的例子出在老舍的《骆驼祥子》：

> 屋内灭了灯。天上很黑。不时有一两个星刺入了银河，或划进黑暗中，带着发红或发白的光尾，轻飘的或硬挺的，直坠或横扫着，有时也点动着，颤抖着，给天上一些光热的动荡，给黑暗一些闪烁的爆裂。有时一两个星，有时好几个星，同时飞落，使静寂的秋空微颤，使万星一时迷乱起来。有时一个单独的巨星横刺入天角，光尾极长，放射着星花；红，渐黄；在最后的挺进，忽然狂悦似的把天角照白了一条，好象刺开万重的黑暗，透进并逗留一些乳白的光。余光散尽，黑暗似晃动了几下，又包合起来，静静懒懒的群星又

复了原位,在秋风上微笑。地上飞着些寻求情侣的秋萤,也作着星样的游戏。

写的是天上星,然而与男女旖旎的节奏流程完美吻合。你无法不惊叹于他的巧思,可是又觉得如此耗费艺术家的匠心似无必要。就像在核桃上雕出一条小舟,舟上还立着姿态甚至神色都各异的人,巧夺天工是没错,可是,为着什么呢?

情色既然是人生的重大主题,就一定是小说的永恒主题之一。我提倡的态度是,写作者既无须逢迎,也不该闪躲,人物关系的发展到了情色这一步,那就像对待任何重要场景一样,殚精竭虑地写好它就是了。关注是否贴合人物,关注是否推动情节,要是抱负更大些,就再关心美感的造成,想想如何令读者心灵沉醉一回。老舍那样的文字游戏,新手常会耽溺进去,自以为写得绝妙,其实读者遇到类似段落很多是跳过不看的(除非你真能写到老舍那种地步)。乳房嘛,就是乳房,大大方方用这个词就好了,郁达夫的"乳峰"也还能接受,就别变着花样地想什么桃李梨杏的比喻了。张爱玲那么善比喻的人,也没见她把心思费在这上头,《色·戒》里的那段,不就好极了?

一(在汽车里)坐定下来,他就抱着胳膊,一只肘弯正抵在她乳房最肥满的南半球外缘。这是他的惯技,表面上端坐,暗中却在蚀骨销魂,一阵阵麻上来。

小说里还有很妙的一句,可以佐证前头提到的"自我色情化":

> 知道他在看,更软洋洋地凹着腰。腰细,婉若游龙游进玻璃门。

请注意"知道他在看"五个字。一定要有男人看,要带着很强的功利目的,女人才会凹出种种的风流情态来。无利不起早,无利不凹腰。情色文本的一大看点不就是情色关系如何塑造人的行为?如果对现实没有敏锐的洞察力,在这些细微的地方区分不出,呈现不了,女人没事就凹腰,动辄以"酥胸""玉颈"自怜,那种情色文本一定高明不到哪儿去。

推荐阅读

沈从文:《采蕨》

郁达夫:《沉沦》

张爱玲:《色·戒》

【云雨】

像剥开一个珍美的小橘子似的

　　和一个作者交流写作经验，把近半年写的两篇小说拿给她瞧了瞧，本以为能得到些许赞赏，却不料被她大大嘲笑了一番。原来其中语涉性事，有一句"将唇呜哑[1]着两颗樱桃"，她乐不可支，问："这是什么声口？明清诲淫小说吗？"

　　我一面尴尬，一面也佩服她好眼力。当即在脑中搜索出处，很快定位在了"三言""二拍"以及一本叫《蜃楼志》的小说上。"三言""二拍"不必介绍，《蜃楼志》的作者则是清朝的"庾岭劳人"，作品也是一本世情小说。那是我纯洁童年里仅见的一本色情场面不被大段"□□"遮蔽的旧小说，虽然看得半懂不

---

[1] 呜哑：亲吻。

懂，但架不住强烈好奇翻阅多遍，一些字句已无可磨灭地存在于我的脑海里，终至十来年后在写作中隐现。

叫朋友看出端倪的，除却现代汉语中不太常用的"呜哑"二字外，更主要的是"樱桃"这一譬喻手法。所谓的"明清海淫小说"里都是这么个味儿，对于身体的各个器官，文人们不抖搂几个喻称就煞不了浑身的痒痒似的，再不济也要在前面加个"金"或者"玉"——比如"金沟""玉茎"。《肉蒲团》里则多称"玉麈[1]"。

还是在此摘录一段典型的段落说明一下吧：

> 一头说，已将素馨揿在榻上，将口对着樱桃，以舌送进，就如渴龙取水，搅得素馨津唾汩汩，身体酥麻。一手便扯他裙带。原来素馨向与笑官欢会，单系上裙带，不用裤带的。岱云只一扯，早已裙裤齐下，露出个嫩红桃子来。腰间挺了这根丈八蛇矛，便思冲锋陷阵。

其实我那句"将唇呜哑着两颗樱桃"还模仿得有点不伦不类。照古人的套路，一说樱桃，必指小口，我大概是因为活了这么多年还没见到哪个女人的嘴能小成那副怪样的，对此说法早有腹诽，所以不声不响移他用了。但再怎么说，这一句和什么"含葩豆蔻""直捣花心""嫩蕊娇香蝶恣采"云云仍在同一个师门。

························

[1] 麈，zhǔ，用鹿尾做的拂尘。

明清世俗小说中的情色或色情场面描写，总有挥之不去的猥琐气息。这大概是缘于作者的三观不正，或者干脆说缘于他们的"精分"。明明是导淫之作，靠色情来打开销路，偏偏还要在明面上讽刺一番，在开头或是结尾处教诲几段。更有甚者，小说里的男女方在紧妙处，他突然又来几句画外音，感慨一回世风日下。如此精分，压抑不下又宣泄不得，写出来的文字自然难舒展，挤眉弄眼地面貌可恶。

再者，中国古代的文学固然可以说长于抒情，然而多抒发的是类型化的情感，比如伤春悲秋啊，闺妇思远啊，处士怀怨啊，最情真意切的也就是一些悼亡的诗文了。倘若要表达更婉转曲折的心思，更精微复杂的感觉，语言资源明显不够用。我觉得古人说什么"不着一字，尽得风流"，大概也有"生写"太考验才力、耗费心力，所以才由躲懒发展出一套讲求意境的美学。"五四"之前的白话文小说，虽然在摹写世态方面已属缤纷摇曳，但对于心理和感觉的挖掘还太欠缺。不是不想挖掘，而是因为缺少趁手的语言工具，要么想不到去挖掘，要么想挖掘也不得力，最终导致绝大多数人物不过是岛国动作片演员，按脚本做浮夸的表演，无个性，无内心戏。

照理说"五四"之后，语言资源有了不小的丰富，当代的作家完全应该据此追求更精彩的笔法。可是偏偏有人，就钟情于匮乏年代的莽文字，以此为乐，以此自得。

且看《废都》片段：

女人一上床，就扭着身子要周敏为她脱，偏不肯自己动手。周敏除去奶罩，借了月光，见一对热烘烘的奶子如白兔般脱跳而出，便一头扎下，噙着乳头呜咽起来。妇人忍不住一声欢叫，死死抱住周敏，侧身将另一只奶子也挤过来。周敏在女人乳沟里一阵乱拱。一会儿，妇人便急切地叫道："我湿了，你进来吧！"接着抬起腰身，自行将裤头褪了一截下去。周敏弓起一只脚插在妇人光滑的腿间，顺势轻轻一蹬，裤头就滑落床下。女人先是攥了周敏，接着却又将周敏按倒，起身骑了上去。周敏说："你今天好威猛！要倒插栀子花吗？"妇人说："你个没良心的，跑了一天，我怕累着你。"说着把周敏套了进去。周敏便不再吭声，只挺身去迎合女人。女人下身早已湿透，冲撞起来就叭叭地响，且不住地颤声浪叫着，周敏被撩拨得火起，忍不住一阵狂颠，二人便大呼小叫着同时过了，各躺在床上喘粗气……

聒噪不已的文字。好像金庸在写打斗场面，贾平凹着意的是动作：脱跳、扎下、死死抱住、挤、乱拱、蹬……这不是性爱当事人的视角，也谈不上是小说经常使用的上帝视角，因为如果采用此种视角应该动作与感觉并重。略不怀好意地说，这完全是窥私视角嘛。其实当代男作家的作品都差不离，在这一统的琐碎、肮脏和丑陋之外又杂烩以明清小说的市侩腔调，呈现出来的画面太怪异我不忍看。

贾平凹在写性事中运用的比喻也差劲。比如上文里的"热烘烘的奶子如白兔般脱跳",还有其他几处形容女人的屁股像氢气球,大腿像老葱,都只是抓了一点相似而作牵强的联系。有一些感官体验又一味夸大,YY过度,比如"感觉里这不是在床上,不是在楼房里。是一颗原子弹将他们送上了高空,在云层之上粉碎;是在华山日出之巅,望着了峡谷的茫茫云海中出现的佛光而纵身跳下去了,跳下去了"。这是做爱吗?八成是嗑猛药吧⋯⋯

男作家里也有写性事写得好的,顾城的《英儿》就很不错:

> 在茫茫晨光中我抢掠她的秘密,分开她的缝隙,那缝隙陷陷的,那么饱满,合拢时几乎什么也看不见,分开时,我就看见了那酒色的唇瓣,和细小的一点茎蕊。它由于羞辱,微微膨胀起来,我有点好奇地看着,像剥开一个珍美的小橘子似的,看她的小蕊微微鼓起,变得甜润,当触及它的时候就触及了那遥远的叫喊。我用手指探寻它,感到了那紧张真空的吸吮。她由于害羞把自己的脸遮了。

顾城用了个很别致的比喻,"像剥开一个珍美的小橘子似的",令人叹赏。其他花瓣茎蕊的代称看似入了俗套,其实与整体氛围契合,与诗人好奇凝视而小心触碰的姿态契合,因此绝无油滑声腔,也一点不显刺目。当代诗人与小说家果然是截然不同的两个路子,真怨不得德国汉学家顾彬厚此薄彼。

不过看来看去,还是觉得祖师奶奶张爱玲最为高明。这个人精,拥有出类拔萃的感官直觉,视觉、嗅觉、听觉、触觉样样敏锐，又能投以精准无偏差的文字。尽管经验未必丰盛，下笔照样无人能及。《小团圆》里的一段是这样子的：

  他眼睛里闪著兴奋的光，像鱼摆尾一样在她里面荡漾了一下，望著她一笑。
  他忽然退出，爬到脚头去。
  "嗳，你在做什么？"她恐惧的笑著问。他的头发拂在她大腿上，毛毰毰的不知道什么野兽的头。
  兽在幽暗的岩洞里的一线黄泉就饮，泊泊的用舌头卷起来。她是洞口倒挂著的蝙蝠，深山中藏匿的遗民，被侵犯了，被发现了，无助，无告的，有只动物在小口小口的啜著她的核心。暴露的恐怖揉合在难忍的愿望里：要他回来，马上回来——回到她的怀抱里，回到她眼底——

"有只动物在小口小口的啜著她的核心"——凭此一句，就轻松胜却贾大叔冗冗杂杂的数万字。那么奇妙精微的感觉，竟被她如照相一般地摄取了，毫厘不差，又说不出地新鲜可爱。顾城也许感觉上不逊于她，但遣词用字不及她巧妙，不及她有古典的意象。

张爱玲成名于20世纪40年代，顾城、贾平凹则成名于四十余年后。四十余年里现代汉语大大地倒退了，倒退到连像话的情色文字都找不到几段。"五四"大家们辛勤丰赡了的语言，当代小说家们还未及运用它来弥补前人世情小说的缺憾，就那么深可惋惜地又凋零了。

推荐阅读

　　　　顾城：《英儿》

　　　　张爱玲：《小团圆》

技能篇

深入解码,寻找大师们的写作密码

> 创造力要靠具体的词与句来承载,每一词都有其明暗色泽,每一句都讲究快慢节律,句与句之间还有彼此的应和反复。

【标点】
天才笔下的标点不同凡响

有一次有人找我看作品,她写了个系列小短篇,情景剧式样,对话占主体。我看了半宿,觉得构思也不能说不妙,料也不可谓不足,字词句上也没有大弊病,但怎么读起来就蔫蔫的呢?

又看了两篇,突然牵动了一桩年深日久的记忆。高中时学《史记》"荆轲刺秦王",语文老师见大家无甚兴致,就点了班中大美女的名,让她站起来回答"场面是不是很惊险"。谁知该大美女偏偏不配合,犟着说"感觉不到啊",弄得老师十分下不来台。

年少时的我是这样解读的:美果然是一种权势。换作别人这么答老师一定怒了,但对着美女,只能把反应软化成尴尬。

唉,当年只顾妒蛾眉,却忽略了自己心上飘过的一丝念头:

我其实也没感觉到有多惊险哪。

节录《史记·刺客列传》里荆轲的一小段：

> 轲既取图奉之，秦王发图，图穷而匕首见。因左手把秦王之袖，而右手持匕首揕之。未至身，秦王惊，自引而起，绝袖。拔剑，剑长，操其室。时恐急，剑坚，故不可立拔。荆轲逐秦王，秦王还柱而走。

文气本该峻急，但读了之后却只剩内心的焦急，好比跑车被堵在了四环上，司马迁的好文叫这该死的句读全白瞎了。尤其是"未至身"后面那十来个短句，节奏简直太糟心了。只有麻溜地将逗号去掉几个，变作连贯的长句，惊险的感觉才出得来：

> 未至身秦王惊自引而起。绝袖。拔剑剑长操其室。时恐急剑坚故不可立拔。荆轲逐秦王秦王还柱而走。

司马迁的时代没有句读。后代读司马迁的文，也未必使用的是高中语文教材那套标点：但凡换了个动词或主语就一定要断句，把个连贯的语感折损到底。我还记得美女同学她自己作文的语感就颇不赖，想来也是足够敏锐，笃定于自己的判断，才有勇气跟老师那么犟着，倒也不全是恃美而骄。自古少年多偏狭，回想起暗黑青春期对人对事的理解，实在羞惭。

把话头再牵回来，我正瞪着的这些小短篇，之所以蔫蔫的，问题也同样出在标点上。以对话为主的作品，怎么可以满眼只有逗号和句号呢？感叹号、问号、破折号、省略号这四大护法上哪儿去了？不调遣四大护法，对话必须呈现的情感和语气从哪里来？

来看看使得一手好标点的鲁迅是怎么做的吧：

我这时很兴奋，但不知怎么说才好，只是说：
"啊！闰土哥，——你来啦？……"

四大护法齐了。这要是改剧本，对话部分完全不必加什么"惊喜状""稍作停顿""欲言又止状"的说明，演员看一眼就晓得该怎么演。

鲁迅在新中国成立之后地位很高，所以把他那些不符规范的标点也都保留下来了，不敢擅改。比如，三个感叹号连用：

"道翁！！！"四铭愤愤地叫。

还有任性的省略号：

灰土，灰土，……
…… ……
灰土……

看着就像是灰土扑面而来。

在互联网时代大放异彩的标点界"小公举"波浪号也曾经出现在鲁迅的文章里。而且跟前文中从西方请来的四大护法不同,波浪号属于本土作家鲁迅的自主创新,《阿Q正传》及《从百草园到三味书屋》两篇中都使用过,为的是表现声音的摇曳。"百草"篇里是这样的:

> 铁如意,指挥倜傥,一座皆惊呢～～;金叵罗,颠倒淋漓噫,千杯未醉嗬～～

这就令人想到了被网友奉为语言"特师"("特师"是比"大师"更厉害的存在)的大咕咕咕鸡。他常常在微博里唱歌,每次都少不了这个波浪号:

> 大家好我要唱了!你这样～一个luei人～～
> 让我欢喜让我忧～～让我甘心为了你～付出我所有～～就请你给我多一点点时!间!再多一点点温!柔!不要一切都带走!

在我国严肃文学史上,最善用标点的,现代有鲁迅;而当代,大咕咕咕鸡使用标点,也属一绝。读上面那一段,谁还不跟着心中默唱出来?"时间"和"温柔"两处的感叹号正契合着音乐的高低和停顿,无比妥帖。

频繁的波浪号与感叹号，诗意浓郁的句号，别出心裁的半边括号，是大咕咕咕鸡在标点运用上的几个显著特色。当然，对于鲁迅或是咕宝这样的天才，光从标点上来谈论会觉得太不得劲了。因为说到底他们叫人惊叹的是一种充塞天地的灵活创造力，在此创造力之下，汉字、方言、英文、日文以及各符号系统，一切的修辞手法，所有的语体风格，都能够得于心而应于手，手到就擒来，任意驱策——政治家里有此等灵活创造力的大约就是李光耀了吧，不举意识形态，不守传统习俗，不问亲疏远近，一切谋略和手段都是以实利为上——而顶级作家们则是以文字的实效为上。

诗词研究大家顾随深爱鲁迅先生的白话文。他对鲁迅有过两段绝妙的评语：

1. 鲁迅先生白话文上下左右，龙跳虎卧，声东击西，指南打北。他人则如虫之蠕动。

2. 近代白话文鲁迅收拾得头紧脚紧，一笔一个花。即使打倒别人，打一百个跟头要有一百个花样，重复算我栽了。

这两段话大咕咕咕鸡也全然当之无愧。神作《武汉某幸福中产家庭一个狗的波澜壮阔大计划》，正是叫人目不暇接，永远别指望猜出他下一招是什么：

最后的关键时刻了。一个狗爬上沙发靠背，扶墙移动至

左侧边缘,"噌"一下跳到冰箱顶上。转身。猛然发力,"嗷"地叫一声,靠后腿们直立起来,和猫头鹰并排,激动地开始说:

"我是尤利西斯!"

"我是摩西!"

"我是吉庆街边的俄狄浦斯!"

"我是东湖岸边的达摩!"

"我是二人转台上的jim morrison!"

高速率挥舞双前手。

"我见到过地狱与天堂的婚礼,战舰在猎户座肩旁熊熊燃烧!"

"我注视万丈光芒在天国之门的黑暗里闪耀!看时间枯萎。"

"我驾着疯狂通往智慧的圣殿!"

"在我面前的是一条荆棘路!"

"我放弃舒适安逸的生活,去进行灵魂之旅!"

"去醉日逐舟!"

"去叩开感知的大门!"

"去参加电子葬礼!"

"与众神裸体午餐!"

"这是多么的伟大!"

挥舞。眼神焦点放无限远。迷离。

"一个狗！伟大！伟大！"

"生活！伟大！伟大！"

"文艺！伟大！伟大！"

"你必须给我5000块钱！"

声嘶力竭。

"你必须给我5000块钱！"

舔一下嘴唇。

"到南方去！到南方去！到云的南方~"

"寻找！寻找！寻找！寻找自己！"

读完这一篇，我在心中感慨，这才是诗啊！当代诗人总喜欢强调"诗歌是纯粹的语言艺术，是文学皇冠上的明珠"，但说实在话，他们那套停滞于20世纪七八十年代的情感、心智与审美，翻来覆去总共几个招数、几种意象，还有那清高自得的架势，其实并不比沉浸于诗词创作的老干部们高明到哪里去。我在心中感慨的作品才是"诗"，那时还没有留意到他微博名称下的小字。有一天突然看到了，原来他也正是自封为"叙事诗人"呢。

除了整体行文的充沛活力外，读大咕咕咕鸡作品时，也常常会在很细微的地方，心中一动，想到鲁迅。可惜平常没有随手笔记和摘录的习惯，只整理出这么几条：

相似处	鲁迅	大咕咕咕鸡
为概况或概述加一个具体数字	那夜他很生气,说是连第九个妃子的头发,也没有昨天那样的黑得好看了。幸而她撒娇坐在他的御膝上,特别扭了七十多回,这才使龙眉之间的皱纹渐渐地舒展。	隔壁狗出来散步,被一坨狗屎震惊了,看了33秒,闻了五下,转了9圈,惊呆了!
方言	"来笃话啥西,俺实直头听弗懂!"账房说。"还是耐自家写子出来末哉。写子出来末,总算弗白嚼蛆一场哉唲。阿是?"书记先生道。	今朝黄浦江压力噶堵!浦东几只摩天楼都准备看伊笑话了,千万不要结冰啊一刚!一结冰周围的话题就都是你了。
反煽情反文艺腔	莫非这就是一点"世界苦恼"么?我有时想。然而大约又不是的,这不过是淡淡的哀愁,中间还带些愉快。我想接近它,但我愈想,它却愈渺茫了,几乎就要发见仅只我独自倚着石栏,此外一无所有。必须待到我忘了努力,才又感到淡淡的哀愁。 那结果却大抵不很高明。腿上钢针似的一刺,我便不假思索地用手掌向痛处直拍下去,同时只知道蚊子在咬我。什么哀愁,什么夜色,都飞到九霄云外去了,……抚摩着蚊喙的伤,直到它由痛转痒,渐渐肿成一个小疙瘩。我也就从抚摩转成搔,掐,直到它由痒转痛,比较地能够打熬。 此后的结果就更不高明了,往往是坐在电灯下吃柚子。	伟大的敬业精神!鳝鱼麻麻知道小鳝鱼肉质娇嫩,如果一起入水会造成口感过老,所以坚持在自己熟了以后,才让鳝鱼宝宝入水,让客人吃到最鲜嫩的口感,这就是职人魂!匠心!满塞~~鳗鱼麻麻塞高!春风十一里不如你!

(续表)

相似处	鲁迅	大咕咕咕鸡
漫画画面感的人物动作（通常伴随语言）	"你们是受了谣言的骗的。其实并没有所谓禹，'禹'是一条虫，虫虫会治水的吗？我看鲧也没有的，'鲧'是一条鱼，鱼鱼会治水水水的吗？"他说到这里，把两脚一蹬，显得非常用劲。	1."而且我腿短。"一个狗补充。再次强调。双前手在胸前外翻，做了个献宝的动作，手心向上。 2.有一次家里头吃饭我喝大了，回来的路上扶着墙尿尿，我儿子盯着尿液奔流情形若有所思，用右手做了一个波浪起伏的动作，对我说："浪潮。爸。时代步伐不可阻挡。"
对文坛大腕的讽刺	不幸就看见了徐志摩先生的神秘谈，——不，"都是音乐"，是听到了音乐先生的音乐："……我不仅会听有音的乐，我也会听无音的乐（其实也有音就是你听不见），我直认我是一个甘脆的Mystic。我深信……" 此后还有什么什么"都是音乐"云云，云云云云。总之："你听不着就该怨你自己的耳轮太笨或是皮粗"！ 我这时立即疑心自己皮粗，用左手一摸右胳膊，的确并不滑；再一摸耳轮，却摸不出笨也与否。然而皮是粗定了：不幸而"挣不留手"的竟不是我的皮，还能听到什么庄周先生所指教的天籁地籁和人籁。	1.由冯唐举办的第一届你对冯唐了解多少冯唐小知识大赛冯唐获得冠军，奖品是冯唐。 2.太阳是金色的，我也是。by冯唐 3.银河映像最新电影《神探2》，讲主角冯唐身上有七个人格，分别是冯唐、冯唐、冯唐、冯唐、冯唐、冯唐，和冯唐，极其不好对付，影片高潮是发现冯唐秘密的探长李海鹏最后发现冯唐身上不仅仅只有七个人格，而是九个！以前的推理完全错了，李海鹏痛苦地蹲下，宣布自己输了。（另外两个人格也是冯唐。本片由著名作家冯唐出演冯唐。）

（续表）

相似处	鲁迅	大咕咕咕鸡
土洋夹杂	"O. K!"一个不拿拄杖的学者说。 "不过您要想想咱们的太上皇。"别一个不拿拄杖的学者道。 "他先前虽然有些'顽'，现在可是改好了。倘是愚人，就永远不会改好……" "O. K!"	一个河间驴。宽一米长一米高一米。河北精神的具身化（embodiment），当代我国小康之家最佳摆件。严肃，深沉。比结婚5年的老公话还少，一月不超过三句，每句不超过3个字。

存在着两种可能性：第一，天才所创略同，鲁迅和大咕咕咕鸡不过是汉语人群占据的广大疆域上，一百年的时间河流中偶诞的两名略同的天才；第二，大咕咕咕鸡潜心研读过鲁迅的作品，（甚至是鲁迅的粉丝），他萃取了现代白话文顶级篇章的精华。

希望是后者。因为我想到了T.S.艾略特在其恢宏的论文《传统与个人才能》中的一段话：

> 我们称赞一个诗人的时候，往往倾向于专注他在作品中和别人最不相同的地方。我们自以为在这些方面看出了什么是他个人的特质。我们很满意地谈论诗人和他前辈的异点，竭力挑出可以独立的地方来欣赏。但实际上，假如我们研究一个诗人，撇开了偏见，却常常会看出：他的作品中，不仅最好的部分，就是最个人的部分，也是他的前辈诗人最有力地表明他们的不朽的地方。

T.S.艾略特所指的传统，是一个自荷马以来始终存续，到现当代尤为异彩纷呈的欧洲文学传统。而我引用这段话的目的，却是希望能够逆推过去，以当代红人大咕咕咕鸡对现代经典作家鲁迅的继承，来证明我们已失落掉的无比美好丰赡的文学传统——嗯，其实——还未曾断绝吧……

推荐阅读

大咕咕咕鸡：《人间动物园》

关注"舒明月写作课"
向后台发送"标点"二字，
获取以上作品集选篇

【造语】
出奇制胜，才能"惊"艳于人

杜甫说："为人性僻耽佳句，语不惊人死不休"，讲他自己是个琢磨文字的偏执狂。可惜后人引用"语不惊人死不休"时偏离了老杜的本意，通常用这句话来形容故作骇世之论的取宠邀名之辈。看来很多人都不曾有过耽溺于文字的"心流"体验，因此不了解"语不惊人死不休"是多么的契合于情境。

如果全面一点来讲，"语不惊人死不休"可以理解为：誓死以精准的，富有画面感、音乐感和新鲜感的文字惊艳于人。这是文学的永恒准则，大约也是"文笔好"的定义。任何作品，哪怕受了诺贝尔奖的加冕，获得世界性的赞誉，倘若不符合这些标准，也还是上不了文学的台面。不过本篇主要是在新鲜感的层面上讲这个"惊"字，直白一点，就是出奇制胜，靠一点出乎意料的妙趣来令人印象深刻。

大家一定都知道那首著名的打油诗：

> 天地一笼统，
> 井上黑窟窿。
> 黑狗身上白，
> 白狗身上肿。

为什么这首诗流传颇广？在百度知道里摘得一段分析如下：

> 此诗描写雪景，由全貌而及特写，由颜色而及神态。通篇写雪，不着一"雪"字，而雪的形神跃然。遣词用字，十分贴切、生动、传神。用语俚俗，本色拙朴，风致别然。格调诙谐幽默，轻松悦人，广为传播，无不叫绝。

读毕我只想翻三个九十度的白眼。首先，雪不是小马驹那样的活物，形神跃然从何谈起？其次，这么一大段中，有几句是说到点子上的？说该诗遣词用字十分"贴切、生动、传神"，这和说一个方圆百里有名的美女十分"漂亮、养眼、可人"有什么区别？说了等于白说，浪费人的期待。我一向痛恨写文章言不及物言不及义，大而化之，充斥着陈词滥调。而令人叹息的是，如今的所谓文学评论或作品赏析大多是这样大而化之的路数，动辄牵强地分析时代背景、挖掘思想深度，而在核心的美学层面上，却如抓瞎一般，经常是草草扯上几个淡就了事。

其实这首打油诗好就好在我上文所说的一点出乎意料的妙趣。在作者以无厘头的方式凑出了前面三句之后，第四句会是什么？如果没有一个漂亮的煞尾，这首诗简直交代不过去。黑狗身上白，白狗身上——还是白啊，看你如何结尾？就在读者还执着于颜色时，作者志得意满地交上了答卷：一句"白狗身上肿"真有峰回路转、柳暗花明的效果，出乎意料却又合情合理，令人哑然失笑。

鲁迅也有类似的出奇制胜策略。他同样写过一首打油诗，题曰《我的失恋》：

> 我的所爱在山腰；
> 想去寻她山太高，
> 低头无法泪沾袍。
> 爱人赠我百蝶巾；
> 回她什么：猫头鹰。
> 从此翻脸不理我，
> 不知何故兮使我心惊。
>
> 我的所爱在闹市；
> 想去寻她人拥挤，
> 仰头无法泪沾耳。
> 爱人赠我双燕图；
> 回她什么：冰糖壶卢。

从此翻脸不理我,

不知何故兮使我糊涂。

我的所爱在河滨;

想去寻她河水深,

歪头无法泪沾襟。

爱人赠我金表索;

回她什么:发汗药。

从此翻脸不理我,

不知何故兮使我神经衰弱。

我的所爱在豪家;

想去寻她兮没有汽车,

摇头无法泪如麻。

爱人赠我玫瑰花;

回她什么:赤练蛇。

从此翻脸不理我。

不知何故兮——由她去罢。

这首诗真当得上顾随评论它的几句话:"上下左右,龙跳虎卧,声东击西,指南打北。"老虎行动迅疾,身爪利落,你不知道它下一秒从哪里就扑来了。尽管鲁迅这首诗我已经读过很多遍,再读之下还是觉得妙趣横生,不落窠臼。顾随又说,除却鲁迅其他人的文章都"如虫之蠕动",意思就是行动轨迹完全可预见,哪怕你出门打了趟酱油,回头看它还是在那里不紧不慢地爬着。

前面两例都是旨在搞笑的打油诗,似乎略缺乏说服力。再来看一个正经点的例子吧。台湾的简媜是个将散文写得如诗一般惊心动魄的作家。她将女作家惯有的清丽婉约与一种瑰伟卓荦、磅礴丰沛的张扬的生命力结合在一起,形成自己独具魅力的风格。记得她的不知哪篇散文中有这样的句子,是写她的"姆妈"(奶奶)的:

> 我是她胸襟上的丝绣帕,髻上的红彩花,岁月碾过的茅茨土屋里忽然照见的一只乳燕。

一连三个比喻,前两句相似,都是讲姆妈视长孙女有如乡间妇人难得的饰品,万般宝爱,意象本已十分出色。第三句神来之笔,突然化静为动,由短及长,又夹杂以动词造成语法的参差,在各个面相上都与前两句有别,但仍能以一种欣喜、珍爱的情感,将三个句子统一成规律的序列。有了出乎意料的第三个譬喻,整个句子就如完睛之龙凌空而来,任谁都会被它的鳞鳞金光击中性灵,引发情思摇曳。我大概是在大学时读到此句,如今十年过去了,仍念念不忘,不时缱绻唇齿间。

"语不惊人死不休"的最坚定奉行者始终还是诗人,因此他们能够更新我们的语言。但我一直认为现代诗人在这一条路上走得有点太过了。大概是自恋的缘故,他们过于重视自己的片羽灵思,常常将通感运用到昏天黑地的程度,强调特异的感官直觉而忽略审美的基本规律或曰共通性,忽略了文学的沟通功能。这也许就是现代诗"不好看",无法得到广泛阅读的原因。天才的诗人、评论家T.S.艾略特说过,诗人不应该致力于表现什么个性,而只应该表现寻常的感情,他只是一个工具,寻常的印象和经验在这个工具里以种种特别的、意想不到的方式结合。这意思明明白白:诗人的任务是造语,而非寻情。

刚才所举简媜的例子也可佐证艾略特的观点。简媜那句话里的感情不过是人世间最最普通的舐犊之情罢了,难得之处在于以"特别的、意想不到的"画面和音乐(节律)结合着来呈现,给读者带来强烈的审美体验。简媜写的虽是散文,但诗意浓郁,原因也正在于此。

我读现代诗时手持的就是"造语VS寻情"的标准,凡寻情的,在内容上炫奇立异的一概略过;只有造语的,精工于技艺的部分才细细品咂。功利地挑拣出诗中的零珠碎玉,企图以诗人的敏锐语句来刺激自己日渐麻木的文学肌体。这个方法也不妨推荐给大家,读现代诗可以更新我们的语言,拓展我们的造语思路。

当然我说的是优秀的现代诗,不是经常得奖的某些口水诗,也不是故意的生堆硬造品。据说用翻译软件把几句大白话翻成日语,将日语翻译成俄语,再依次翻译成法语、西班牙语、阿拉伯语……最后再翻译成汉语,就能得到一首现代诗。

也许,糟糕的现代诗实在太多了,沙中拣金太耗时间。保险的做法还是阅读那些深具造语精神的古典诗人的作品吧,比如杜甫、李贺、温庭筠等。杜甫诚不我欺,他身体力行地留给后人多少佳句!《野人送朱樱》中有绝妙的一句,"数回细写愁仍破,万颗匀圆讶许同。""细写"二字是齐齿呼,令人觉出樱桃之娇嫩以及涤洗时的小心翼翼,"匀圆"二字撮口呼,果实的圆润形态则呼之而出。通感运用得如此浑然天成不着痕迹,直接将那些现代诗人甩出十八条街。

最近为采访一个"95后"的少女作家,新概念作文大赛一等奖得主,我读了她的许多文章。这孩子初中时写的作品里就有很多令人过目难忘的奇句了。其中一篇小说写小女孩翻到父亲记述恋情的日记,她感慨道:

> 那对不知来日方长世界之大的恋人,他们从诗的深处,走向诗的更深处。

这与"黑狗白狗"句有一样的妙趣。按庸俗的文法,尘封的日记重见天光,读者一定以为他们要从诗的深处走向眼前,走到近处,可作者偏偏让他们背道而行,进入诗的更深处。这一逆转,竟造就了无限的圣洁静穆,意韵绵绵。看到文学界有如此后起之秀,我真是老怀欣慰了。

推荐阅读

简媜:《渔父》《解发夫妻》

【比喻】
善用比喻是一种基因突变

只要稍微留心就能发现，被评价为"文采斐然"的作者，往往具备擅用比喻的特质。事实上，神经科学家已经对艺术人群擅用比喻的共性进行了深入研究，科学家们发现：一种基因突变导致了这些人的大脑异于常人。

我断定，张爱玲在这方面绝对基因突变到一塌糊涂了。且看看她那些妙喻：

> 果然，姚先生大大小小七个女儿，一个比一个美，说也奇怪，社会上流行着古典型的美，姚太太生下的小姐便是鹅蛋脸。鹅蛋脸过了时，俏丽的瓜子脸取而代之，姚太太新添的孩子便是瓜子脸。西方人对于大眼睛，长睫毛的崇拜传入

中土,姚太太便用忠实流利的译笔照样给翻制了一下,毫不走样。姚家的模范美人,永远没有落伍的危险。亦步亦趋,适合时代的需要,真是秀气所钟,天人感应。

头一次读这段就被秒杀了,妥帖、新奇到极致。比喻本就是一种勾连,但这个"忠实流利的译笔"比喻里,本体和喻体又统统具有某种勾连,所以交错地结成了网,把读者罩在里头,目瞪口呆,五体投地。

基因突变可遇而不可求。但,有一本语言学经典著作《我们赖以生存的隐喻》,通篇都在论述一个命题,即我们人类的思维,我们理解世界的方式就是比喻式的;由此可见人人都有运用比喻的善因。所以,不断练习,增加外部刺激,强化相关的大脑回路,比喻能力一定可以提升。哪怕你并不一定想成为作家、艺术家,平常说话时能恰当使用比喻,也立竿见影,对表达和沟通益处多多。

比喻的大德当然是要妥帖,即本体和喻体有明显相通处,这是一条及格线。及格线以下的比喻长这样:

1. 陈鼻坐在我家门槛上,灶膛里的火映得他满脸闪光,那个巨大的鼻子,像一块结了冰的萝卜雕成。

2. 她身体蜷缩着,像一只倒干了粮食的瘪口袋,又像一只钻出了飞蛾的空茧壳。

3. 听到这个消息后,哥哥姐姐像青蛙一样哇哇叫,我在地上翻筋斗。

以上几句都出自莫言的《蛙》。我想象不出人的鼻子和结了冰的萝卜雕有什么相似之处,在头脑里换了好几种萝卜来想象,仍旧是不得要领。第二句也没头绪他到底是想讲什么,本体和两个喻体皆不相似,倒是两个喻体之间还有那么点一致。至于第三句,只要有一点点的生活常识,夏夜走过水塘稻田边,就知道青蛙的叫声和人的声音是太不一样了。只不过语言里的拟声词有限,青蛙的叫声和人在情绪激动时的嚷嚷就都被指派成"哇哇"这两个字了。所以莫言这个比喻,根本不是出于两种声音物理特征的相似——不是两种声音的直接连接,而仅仅是两种声音各自粗略转换为拟声词后的一致,这当然就很牵强了。

莫言的文风向来急躁,上面的几个比喻,根本没有书面文字该有的考究与斟酌,而完全是一种人来疯式的夸夸其谈、口沫横飞。写作固然要生动,不可死气沉沉,但总不能沦于躁狂。处理语言时,作者必须沉静下来,研究语言的质地,思忖如何织染、剪裁、缝接。莫言对于语言太轻视,又在表演上用力过猛,如评论家李建军所言,他的文字"显示出一种外向的修辞姿态和浅表化的修辞效果"。他喜欢比喻,可是效果都不好,本体跟喻体之间一点都不像,有一种挥之不去的违和感。

大多数人的比喻之所以显得牵强,通常的原因是,只抓住了本体和喻体之间的一个相似点来做文章。可单个相似点是远撑不起堂堂一条好比喻的。好比喻是什么样的?来看个正面示例。徐皓峰，就是写很精彩的民国武侠小说，还拍了武侠电影《师父》的那一位作家，他的小说里有这一句：

  小狗卧于臂弯，像块烤红薯。

  很短一句话，不过十一个字，可就让人感到无比贴切。为什么？因为有多层面的相像。一、体积相仿；二、形状线条相近；三、触感皆柔软；四、都热乎乎的；五、重量也差不离。十一字里包含了五层的相像，如此密集，还能不贴切？
  再举个例子，台湾散文家简媜的比喻：

  推车里小山似的菱角，冒着水蒸蒸的炊烟，那贩子熟练的抄刀拨开紫皮，露出半截雪白的肩。

  把露出半边菱角肉，比喻成美人露肩。有颜色、形状和质感的多层相似。
  除却本体喻体之间多层相似，比喻要达到及格线，还有很重要的一点：避陈词滥调。
  比喻的一大重要作用在于增强画面感，喻体的画面通常更为浓重鲜明。汪曾祺笔下的菊花像"一团发亮的金黄色的云彩"，这就对读者的大脑产生了更强烈的刺激。然而，有一些比喻，由于沿用已久，读者习以为常，也就无法再形成鲜明画面。比如：站如松，坐如钟……我们使用这些习语时，只嘴皮子上下一碰，不会再经过大脑，再有什么画面感了。因此，它们也就谈不上是多好的表达，只因还算精练，用起来尚不太糟糕。

也有些成为习语的比喻，连精练的优势也不具备，如"急得像热锅上的蚂蚁"这一短语。恳请诸位将这一句列入写作的黑名单好吗？足有九个字，且在长久使用过程中，也并没有形成"急如锅蚁"的相对简练表达。如果在文章里要写一个人特别着急，想不出什么新鲜表达，那么成语"心急如焚"，或者俗语"急得跳脚"，都比"急得像热锅上的蚂蚁"更为可取。

再如，月亮像"银盆"或"银盘"，也是糟糕的比喻。现今有谁常见到银制器皿？俺老舒也不算村妞、烧火丫头，盛大场面颇也经历过一些，但还真没见过银盆。可以想象，银盆（盘）和月亮的确比较相似，但这就令读者的反应时间过长，不能瞬间从大脑中提取出画面。比喻的喻体，一般应是读者熟悉的事物，能让他们立刻调取画面，符合斯宾塞在《风格哲学》中谈到的"为读者俭省脑力"原则。而由于人世的变迁，银盆银盘已经不常见，所以"月亮像银盆"也从一个妥帖的比喻降格为陈词滥调了。

一切自由写作（非公文写作），务去陈词滥调。陈词滥调会暴露出你的创意匮乏、力有不逮，或者漫不经心。所以，俗套的比喻宁可不用，宁可用大白话表达出基本意思就够了。除了比喻，我们的日常生活中也要避免使用各种庸俗陈旧的话语。很多话并非说的人多了就合适了，身为写作者，要有辨别力，要在日常生活中、在任何语言的使用场景中都保持敏锐。

说完比喻的及格层次,接下来晋级到优秀层次。什么样的比喻可称为优秀?

在及格的基础上,如果还能给读者带来"美"或"惊奇"(或两者兼具),那就可以算是优秀比喻了。其实,文学在形式上的价值无非就是美和惊奇,优秀的比喻也遵循文学的这一定律。

先来说"美"。看第一个例子,"造语"篇里引用过的简媜的妙句:

> 我是她胸襟上的丝绣帕,髻上的红彩花,岁月碾过的茅茨土屋里忽然照见的一只乳燕。

在这个比喻里,本体是祖母对孙女的珍视、爱惜,是人内心中抽象的情感。抽象的事物我们很难认为是美的,比如数理逻辑,除非少数天才,很少有人能从其中感受出美。但人类的大脑对于形象的审美就普遍得多,敏锐得多。于是简媜以一个比喻化抽象为三个美丽的形象。比喻,之所以是集万千宠爱于一身的修辞,很大原因在于能够化抽象为形象,且是美丽的形象。

比喻是有力的创造美的手段。如果本体已经是一种形象,但谈不上美不美,喻体就作兴给它创造出美来。例出自汪曾祺:

> (骡子)浑身黑得像一匹黑缎子。一走动,身上亮光一闪一闪。

以现代的读者与农牧业的隔绝，皮毛好的骡子大概未必能在他们心中惹动什么审美的涟漪。于是汪曾祺就把它和丝织品的华丽光泽联系起来，绫罗绮缎，谁人不爱？

如果本体已经是一种美的形象了，那比喻该怎么行进下去呢？方法就是：道高一尺，魔高一丈。你美是吧，我比你更美。例子就是此前菊花一句：

> 这菊花才真叫菊花！……一盆狮子头，花盆旋拧着，像一团发亮的金黄色的云彩！

花本身就够美了，怎么能更凸显一点儿呢？说它像云彩！而且是"一团发亮的金黄色的云彩"。几个修饰语层层推上去，再迟钝的人也都能领略那菊花果然很美了。

这种手法张爱玲也很会用。而且祖师奶奶有个终极必杀技，运用最凝练的美——艺术以及艺术品，来为笔下的事物增添光华。比如她经常拿瓷器作比：

> 1. 他穿过砖砌的天井，院子正中生着树，一树的枯枝高高印在淡青的天上，像瓷上的冰纹。
> 2. 蛮荒的日夜，没有钟，只是悠悠地日以继夜，夜以继日，日子过得像钧窑的淡青底子上的紫晕，那倒也好。

也有拿文房四宝之一的纸，精美的纸制品作比的：

1. 那时已是上午四点钟左右，天上还有许多星，只是天色渐渐地淡了，像一幅青色的泥金笺。
　　2. 三十年前的月亮是铜钱大的一个红黄的湿晕，像朵云轩信笺上落了一滴泪珠，陈旧而迷糊。

至于拿音乐、拿绘画、拿戏剧作比的，在她的小说里就更"比比"皆是了。

　　1. 墨灰的天，几点疏星，模糊的缺月，像石印的图画，下面白云蒸腾，树顶上透出街灯淡淡的圆光。
　　2. 隔着玻璃窗望出去，影影绰绰乌云里有个月亮，一搭黑，一搭白，像个戏剧化的狰狞的脸谱。
　　3. 后宫春色那一幕，初开幕的时候，许多舞女扮出各种姿态，凝住不动，嵌在金碧辉煌的布景里，那一刹那的确有点像中古时代僧侣手抄书的插画，珍贵的"泥金手稿"，细碎的金色背景，肉红的人，大红，粉蓝的点缀。

所谓功夫在诗外，想让自己的文字哪天也能花团锦簇，平日里懂得以各种手段训练大脑才是正途。还是那句话，光靠埋头硬写搞不定文笔。好文笔是看出来的，听出来的，熏陶出来的。张爱玲在《天才梦》里说：

我懂得怎么看"七月巧云",听苏格兰兵吹bagpipe,享受微风中的藤椅,吃盐水花生,欣赏雨夜的霓虹灯,从双层公共汽车上伸出手摘树顶的绿叶。在没有人与人交接的场合,我充满了生活的欢悦。

不是要刻意地模仿,穿个棉布裙、披个长直发去树顶上一脸淡然地破坏绿化,而是要功利地学她,目光灼灼地看她是怎么做到的。她的最强大脑也不是全然天生的,后天的艺术修为不可轻视。

汉语写作大家当中,张爱玲的比喻卓尔不群,这算得上是她的鲜明特色,是她令人过目难忘处。其他比如沈从文、阿城等,虽然也时有妙喻,但不如张那么突出。鲁迅的比喻就更不多,翻了翻《故事新编》,摘录两条:

1. 大风忽地起来,火栓旋转着发吼,青的和杂色的石块都一色通红了,饴糖似的流布在裂缝中间,像一条不灭的闪电。

2. 他一手拈弓,一手捏着三枝箭,都搭上去,拉了一个满弓,正对着月亮。身子是岩石一般挺立着,眼光直射,闪闪如岩下电,须发开张飘动,像黑色火,这一瞬息,使人仿佛想见他当年射日的雄姿。

第一句,女娲炼石补天,多么神圣庄严令人屏息的时刻啊,可是鲁迅却轻巧巧将那炽热的石浆比作饴糖。《故事新编》中随处可见类似的"庄一谐"对照。这比喻可以归入上文谈的"新奇"那个条目。

鲁迅文字的魅力，表面的源头是那种精确表达和熔炼多种风格的能力，而再深究下去，则无不源于他特异的心性。他是少有的集敏锐、勇猛和慈悲于一身的人。因为敏锐，乃得以洞察本质，因为勇猛，才敢于对抗庸见，因为慈悲，所以在很多事情上怀有责任感。而第二句的"黑色火"这一比喻，就是他心性宇宙的一个标识物，在他的粉丝读来会有特殊的意味。

有关他文字的精准和富于变化，倒是顾随用了两个极精彩的比喻：

1. 鲁迅先生白话文上下左右，龙跳虎卧，声东击西，指南打北。他人则如虫之蠕动。

2. 近代白话文鲁迅收拾得头紧脚紧，一笔一个花。即使打倒别人，打一百个跟头要有一百个花样，重复算我栽了。

文评家里也有善喻者，顾随和木心是其中翘楚。顾随是当代词学泰斗叶嘉莹的恩师，这本讲记正是根据叶嘉莹少年时的听课笔记整理。书中妙句太多，且凭记忆再举一句吧：

杜是排山倒海，李是驾凤乘鸾。（杜甫、李白）

木心这些年较热，大概读过他《文学回忆录》的人不少了，也一样从书中摘两个好比喻吧：

  1.《红楼梦》中的诗，如水草。取出水，即不好。放在水中，好看。

  2. 1948年我乘海船经台湾海峡，某日傍晚，暴雨过后，海上出现壮丽景色：三层云，一层在天边，不动，一层是晚霞，一层是下过雨的云，在桅顶飞掠——我说，这就是拜伦。

学院派的文评家看不惯这种风格，声称以比喻来阐释观点是"不严谨"的，鄙薄木心是个"才子"。唉，在文学评论的领域，竟然也把"才子"当作贬义词来使用。

那些善譬喻的才子，你奚落也好，诋毁也罢，唯一做不到的就是记不住他。纳博科夫的《俄罗斯文学讲稿》，翻开第一页就看到他打了个大开脑洞的比喻，令所有读者从此牢记一条俄罗斯文学史常识，再不相忘：

  十九世纪初至今所产生的被公认为最优秀的俄罗斯小说和诗歌，按一般印刷算共计大约两万三千页。显然，无论法国还是英国文学，都不能被浓缩到这样的程度。英法文学绵延好几个世纪，巨著数量之众令人咋舌……而俄罗斯文学的迷人便利之处在于，如果除去仅有的一本中世纪著作，所有的作品可以盛进一只容量为一个世纪的双耳细颈瓶——至于这以后所产生的那点零头，加个小奶罐就够了。

If we exclude one medieval masterpiece, the beautifully commodious thing about Russian prose is that it is all contained in the amphora of one round century with an additional little cream jug provided for whatever surplus may have accumulated since.

【比喻】
钱锺书的比喻有浓重段子手气质

谈到比喻,不少人都举出钱锺书。

钱锺书《围城》里比喻确实很多,但总脱不了抖机灵和掉书袋的感觉。比如很有名的那段:

> 她只穿绯霞色抹胸,海蓝色贴肉短裤,镂空白皮鞋里露出涂红的指甲。……有人叫她"熟肉铺子",因为只有熟食店会把那许多颜色暖热的肉公开陈列;又有人叫她"真理",因为据说"真理是赤裸裸的"。

两个比喻,正是前一个抖机灵,后一个掉书袋。作者并非受到真实感觉牵引而作比,而更多是在玩文字游戏。所以,他的比喻给人感觉是"隔"的,本喻体之间隔着一层文字或意识的障碍。如果说张爱玲是大脑里分管不同感官的各区域打通了,自由连接;钱锺书则大概是大脑中另有一处"中转站",不同区域都先连接到那个中转站,而后才好沟通。

或者说,他的比喻都是抛出喻体,叫人先摸不着头脑一番,然后才告知本喻体的相通处,博得哈哈众乐。要是揭晓答案的那半句上有灰色涂层,刮开来看,效果大概更好。除了上面一段,还有其他例子:

> 1. 她眼睛并不顶大,可是灵活温柔,反衬得许多女人的大眼睛只像政治家讲的大话,大而无当。
> 2. 桌面就像《儒林外史》里范进给胡屠夫打了耳光的脸,刮得下斤把猪油。

我觉得钱锺书属于"不掉书袋会死"的人,看看下面这一段:

> 这吻的分量很轻,范围很小,只仿佛清朝官场端茶送客时的把嘴唇抹一抹茶碗边,或者从前西洋法庭见证人宣誓时的把嘴唇碰一碰《圣经》,至多像那些信女们吻西藏活佛或罗马教皇的大脚趾,一种敬而远之的亲近。

这令人想到了《生活大爆炸》里的 Sheldon 眉飞色舞地说着

火车或者交通的各种冷门知识……Geek们沉浸在自己的世界里，也挺好的吧……

言归正传，接着上篇说下去。优秀的比喻带来"美"和"惊奇"，"惊奇"也就是让文本富有新鲜感。再美的东西，看过多遍后就习惯了，有时候我们也拿自己的这副德行无可奈何。于是杜甫才会讲出"语不惊人死不休"这样的话来。杜甫无疑是创造美的高手，能够写出"细雨鱼儿出，微风燕子斜"的妙句。他真正懂得艺术的规律，也深深知道惊奇对于文学、对于表达和沟通的巨大价值。

那么惊奇如何达成？一言以蔽之，远距联想。即本体和喻体或反差鲜明或毫不相干，却居然被作者给牵到一起来了，而且居然还挺合适的。也正是木心所谓，什么是好的写作？——"意料之外之外，情理之中之中。"

本体和喻体如何反差鲜明，或者毫不相干法呢？有几大类别。首先是本体和喻体空间上的落差与陡转：

要么在空间上相距十万八千里，或者天悬地隔、天差地别。最典型的是阿城《溜索》里的一句：

>　　猛一送，只觉耳边生风，僵着脖颈盯住天，倒像俯身看海。

这一句写的是山崖之间一道铁索，人仰身滑过去。因为仰着，又很紧张，所以"僵着脖颈盯住天"，本体是"仰头看天"，喻体是"俯身看海"。"天"和"海",属于空间上的远距联想。一下子海天倒置,读着觉得过瘾极了。瞬间叫我明白了古人为什么说"文章可与造化争功"。诺兰的电影《星际穿越》里的某些镜头也有这种惊心动魄的壮美感。

另外还有本体和喻体的风格悬殊。比如张爱玲《沉香屑——第一炉香》中有这么个句子:

> 他比周吉婕还要没血色,连嘴唇都是苍白的,和石膏像一般。在那黑压压的眉毛与睫毛底下,眼睛像风吹过的早稻田,时而露出稻子下的水的青光,一闪,又暗了下去。

熟悉张爱玲的朋友都知道,她的小说是贵气、富气,也洋气的。句子里这个人是香港上流社会交际圈第一美男子乔琪乔,还是个混血。张爱玲一个比喻,却把他和稻子、稻田这么乡土的意象给连接起来了。"洋"和"土"的风格反差令人印象深刻。

还有一句,《琉璃瓦》里那位为女儿结婚拟了四六骈文登报启事的绅士姚先生:

> 姚先生端起宜兴紫泥茶壶来,就着壶嘴呷了两口茶。回想到那篇文章,不由的点头播脑地背诵起来。他站起身来,一只手抱着温暖的茶壶,一只手按在上面,悠悠地抚摸着,像农人抱着鸡似的。

再举个例子，出自徐皓峰《师父》：

> 摸上她胯骨，如抚刀背。

原本是男女旖旎时的风光，那么柔，徐皓峰把它比作一个很阳刚的画面"如抚刀背"。女性凸起的胯骨和刀背是相似的，摸胯骨的动作和抚刀背也相似，这个比喻叫人赞叹的，是本体和喻体之间的阴柔—阳刚的风格反差。

除了空间上、风格上的反差，还有一类远距联想，是在类属上毫不相干的。八竿子打不着的两个东西，居然也被天才的作者们发现了共通点。

此前简媜的句子就是一个示例，把剥了半边皮的菱角比作美人露出的半边肩。很跳跃，很惊奇。

另外就还是张爱玲的例子了，出自《小团圆》。句子是这样的：

> 他吻她，她像蜡烛上的火苗，一阵风吹着往后一飘，倒折过去。

男女亲吻，女人身体后仰过去，常见的景象。女人腰肢柔软嘛，且相对被动，所以被吻就容易向后倾斜。

张爱玲用了"蜡烛上的火苗""一阵风吹着往后一飘"这一意象。读到这一句，我当时就在心中"像青蛙一样哇哇叫"：哎呀妈呀,这是什么水晶心肝玻璃人啊,她是怎么想出来这句话的!毫无征兆,毫无来由地蹦出个"蜡烛上的火苗",但细想之下又极其妥帖。真是个令人嫉妒的天才。

能够带来惊奇的比喻,除了以上的几种,还有一种较为特别,即,平常惯于拿A比B,如今作者则以B比A,效果往往也不错。仍旧举阿城《溜索》里的句子为例:

> 那马平时并不觉得雄壮,此时却静立如伟人,晃一晃头,鬃飘起来。

向来我们只将厉害的人物比作枭禽猛兽,目光如鹰、迅疾似豹云云。简媜有一句,写她父亲割稻子时的英姿以及速度:"你刈稻的身躯起伏着,如一头奔跑中的豹。"将父亲比作豹子。再如金屋里的漂亮女人,我们说她们是"笼子里的金丝雀"。以鸟兽来比人,从来都如此。但阿城这一句里,本体和喻体调了位置。本体是马,喻体是人,用人来比马,写临崖淡定的动物像处变不惊的伟人。

类似的句子在老舍的《月牙儿》里面也读到过:

> 我们的锅有时干净得像个体面的寡妇。

从前的寡妇不能穿红戴绿地打扮,拾掇自己只能往干净的方向上发力。我们的锅呢,也是没有油荤、没有食物的装扮,就剩个干净。如此以人写物，同样有一种令人惊奇的妙趣。

几类带来惊奇的比喻已讲完。惊奇的本质是远距联想，作者们是怎么能够做出这些远距连接的呢？很多人以为过程是这样的：作者对着本体，绞尽脑汁地想，想出了好几个喻体，然后互相比较，在其中挑选了反差最大的。于是，一个惊奇的妙喻就诞生了。然而，真实的创作过程并非如此。真实的创作过程往往是，喻体是根植在作者脑海中的一个非常鲜明难忘的形象，甚至可能早于本体就存在。以张爱玲的"蜡烛上的火苗"一句为例，张爱玲一定也和很多小孩子一样，对点蜡烛这件事抱有浓厚的兴趣，看火苗左右摇动，忽明忽灭，看烛蜡熔化了滚落下来。一次又一次地看过，这形象也就牢固地存在于底层记忆中了。后来，待她成年了，创作了，看到男女亲吻时女人的姿态了，就如同启动了一个小程序，瞬间把底层记忆给调取出来了。

所以，真实的创作是这样的：是首先有喻体在心中，然后遇到本体A就连接A，遇到B就连接B。移步换景，随时转情。而不是看到本体了，再去临时抱佛脚地想出喻体ABCDE。

这给我们的启发就是：平常一定要注意观察生活，喜欢看什么就尽管呆呆地看上一阵，不要总是想着非常功利地使用时间。只有这样，才能像那些厉害的作者一样，把很多自然的物态、人间的景象存储为我们的底层记忆。我们写不出来妙喻，往往不是因为发现不了本体和喻体之间的相似之处，而是我们的底层记忆库里压根就没有这个喻体，那么遇到合适的本体的时候，也就谈不上调取了。写作需观察生活，这绝非一句空话。

讲完优秀层次，再往上晋级一步，就到优异了。也许优秀的比喻和优异的比喻摆在一起，你会觉得两个差不多，不分伯仲。那是因为你把优异的比喻单挑出来看了。而优异的比喻最体现作者匠心的地方，是与其他句子的应和，以及对篇章整体的辅助。这些，一旦单挑出来，就不那么凸显了。

优异比喻可以是这样：它们标示了文章中的情感，或者暗示了情节的走向。

来看汪曾祺《徙》中的一个例子：

> 高先生就从这些野草丛中踏着沉重的步子走进去，走进里面一个小门，好像走进了一个深深的洞穴，高大的背影消失了。

这一句，本体是高先生那个位于野草丛中的、有一个小门的家，喻体是"一个深深的洞穴"。这句子里，最妙的部分不在于本体和喻体之间的相似，而在于喻体的倾向性。本体是中性的，而喻体是带一点忧伤感觉，带一点悲剧意味的。在任何好的故事里，即使某个悲剧性的转折是陡然发生的，作者也必须在转折之前的部分，恰当地将情感与情节暗示出来。有些通过人物的语言，有些呢，就是通过比喻，把某种悲剧性的意象带到文本中来。

再来看一个例子，是"惊奇"部分中举到的张爱玲的例子：

他吻她，她像蜡烛上的火苗，一阵风吹着往后一飘，倒折过去。

除了带来惊奇感，这个比喻还好在：它同时暗示了两个人的关系也将像风中的烛火一样，摇摆不定，转瞬即灭。也是稍稍埋了一些悲剧的伏笔。

张爱玲很会用这一招，比如她还有这样一句：

　　一觉醒来，琤琤不在了，褥单上被她哭湿了一大块，冰凉的，像孩子溺脏了床。

这一句出于她的完美的小短篇《琉璃瓦》。大概情节是这样：父亲当初拍胸脯担保说女儿嫁给豪门一定幸福，女儿嫁入豪门为表明自己并非贪图金钱而嫁，故意在公公欲提拔父亲时拦住不让提拔，然而豪门女婿很快有了外遇，女儿此时又哭哭啼啼回家找父亲因为是父亲当初拍胸脯担保她才嫁的。

琤琤就是那个女儿，她回来哭诉的时候父亲正生病昏睡，醒来发现褥单被她哭湿了，像孩子溺脏了床。有这样的前因后果，父亲看到哭湿的褥单，一定很烦心，有嫌恶和讨厌的成分；但是，就如同小孩子尿湿了床，大人再觉得麻烦，还是得给她收拾，所以琤琤的事，姚先生还是得管。因此，这个比喻，就不仅仅是尿迹和泪迹的视觉上的相似了，也标示了人物的情感，同时也暗示了故事后来发展的一个可能倾向。

接下来讲使用比喻的最高境界，即，通篇的比喻，反复渲染一种情绪，共同烘托一个氛围。这已经不是某一个或两个比喻对于主题和氛围的点染了，而是大范围、大面积地运用统一风格的意象。这种操作，难度一下子增大了。因为既要单个的比喻全部都妥帖，又要数量众多的比喻之间彼此配合，应和。

就好像排演群舞，多数导演的选择是，只要整齐协调，单个舞者的动作美感上可以降低要求，不必像独舞那么严苛。很多作家的作品，读后印象还比较深刻，但并不能回忆出某个句子有多么精彩，多么无懈可击，正是因为为了整体的反复渲染，而牺牲了局部的精确与真实。比如郭敬明，他就会为反复渲染"悲伤逆流成河"的感觉而造很多牵强的句子，少男少女们在文字的品味力上还不足够强，又特别容易被悲伤唯美意境吸引，因此成为他精准的受众群。

王国维在《人间词话》里有这么一句话：

> 有造境，有写境，此"理想"与"写实"二派之所由分。然二者颇难分别，因大诗人所造之境必合乎自然，所写之境亦必邻于理想故也。

造境，就是创造一种境界，写境，就是描摹一种境界。简单说就是虚构和写实吧。王国维的意思是，大诗人作诗分两个情况，要么虚构，但是虚构出来的东西合乎自然，真实准确；要么写实，但对现实做恰当的美化。前面提到的"比喻要带来美"，正是这种创作哲学的体现。多数一流的作家选择的正是这条道路。而郭敬明呢，则偏好造境，但是因为笔力不足，所以造的境不那么合乎自然。

不过，顶尖的作家，还是可以做到两者兼顾的。比如，张爱玲（没法子，写比喻绕不开她）。

张爱玲造境不遗余力，《金锁记》全篇诸多意象，都与题眼中的"金"字成呼应之势：

> 1. 那扁扁的下弦月，低一点，低一点，大一点，像赤金的脸盆，沉了下去。
> 2. 敝旧的太阳弥漫在空气里像金的灰尘，微微呛人的金灰，揉进眼睛里去，昏昏的……

将"通篇比喻协同"的操作运用到极致的，是《沉香屑——第一炉香》。主题或曰情绪正如太阳，而比喻丛林中的各种植物，虽姿态万千，却无一不向阳生长，依据光照而改变形态。

小说讲的是一个年轻纯真的女孩子，本要在香港读大学，却掉入了她姑姑——一个人老色衰的交际花——的圈套，成为姑姑笼络人心、挽回人气的工具。姑姑把侄女也调教成交际花，好让人络绎不绝地逐色而来，维持她纸醉金迷的生活。

这就是一个"聊斋"式的故事。一个普通人，偶然之间步入欢歌畅舞、华贵奢靡的地方，见识了几日，享用了几日，最后走出来回望，却发现那地方原来是一堆废墟、一个墓穴，不由惊心动魄。

为什么小说会有"聊斋"式的邪魅氛围呢？除情节相仿，更多是出于张爱玲的"造境"。她使用的喻体，都是"聊斋"元素特别充足的：

再回头看姑妈的家，依稀还见那黄地红边的窗棂，绿玻璃窗里映着海色。那巍巍的白房子，盖着绿色的琉璃瓦，很有点像古代的皇陵。

白房子，皇陵，陵墓，很明显了。这就是一个总领性的比喻，特地要明显一些，带领读者入境。

梁家那白房子黏黏地溶化在白雾里，只看见绿玻璃窗里晃动着灯光，绿幽幽地，一方一方，像薄荷酒里的冰块。

这句里，又是白雾又是融化又是绿幽幽的灯光，是不是很有诡异的感觉？导演要拍"聊斋"故事，也一定会这样地运用元素和镜头。

1. 薇龙一抬眼望见钢琴上面，宝蓝瓷盘里一棵仙人掌，正是含苞欲放，那苍绿的厚叶子，四下里探着头，像一窠青蛇，那枝头的一捻红，便像吐出的蛇芯子……
2. 她那扇子偏了一偏，扇子里筛入几丝黄金色的阳光，拂过她的嘴边，正像一只老虎猫的须，振振欲飞。

3. 柔滑的软缎，像《蓝色的多瑙河》，凉阴阴地匝着人，流遍了全身。

青蛇和老虎——毒蛇猛兽，自然令人震怖的。蓝色多瑙河一句，"凉阴阴地匝着人"，也一样是蛇的意象。这众多比喻，喻体的倾向性如此一致，然而单看其中的任何一个比喻，仍然画面出彩，毫不牵强。青蛇吐出红信子，多么鲜明、好看。

有些比喻不那么"聊斋"，但也足够惶惶然、惨兮兮：

> 中午的太阳煌煌地照着，天却是金属品的冷冷的白色，像刀子一般割痛了眼睛。秋深了。一只鸟向山巅飞去，黑鸟在白天上，飞到顶高，像在刀口上刮了一刮似的，惨叫了一声，翻过山那边去了。

由于这一个又一个的比喻，丝丝入扣，反复渲染。全篇读完之后，会感到一种紧张感久久不散。有些作家的小说也能有这种的效果，但多属于第一人称回忆式的小说，大段大段内心独白，能像张爱玲这样，把第三人称小说写到这么震撼，而且是靠画面、靠意象来达到这种效果的，非常难得。

有关比喻就讲这么多了。

最后还想稍微聊一下"通感"这一修辞。比喻是一物（事）关联另一物（事），通感是一种感觉关联到另一种感觉，思维过程有相似之处。

通感，或称共感、联觉（synesthesia）。婴儿的大脑本一片混沌，各种感觉彼此沟通。这种混沌在发育中被渐渐厘清，大脑分区变得显著，每个区域有其固定对应的感官。而共感的发生是由于某种基因突变，导致区域之间仍保留串联（cross-wiring）。比如有些视觉区和听觉区串联的人能感到升 C 调是绿色或什么色等。

通感修辞也会带来强烈的新奇感。古代诗人早就展露过他们的通感天赋，比如那句著名的"红杏枝头春意闹"，比如苏东坡的"小星闹若沸"，以及李贺的"银浦流云学水声"，都是将视觉和听觉两者打通。比喻第一的张爱玲在通感方面仍旧坐头一把交椅，她似乎能够将所有感觉全部打通，简直百无禁忌。

张爱玲大脑的各区域中，一定广泛而显著地存在串联。且看例句：

1. 日光像个黄蜂在头上嗡嗡转，营营扰扰的，竟使人痒刺刺地出了汗。

2. 一日午后好天气，两人同去附近马路上走走。爱玲穿一件桃红单旗袍，我说好看，她道："桃红的颜色闻得见香气。"（胡兰成《今生今世》）

3. 屋顶花园里常常有孩子们溜冰，兴致高的时候，从早到晚在我们头上咕滋咕滋挫过来又挫过去，像瓷器的摩擦，又像睡熟的人在那里磨牙，听得我们一粒粒牙齿在牙龈里发酸如同青石榴的子，剔一剔便会掉下来。

4.柔滑的软缎,像《蓝色的多瑙河》,凉阴阴地匝着人,流遍了全身。

触觉、听觉、视觉、嗅觉、味觉都串起来了。人精啊!

推荐阅读

张爱玲:《沉香屑——第一炉香》

阿城:《溜索》

【通灵】

菲茨杰拉德化平庸为神奇的法力

很多读者问过风景怎么写，先说其中的一个窍门：写风景最好有动态。

比如我经常提到的汪曾祺代表作《受戒》的结尾：

> 芦花才吐新穗。紫灰色的芦穗，发着银光，软软的，滑溜溜的，像一串丝线。有的地方结了蒲棒，通红的，像一枝一枝小蜡烛。青浮萍，紫浮萍。长脚蚊子，水蜘蛛。野菱角开着四瓣的小白花。惊起一只青桩（一种水鸟），擦着芦穗，扑鲁鲁鲁飞远了。

前面都是静景，但以动态的一个句子收尾，造成余韵不绝的效果，很妙。

鲁迅他老人家不常写景，我在脑中回顾他最好的景笔，发现恰恰也是动态的：

> 我仿佛记得曾坐小船经过山阴道，两岸边的乌桕、新禾、野花、鸡、狗，丛树和枯树、茅屋、塔、伽蓝，农夫和村妇、村女、晒着的衣裳，和尚、蓑笠、天、云、竹……，都倒影在澄碧的小河中，随着每一打桨，各各夹带了闪烁的日光，并水里的萍藻游鱼，一同荡漾。诸影诸物：无不解散，而且摇动、扩大，互相融和；刚一融和，却又退缩，复近于原形。边缘都参差如夏云头，镶着日光，发出水银色焰。

出自《野草》里的一篇，题目叫《好的故事》。

下面言归正传，开说菲茨杰拉德吧。最擅长写动景的作家大概就是他了，风景们遇到菲茨杰拉德可算是遭了殃，因为他从不遵循"大事化小小事化了"的美德，没有动态创造动态也要写，无中生有，兴风作浪，怎么着都要给搅扰个透。

看他在《了不起的盖茨比》里如何写草坪：

> The lawn started at the beach and ran toward the front door for a quarter of a mile, jumping over sun-dials and brick walks and burning gardens-finally when it reached the

house drifting up the side in bright vines as though from the momentum of its run. The front was broken by a line of French windows, glowing now with reflected gold ...

　　草坪从海滩发足奔向大门，一路奔了有四百来米，跨过日晷、砖径和绚烂的花园——终于奔到房前，像是借助于奔跑的势头，一跃而成绿油油的常青藤继续向上。迎面，一排法式落地窗破绿壁而出，金光闪闪……[1]

　　人家好端端一个静如处子的草坪，生生被他写得动如脱兔了。菲茨杰拉德就像个魔法师，有化平庸为神奇的法力。再比如下面这一段，其实不过是个烧垃圾形成的灰场，没什么特别的，但菲茨杰拉德愣是写得叫人一读就不能忘记。

　　This is a valley of ashes-a fantastic farm where ashes grow like wheat into ridges and hills and grotesque gardens; where ashes take the forms of houses and chimneys and rising smoke and, finally, with a transcendent effort, of ash-grey men who move dimly and already crumbling through the powdery air. Occasionally a line of grey cars crawls along an invisible track, gives out a ghastly creak, and comes to rest,

---

[1] 译文据多个译本整改而成，下同。书中一些段落的择取，受到耶鲁大学公开课《海明威、菲茨杰拉德和福克纳》启发。

and immediately the ash-grey men swarm up with leaden spades and stir up an impenetrable cloud, which screens their obscure operations from your sight.

这是一个灰烬之谷——这里就像一个奇幻诡异的农场，垃圾烧成的灰像小麦似的不停生长，长成了山脊、小丘和丑怪的园子，再不然便化成了房舍、烟囱和炊烟的样子。最后，以超绝的本领幻化成人形，一个个蒙着灰烬的人走动着，姿态模糊，在满是粉尘的空气中，也像快要崩塌粉碎似的。偶尔会有成排灰蒙蒙的车厢，沿着一条看不见的轨道缓缓驶来，发出阴森的嘎吱声之后停下来，那些扛着铅铲的灰汉子便蜂拥而上，扬起一朵坚不可摧的灰云遮蔽住视线，使你看不见他们令人费解的活动。

从灰烬里变出人来了，简直就是个"大变活人"节目嘛。而除了化静为动、大变活人，菲茨杰拉德还会催眠术。且看下面两段：

1. A breeze blew through the room, blew curtains in at one end and out the other like pale flags, twisting them up towards the frosted wedding-cake of the ceiling, and then rippled over the wine-colored rug, making a shadow on it as wind does on the sea.

一阵清风吹过房间，这头的窗帘吹进来，那头的窗帘吹出去，如同飘忽的旗子，翻卷向天花板上结婚蛋糕形的装饰。风又轻拂过酒红色的地毯，就像轻拂过海面那样形成一片暗影。

2. The only completely stationary object in the room was an enormous couch on which two young women were buoyed up as though upon an anchored balloon. They were both in white, and their dresses were rippling and fluttering as if they had just been blown back in after a short flight around the house. I must have stood for a few moments listening to the whip and snap of the curtains and the groan of a picture on the wall. Then there was a boom as Tom Buchanan shut the rear windows and the caught wind died out about the room, and the curtains and the rugs and the two young women ballooned slowly to the floor.

房里唯一静止的东西是一张巨大的沙发，两个年轻女人在上头飘着，仿佛坐在一个系着的热气球上。这两个女人都穿着白衣裳，裙裾都吹得飘飘然，仿佛她们绕着屋子飞了一圈，风才刚把她们吹回来似的。我站着听窗帘拍打的声音，还有墙上一幅画发出的吱嘎声响，想必杵了好一会儿。忽然，砰然一声，汤姆·布坎农关上了后面的落地窗，室内的余风才渐渐平息，窗帘、地毯和年轻女人便乘着热气球，缓缓落回地面。

动荡不定，令人眼晕。不过请大家在眼晕的当儿还是勉力拿出点理智，仔细想一想：并非台风飓风龙卷风（typhoon/hurricane/tornado），一个轻量级的"breeze"，怎么整得这么天翻地覆的？想一下催眠术是怎么回事吧：一根绳拴个重物晃来晃去，其实并没在空气中造成多大涟漪，但架不住你聚焦视线，于是就看晕了，中招了。菲茨杰拉德不正是如此？牵着你的目光走，哪里动作大就让你盯着看哪里。你跺你也麻，谁看谁都晕啊。

写汤姆的情妇，也是这套路：

> Her laughter, her gestures, her assertions became more violently affected moment by moment, and as she expanded the room grew smaller around her until she seemed to be revolving on a noisy, creaking pivot through the smoky air.
>
> 她的笑声、姿势和言谈一刻比一刻更加矫揉造作。只见她人逐渐膨胀而周围的屋子随之变小。到最后，烟雾弥漫中，她简直像走马灯似的，在吱吱喳喳的木轴上转动不休。

菲茨杰拉德精心编织了一张动荡的大网，高频使用着"restless"这样的词。哪怕人物不折不扣在静卧着，他也务必要叫读者看得心神难安。比如写乔丹·贝克的一段：

> She was extended full length at her end of the divan, completely motionless, and with her chin raised a little, as

if she were balancing something on it which was likely to fall.

她直躺在沙发一头，身子一动不动，下巴稍微向上抬起，仿佛在平衡一件什么东西，生怕它掉下来似的。

读了《了不起的盖茨比》之后，很多人对那个时代的印象就刻板成"躁动"和"浮华"了。事实上，土豪一掷千金以及穷小子苦恋白富美的剧情，古今中外上演不断，哪里爵士时代就特别躁动浮华了。菲茨杰拉德通过不遗余力的渲染和暗示，成功地以文字造就了一个具有特殊风貌的世界，妥妥地蛊惑了天真的读者。

这种以执着的理念扭曲现实的笔法，令我想到了沈从文笔下的乌托邦湘西。《人间词话》里说，"有造境，有写境，此理想与现实二派之所由分"。我认为沈从文和菲茨杰拉德就是致力于造境的理想派（或说理念派）的小说家。沈从文行伍出身，经历坎坷，不可能不了解生计世道和人心，但在《边城》里，就那么执拗地要把湘西小城写得纯美，如梦似幻。《人间词话》接着又说，"然二者颇难分别。因大诗人所造之境，必合乎自然，所写之境，亦必邻于理想"。沈和菲两人的笔法都太高超了，虽造境却又合乎自然，一点破绽都没有，于是读者们就前赴后继地被催眠了。

菲茨杰拉德的造境还表现在"爱作谶语和断语"这一点上。所谓谶，是预测未来而应验的意思。不过这里强调的点不在于应验，因为毕竟是虚构，要应验还不容易；我这里强调的谶语和断语是那种笃定于玄虚之事，知天命，以小见大，以一瞬定终身的姿态。红口白牙，言之凿凿，堪比我们老家大河边的算命师傅。

比如尼克第一次见到盖茨比，盖茨比的微笑是这样的：

He smiled understandingly-much more than understandingly. It was one of those rare smiles with a quality of eternal reassurance in it, that you may come across four or five times in life. It faced-or seemed to face-the whole external world for an instant, and then concentrated on you with an irresistible prejudice in your favor. It understood you just as far as you wanted to be understood, believed in you as you would like to believe in yourself, and assured you that it had precisely the impression of you that, at your best, you hoped to convey.

他笑了笑表示理解——不，远不止理解。这是极为罕见的笑容，带有永恒的宽慰，你一辈子大概只能遇见四五次。它先是发散于整个外部世界，但瞬间后就执着地倾注在你身上，偏袒于你。你希望别人怎么理解你，它就怎么理解你，它信任你就像你信任自己，它还使你确信，它对你的印象正是你最想给予的那种印象。

从一个微笑里看出整个永恒世界，这修辞真是足够浮夸了。但是不得不承认，读者很吃这一套。

其实以小见大，动不动就扯出特别辽远壮阔的时间和空间，也是咱们郭敬明教主擅长的一招。这就有点像占星师了。把平凡人生活里鸡零狗碎的事情，不厌其烦地和头顶上浩瀚的星空连接起来。

郭教主的例子随便一搜，比比皆是——

1.我们出生，成长，恋爱，结婚，生子，衰老，死去。……是那样一个漫长而庞大的过程。云可以变成雨水冲刷山路，芦苇可以一直拔节倒插进天空，无数的树木可以拔地而起然后重新倒下，甚至在这样的时光里会有一些星星幻灭在宇宙里。而宇宙是另外一个更加漫长而庞大的过程。

2.这些如同不肯愈合的伤口一样寂寞的人，总会在每个夜晚铁马冰河般地闯入我的梦中。前世今生。物是人非。斗转星移。沧海桑田。一梦千年。永世不醒。

写《惊惶庞麦郎》的记者鲸书也会用：

时间从来不是线性的，所有过去累叠在一起，一万个夏天荡漾，每一个夏天里的你都嗔痴哭笑，你的过去是一个测不准、时刻跃迁的分子，它们同时存在，互不干扰，你人生中的两万天其实是在同一微秒进行的，在其中无序变幻的，只是作为量子态的你而已。

还有果壳主笔游识猷的一段：

如果每个人都是一颗小星球，逝去的亲友就是身边的暗物质。我愿能再见你，我知我再见不到你。但你的引力仍在。我感激我们的光锥曾彼此重叠，而你永远改变了我的星轨。纵使再不能相见，你仍是我所在的星系未曾分崩离析的原因，是我宇宙之网的永恒组成。总有一天我也会塌缩成一团黑暗，但更遥远的未来，会有人在千万光年之外，看到我们曾经存在，知道我们从未离开。

鲸书和游识猷的更棒，毕竟一个学物理专业，一个是果壳主笔，写起宇宙时空来段位高。

盖茨比的结尾部分也使用了类似的手法：

It's vanished trees, the trees that had made way for Gatsby's house, had once pandered in whispers to the last and greatest of all human dreams; for a transitory enchanted moment man must have held his breath in the presence of this continent, compelled into an aesthetic contemplation he neither understood nor desired, face to face for the last time in history with something commensurate to his capacity for wonder.

它那些消失了的树木，那些为盖茨比的别墅让路而遭砍伐的树木，曾经一度迎风飘摇，低声响应人类最后的也是最伟大的梦想。在那昙花一现的神妙瞬间，人面对这个新大陆一定屏息惊奇，不由自主地堕入一种他既不理解也不企求的美学凝视中，史上最后一次和配得上他的惊奇能力的事物面面相觑。

本来是尼克在那里伤感追念盖茨比，但镜头一下子拉远，把个人微弱却清晰的忧伤，消融到了人类整体面对世界的巨大茫然中。

《了不起的盖茨比》中还有一段特别著名的谶语、断语，是盖茨比对黛西声音的形容：

"She's got an indiscreet voice," I remarked, "It's full of —" I hesitated.

"Her voice is full of money." He said suddenly.

That was it. I'd never understood before. It was full of money — that was the inexhaustible charm that rose and fell in it, the jingle of it, the cymbal's song of it...High in a white palace the king's daughter, the golden girl...

"她的声音很不寻常，"我说，"它充满了……"我犹疑了一下。

"她的声音充满了金钱。"他突然说。

正是这样。我以前从没领悟过。它充满了金钱——金钱是她声音里抑扬起伏的无尽魅力，叮当作响，铙钹齐鸣……高高地在白色宫殿里，国王的女儿，黄金女郎……

"Her voice is full of money."这句话简直无懈可击。什么也没说，但是好像什么又都说尽了；怎么理解都可以，怎么解释都能通。这令我想起了那个高明的算命先生，三个读书人问今年能否考中，他伸出一个手指头。无论是一起考上了，一起落榜了，还是其中一个没考上，其中一个考上了，八种排列组合，全部都能涵盖。

化静为动，点石成金，催眠卜算……菲茨杰拉德俨然一位通灵的上师，衣五彩，饰杜若，登上文字的高台，手之舞之，足之蹈之，使出种种手段，用上条条伎俩，令一百年来英语读者为之陶醉、痴迷，反复吟咏，不知疲倦。记得和一位美国朋友讨论过《了不起的盖茨比》，他满脸花痴地说："里面的每一句话都值得背诵……"

但中文的读者是没法抵达这样的审美巅峰的。因为上师作法，"乐"与"舞"同重，菲茨杰拉德的行文有一种无与伦比的音乐性，语感极佳。（他太知道音乐的重要了，要不然，为什么设定黛西最迷人之处是声音呢？）However，只有英文的读者才能既看到上师缓节而舞，又听到他徐歌相和。经过翻译，精妙的语感很难不丧失。咱们中文读者又比不得日文读者的幸运，能拥有村上春树这么一位自身也以语感见长的大作家来翻译。

村上可以算是菲茨杰拉德的全球第一大粉丝，他如是说：

菲茨杰拉德的文章具有独特的美感和韵律，会让人联想起优秀的音乐作品。他用这种节奏驾驭着文字，就像童话故事里魔法豆的枝蔓向天空伸展一般展开他的叙述。流利的语言接连诞生，不断成长，为寻求空间流畅地在空中移动，真是一幅美丽的景色。……

我十分重视行文的节奏。我认为这是菲茨杰拉德作品的本质所在，所以我首先要把这种节奏移植到日语这片土壤中，在它周围小心翼翼地添加旋律、音响和抒情诗。……有时他的作品需要用耳朵来聆听，需要出声地朗读。……首先有流动的节奏，然后紧密相连的词语自然地喷涌而出。这就是我所理解的菲茨杰拉德作品的美妙之处。

所以，最后，让我们一起出声朗读《了不起的盖茨比》的末尾两段吧：

Gatsby believed in the green light, the orgastic future that year by year recedes before us. It eluded us then, but that's no matter — tomorrow we will run faster, stretch out our arms farther... And one fine morning —

So we beat on, boats against the current, borne back ceaselessly into the past.

【情感】
"冷"心肠写不出"热"文章

心理学家武志红在他的一篇文章里提到:"在我看来,第一流的小说必须具备一个特质:情感的真实。具备这一特质后,一部小说的情节不管多曲折、奇幻甚至荒诞,读起来都不会有堵塞感。"对此观点,我举双手双脚赞同。

小说尽可如风筝,这一只是五彩的大鸟,那一只是通红的蜈蚣,再来一只是奇形怪状的不知什么玩意儿,飘浮在空中,时近时远,忽东忽西——但一切的趣味都要仰仗"情感的真实"这一根细而有力的尼龙线,作者倘不能牢牢控住这根线,叫它断了、溜了,那么天空中失联的一片纸,无论曾凝聚了多少的精工制作,也只好沦落风尘变成垃圾。

我据此追析了一下自己对文学作品的评判,发现尽管我对文笔（或曰语言）十分苛求，堪称闽南话里的"龟毛"，但通常只是持着它在"好小说"中拔"出色小说"的尖，而更基本地用以区分"好小说"与"坏小说"的，则一向还是"情感的真实"这一准绳。大部分当代小说为何十分糟糕？最主要还是因为心理刻画粗糙、失真荒诞，不近人情不合世理。不过近来读到一篇"80后"作家刘汀的《秋收记》，尽管一开始扑面而来的当代乡土风语言让我皱眉，但作者贯穿全篇的对孤零农妇情感与心理的真挚呈现，一唱三叹的低回，终于成功打消了我的偏见，令我暗暗喝彩。

以上都是在谈论小说，其实我们日常的非虚构写作也同样适用这一标准。怎样让文字吸引人打动人？重要的一条就是要有真情实感的流动。

数年前帮一个小侄儿修改作文，他写自己给隔壁伯伯的电脑下载安装QQ，这样伯伯就能和儿子孙子视频聊天了。文章收尾的一句竟然是"低下头，我感到胸前的红领巾更加鲜艳了"，直看得我瞠目结舌，心中如惊雷滚过。当今，孩子们做的好事已经从捡五分钱、扶老过马路迭变为安装电脑软件。但这么多年以来，孩子们表达情感的语言竟然一成未变。我按捺住心中的抓狂，春风满面地问他此事是否属实，得到肯定的回复后再追问他当时的真实感受，脑子里闪过了哪些念头。一番启发之下，小侄儿最后将结尾修改成了："真高兴能够帮伯伯装好软件，让他看到千里之外儿孙们的笑脸，慰解思念。伯伯一连声地说着感谢，夸我厉害，倒让我觉得有点大惊小怪了。其实电脑操作简单，却又能给人类的生活带来很大便利。授人以鱼，不如授人以渔，有空我一定要教会伯伯使用电脑。"——完美！又真实又励志又温馨，妈妈再也不用担心他的作文了。

只要对人性的共通之处，对人类的共情能力有基本的信任，你就可以确定：将自己真实而细微的情感流动记录下来，一定可以打动他人。很多时候不是我们的感觉不敏锐，而是我们自小被一种粗糙的表达或者许多隐秘的教条束缚住，哪怕纷繁的灵思飘落一地，也不懂挣开手脚去撷取一两片。

《笑傲江湖》中有这样一段，令狐冲率众攻打少林寺：

突然之间，四下里万籁无声。少林寺寺内寺外聚集豪士数千之众，少室山自山腰以至山脚，正教中人至少也有二三千人，竟不约而同的谁都没有出声，便有人想说话的，也为这寂静的气氛所慑，话到嘴边都缩了回去。似乎只听到雪花落在树叶和丛草之上，发出轻柔异常的声音。令狐冲心中忽想："小师妹这时候不知在干什么？"

"知乎"上有人对这一段做了评论，在此转录：

这时他正率众去救他未来的妻子，战事已是箭在弦上，一触即发，数千人也许生死顷刻，没人知道他心里竟是这样一点温柔的、缥缈的心事。已有好姑娘肯为他舍了性命，他亦肯慷慨相报，然而漫天风雪里，他又想起她。

读《笑傲》的时候还年少,更易被情节激烈的片段感动;令狐冲一路眼睁睁看着小师妹与他人相恋,成亲,最后无辜死去,虐心的表现着实不少。然而长大了才懂得,这一点无力的惦念,才是感情中最悲苦动人的地方。战场上窸窸窣窣的轻柔雪声,深夜街道昏黄的光晕,杯中将倾未倾的最后一滴残酒,那人走后,世界成了一个巨大的地雷阵,处处埋伏着引信,冷不丁炸起心中的锐痛。是梦是醒,时酒时病,竟似一场绵延入骨,不死不休的顽疾,无论如何都避无可避。于情于理,她都是最不该想起的人,但念头偏偏还是鬼使神差地转到了她身上;情网情网,说到底不过就是这样一个缠在心头,时时泛起,难以遏止的念头。

你看,金老先生本来这一笔随意潇洒,浑然天成,在一个读者心中却引发如此大的震动,好一番曲折领会。为什么?读者的一句话泄露了原因:"于情于理,她都是最不该想起的人。"细想一下,于理不应该,于情难道也不应该吗?思念难道不是一种很玄的东西如影随形吗?可见,金庸熨帖着"情",于是能够无障碍地将真实人心呈现出来。读者遮蔽于"理",因此要费力扫除一番,才能抵达本心。

阅读对写作的指导意义正体现于此。那些具有直指人心天赋的敏锐作家能够让我们意识到自身无往不在枷锁中的处境,帮助我们清除那些阻碍情感流动的堤坝。当你阅读了足够多的优秀文字,你将会发现心灵鸡汤文字令人失笑,因为它罔顾真实,一味煽情；你也会觉得那一套红领巾变色法引人反胃，它正如新闻中居民从冷库中领到的十年前的猪肉，尽管盖着醒目的"合格"蓝戳，却早就走了味失了营养。

古人常说："立身先需谨慎，为文且须放荡。"为什么？因为写文章多数不是为说教，更多是为情感的表达与宣泄。哪怕是说教文字，也是融入了说教者真正的情感与体悟才能取得良好效果。梁漱溟推崇儒家，景仰孔子，看他是怎么说的：

> 儒家圣人让你会要在他整个生活举凡一颦一笑一呼吸之间，都感动佩服，而从他使你的生命受到影响变化。

当我读《论语》的时候，完完全全是这样一种陶然的感动。可我从未有过类似的表达，无论在随笔日记中，还是平常的谈论中。我至多说孔子"太有趣了"，因为"有趣"的程度适中，如今年轻人又多标榜它；但仰视着感动佩服就有"个人崇拜"之嫌了，感觉要遭到一些鄙薄……因为这点隐秘的心思，我写孔子乃至于任何令我仰慕的人物，就总免不了端着，拿捏分寸之际也就失却了魅力。

再举个例子，最近看了个纪录片，其中一个环节是各色人等回答"什么是快乐"的问题。有个黑人小哥的回答最为动人，他这样说：

> 我有个一贫如洗的艰难童年，上大学后，挣到1000块

钱，就赶紧给自己买了辆摩托。锃光瓦亮！我是第一个发动它的人，第一个骑着它回家的人。骑车时感到风从我耳边拂过，就知道，这不是在别人的摩托上，这是我自己的摩托车！我骑到家，然后去睡觉。我把车放到卧室里，把我和它锁在里面。这样我就能闻到热热的发动机，那股发动机的味道——新车的味道！打开灯，看到这是属于我自己的摩托车。我不能把车放在床上，盖上被子，但是我很想这么做。对……我能感觉到它。对！这一刻我快乐到爆炸。

看了这段话，立马想到的是庞麦郎的《我的滑板鞋》。两者表达的都是处于物质匮乏状态的人，心心念念一个东西，终于拥有它了，那满溢的幸福，那"爆炸般的快乐"。

相信很多人在生命里都拥有过这样的时刻，终于得到了渴望已久的东西的极致快乐，快乐到手舞足蹈，不知如何是好。然而可惜的是，出于一种对贫穷的羞赧，以及对热烈情感的习惯性掩饰，多数人会把这爆炸般的快乐给轻描淡写了。

人类的表达，无时无刻不受着种种观念、习惯和风俗的束缚。比如，在托尔斯泰的《安娜·卡列尼娜》之前，西方文学里从没有过对女人分娩的细致描述，尽管这在个人生活中明明是惊心动魄的大事件（而且那个时候，生孩子是常常会死人的，绝对比现在更可怕），原因就在于人们觉得生孩子的过程是不值得说、不方便说的。

黑人小哥的话语以及庞麦郎的歌词，之所以打动人，就是因为突破了这一层束缚，复原了生活的真实状态、人类情感的真实状态。小黑哥说："我不能把车放在床上，盖上被子，但是我很想这么做……我能感觉到它。"扪心自问一下，当你头脑中出现类似的荒诞可笑念头时，你好意思说出来吗？你大概不仅不会说，而且在这念头冒出0.01秒的时候，就已经把它打压下去了。

然而打压下去了，你的表达也就成了温暾水了。尽管你可能还会使用一些技巧，但你说的话就是不够吸引人，就是让人记不大住。

由于开篇拿风筝作喻，我于是想到了鲁迅的《风筝》一文，真实坦诚到毫无保留，除却一流的感受力、表达力之外，还有一流的勇气。我又想到了他的《伤逝》，情感真实到海外评论家夏志清（就是那个捧红了张爱玲的人）一口咬定了这是亲身经历，是写他在许广平之外的另一个女朋友的。

武志红在一篇文章里说道："钱锺书的《围城》未被我列入第一流的小说，因为小说中一些关键情节的推进缺乏情感的真实，譬如'局部的真理'勾引方鸿渐、唐晓芙爱上方鸿渐和方鸿渐爱上孙柔嘉，这几个情节中的情感描绘都缺乏真实感，让我觉得相当突兀。"心理学家谈论文学总有可观之处，他一语中的，指出了《围城》的短板。在我看来，虽然钱锺书和张爱玲一样欠仁厚，但张爱玲的讽笔一般只指向男性，即使讽刺，也不失真实，而关于女性的心理则有许多熨帖的佳作，灌注了极大的同情。钱锺书却是两性通杀，全然一副冷硬心肠。我觉得他的写作姿态堪比法海，法海绝无意于聆听白蛇与许仙的苦诉与告饶，他永远也不屑于去懂得情爱,只抱持着物种的优越感,必除妖孽而后快;而钱老先生大概是太聪明了,太拎得清了,因此对挣扎于俗世的男女始终有一种智商的优越感:

"瞧你们这些笨人,做出种种丑态!哈哈!"

推荐阅读

  鲁迅:《风筝》《伤逝》

  梁漱溟:《道德为人生艺术》

【血书】
高手对决,比的是情感浓度

尼采谓:"一切文学,余爱以血书者。"以此为标准,可以为现当代的汉语写作开列一串名单,打头的当然是鲁迅。鲁迅说:

> 于浩歌狂热之际中寒,于天上看见深渊,
> 于一切眼中看见无所有,于无所希望中得救。

他又说:

> 有我所不乐意的在天堂里,我不愿去;
> 有我所不乐意的在地狱里,我不愿去;
> 有我所不乐意的在你们将来的黄金世界里,我不愿去。

他还说：

> 天地有如此静穆，我不能大笑而且歌唱。天地即不如此静穆，我或者也将不能。我以这一丛野草，在明与暗、生与死、过去与未来之际，献于友与仇、人与兽、爱者与不爱者之前作证。

如此深沉、热烈、执着、痛楚，堪称血书文学的最佳范例。较之鲁迅，张爱玲虽心思玲珑剔透，文字繁花似锦，但情感的饱和度远远不够，在此维度上绝难与鲁迅并论。阅读张爱玲，我惊叹于她敏锐的感受力以及将此感受力精准输出为文字的超凡天赋——就好像《老残游记》中的王小玉，她越唱越高，回环转折，侧耳听的我们不禁暗暗叫绝；而阅读鲁迅，则好比教堂中奏响管风琴乐，声音从四面八方升起，渐渐如波涛翻涌，人在其中是被淹没、被覆盖的——大概没有比单词"overwhelming"更合适的形容了。阅读"血书"的文学，常常来不及分析它何以至此，待震动平复后才有可能细想。

汪曾祺是我很推崇的一位作家，但汪氏文章偏恬淡，情感多不够浓烈。小说《徙》因为是难得的几篇浓烈文章之一，令人印象尤为深刻：

> 废科举，兴学校，这个小县城里增添了几个疯子。有人

投河跳井，有人跑到明伦堂去痛哭。就在高先生所住的东街的最东头，有一姓徐的呆子。这人不知应考了多少次，到头来还是一个白丁。平常就有点迂迂磨磨，颠颠倒倒。说起话来满嘴之乎者也。他老婆骂他："晚饭米都没得一颗，还你妈的之乎——者也！"徐呆子全然不顾，朗吟道："之乎者也矣焉哉，七字安排好秀才！"自从停了科举，他又添了一宗新花样。每逢初一、十五，或不是正日，而受了老婆的气，邻居的奚落，他就双手捧了一个木盘，盘中置一香炉，点了几根香，到大街上去背诵他的八股窗稿。穿着油腻的长衫，靸着破鞋，一边走，一边念。随着文气的起承转合，步履忽快忽慢；词句的抑扬顿挫，声音时高时低。念到曾经业师浓密圈点的得意之处，摇头晃脑，昂首向天，面带微笑，如痴如醉，仿佛大街上没有一个人，天地间只有他的字字珠玑的好文章。一直念到两颊绯红，双眼出火，口沫横飞，声嘶气竭。长歌当哭，其声冤苦。街上人给他这种举动起了一个名字，叫做"哭圣人"。

他这样哭了几年，一口气上不来，死在街上了。

高北溟坐在百年老屋之中，常常听到徐呆子从门外哭过来，哭过去。他恍恍惚惚觉得，哭的是他自己。

身为当代作家但无疑属于现代谱系，经历了1949年后的一系列运动直至"文革"，天性乐观却数次萌生自杀念头的汪曾祺，在20世纪80年代写作以上这三段时，是不是同样恍恍惚惚地觉得，昂首向天长歌当哭的，是过往绝境中的那一个自己呢？

和以上三段相似的，有蒲松龄《叶生》篇末尾的议论：

> 遇合难期，遭逢不偶。行踪落落，对影长愁。傲骨嶙嶙，搔头自爱。叹面目之酸涩，来鬼物之揶揄。频居康了之中，则须发之条条可丑；一落孙山之外，则文章之处处皆疵。古今痛哭之人，卞和惟尔；颠倒逸群之物，伯乐伊谁？抱刺于怀，三年灭字；侧身以望，四海无家。人生世上，只需合眼放步，以听造物之低昂而已。天下之昂藏沦落如叶生者，亦复不少，顾安得令威复来，而死生从之也哉？噫！

"不遇"是古代文学的经典命题，古之读书人每个月总有那么几天要慨叹一下的。但蒲松龄不愧大家，能把写腻了的题材写到如此震动人心。"一落孙山之外，则文章之处处皆疵"，对照前文中"天地间只有他的字字珠玑的好文章"，你就能揣测书生呕心之作遭鄙薄的况味。"抱刺于怀，三年灭字"，"刺"是古人的名帖，名帖揣兜里三年，字迹都磨灭了竟还没能递出去，想想这是怎样的凄惶！一路读来，到得"天下之昂藏沦落如叶生者"句，我已经鼻头酸涩、泪将欲流了。

这一段是蒲松龄的血书吗？一定是的。只需找来蒲松龄年表随便一瞥就知道他是"昂藏沦落"团资深成员了：数条"应乡试未中"之间不断穿插着各色创作，诗文曲无数，还写过《农桑经》和《药祟书》，六十一岁仍作诗云"老骥伏枥"，七十二岁终于拔作贡生，七十六岁病逝。

再给大家呈上我珍重的一段文字，作者为赵越胜。他于《读书》杂志发表长文《若有人兮山之阿》，追念天才钢琴家顾圣婴。顾小姐在上世纪五六十年代被誉为"演奏肖邦的钢琴诗人"，十七岁成为上海交响乐团独奏演员，二十一岁参加日内瓦国际钢琴大赛获得最高奖，二十九岁时因不堪"文革"批斗的屈辱，与母、弟一道服毒自尽。赵越胜的那篇长文是这样结尾的：

> 二〇〇九年六月，波里尼（Pollini）在巴黎普莱耶尔音乐厅演奏贝多芬第五钢琴协奏曲，这是肖邦当年在巴黎开音乐会的地方。看到他演出的海报，手捧鲜花，微笑着，便想起一九五八年日内瓦国际钢琴比赛，和他同登领奖台的顾小姐，一袭白裙，高贵典雅。五十年后，却一为巨擘，纵横乐坛，一为游魂，无枝可依。
>
> 九州并非不产精灵，牛山濯濯，只因持斧斤者众，纵天降英才，瑰伟卓荦，天朝戕伐亦如割野草。如有美玉，日月孕育，山川滋养，逾百千年而成，要毁灭亦不过一击。

第二段我只前后读两遍，闭目就能背诵了。不是记忆力好，而是文字椎心泣血，情感的推力太强。

我想，血书文学之所以震撼，从内容或曰精神的角度包含：

1. 苦痛；
2. 直面苦痛；

3. 追问挣扎；

4. 担荷罪恶。

这四层不一定要兼备。只在一个层面上挖掘得足够深，也可成为一流的作者。比如张爱玲就止于第一层，第二个层面上她虚晃一枪开溜了。萧红以及上文中的汪曾祺和蒲松龄做到了"苦痛+直面苦痛"；路遥的《平凡的世界》以及赵越胜的文字触及了第三层。而鲁迅之所以伟大，之所以感人肺腑，则在他不仅抵达了难能可贵的第四层，而且在每一个层次上都淋漓、充分地展开了。写作，乃至任何一门技艺，高手的巅峰对决比拼的一定是内力，也就是艺术家心灵世界的丰富度和情感的强度。

以上都在谈内容，最后我们说说技巧。不妨从"天下之昂藏沦落如叶生者"这半句说起。读完叶生篇后我常常念叨这半句话，今天细想了一下它的妙处，主要是在音韵节奏上。

该句句眼为"昂藏沦落"，左右是辅助，呈对称之势。"昂"乃无声母的开放音节，"落"字为去声（古为入声），属闭合音，声音配合着意义，总体有一种打开又收紧的感觉，或者是"舒缓—紧张—舒缓"的节奏感。这么多层好处，难怪我念念不忘。张爱玲赞过《聊斋志异》"音韵铿锵"，诚不我欺也。如果按当今白话文的习惯，把"如叶生者"调到前面去，变成"天下像叶生这样的昂藏沦落的人"，效果就差得多了。

文字令人情动于中，多半需借助音韵和节奏。前文引述的鲁迅《野草》三段、汪曾祺笔下的"哭圣人"行状以及蒲松龄的《叶生》议论，都有精心编排的文法：最最重要的是以重复的句式造成语气的峻急，向读者排山倒海压过去。一波连着一波，一浪推着一浪。当然，各句也要有长短的轻微变化，段落里骈散也要适当结合，避免单调；有时也不忘点缀以韵脚。简媜《渔父》中的几段也是如此，有读者发邮件给我，说她每读这几段必哭，而且是大哭。杀伤力不可小觑。

茨威格的传记之所以感染力强，也在于他擅重复。以下是他写尼采的一段：

> 而音乐，那被他以令人震惊的力量换来的音乐，则温柔地弯下身拥抱他跌倒的身体。所有人都离弃了这个热病病人；朋友们早就走了，而思想总在远处半途，总在危险的漫游中；只有音乐陪伴他直到他最后的、第七重的孤寂。他触摸的东西，它与他一同触摸；他说话的时候，它用它清脆的声音陪伴；它用力将这个被粗暴拉下去的人重新拉上来。而当他最终跌下去之后，它还在看护他逐渐消散的灵魂；当欧维贝克走进这个精神失常者的房间时，发现他正坐在钢琴旁用痉挛的双手寻找着高度的和谐，当他们把这个精神错乱的人带回家时，他在整个途中都用令人震惊的旋律唱着他的《小船之歌》。直到陷入精神的黑暗，音乐一直都在陪伴他，用它魔鬼般的存在与他生死相随。

写这血书篇大概是尼采显灵，从他开头，以他结尾。翻译体多不够轻省，但上面这段倒也成就了它的气势沛然，不为病。

推荐阅读

鲁迅：《墓碣文》《影的告别》《〈野草〉序》（选自《野草》）

汪曾祺：《徙》

蒲松龄：《叶生》（选自《聊斋志异》）

赵越胜：《若有人兮山之阿》

关注"舒明月写作课"
向后台发送"血书"二字，
获取以上作品全文

【匮乏】
"黄金时代"请你放下文艺范儿

电影《黄金时代》如何解题?

首先来看看萧红的原话吧,1936年冬天,在日本休养的萧红给恋人萧军写了一封长信,信中有这样的话:

> 窗上洒满着白月的当儿,我愿意关了灯,坐下来沉默一些时候,就在这沉默中,忽然像有警钟似的来到我的心上:"这不就是我的黄金时代吗?此刻。"于是我摸着桌布,回身摸着藤椅的边沿,而后把手举到面前,模模糊糊的,但确认定这是自己的手,而后再看到那单细的窗棂上去。是的,自己就在日本。自由和舒适,平静和安闲,经济一点也不压迫,这真是黄金时代,是在笼子过的。

按电影的官方口径，所谓黄金时代是"一群精气十足的青年，一段放任自流的时光"，而电影的宣传语则是"还原了一个充满自由理想、海阔天空的时代"。可是，请注意，这是小两口的家信，不是预知千秋事的《推背图》，不是以隐喻和象征为能事的现代诗，也不是什么政治寓言、革命密语，萧红妥妥地是在说"我的黄金时代"，就不要帮她过度阐释，一顶又一顶的帽子往上扣了。其实人家萧红讲得清清楚楚明明白白：何以黄金时代？因为"自由和舒适，平静和安闲，经济一点也不压迫"。倘非要再加阐释，至多的一点空间也只有彼时萧红得鲁迅提携，和萧军联袂成名，已是"左翼"作家群中一对闪亮的新星，才华好歹不会再遭埋没了。

只要看了电影，就知道此前萧红的生活境遇如何。《黄金时代》令人赞赏之处就在于，它基本摒除了文艺范，没有精美的服装，讲究的发型，也没有用暧昧的光线和模糊的镜头来处理场景：萧军前往萧红被困的小旅馆，金风玉露相逢的文学史传奇时刻，就那么令人错愕地展开于一个墙上沾满黄色油污、床铺都腌臢不堪的空间中。

《黄金时代》拍的是情史丰富的"左翼"女作家，找了文艺女神汤唯做主演，放映前的宣传又有种种噱头，并且说什么精气十足、放任自流、自由理想、海阔天空，所有这一切都指向一种"文艺范"——一种集大成的"民国+革命+青春"的文艺范。进了放映厅，本来预想的是要看顶级文艺范到底能把人躺到什么程度，不料才看了一两个美美的场景，比如女神着冬季学生装，身姿修长，纯然卓立，然后与爱侣漫步北京的不知哪处湖边，我的审美瘾头还远远没过足，导演编剧就路线陡转，接连推出天寒地冻、穷街陋巷、乱发素脸糙手等颇多镜头，以一种严肃的写实方式，宣告我预想的大错特错。

于是我这才想到电影的编剧是李樯，那个数年前编了《孔雀》和《立春》的人。在《孔雀》中，李樯将匮乏年代里人如被瓮罩着的笋一样在暗无天日中扭曲生长的状态，呈现得淋漓尽致。直到如今，每想起张静初饰演的女主人公处于怎样的荒芜境地，心中徒有美梦，却被诸般美梦摒除在外，我仍然感到心中震动。李樯似乎对于"贫贱将人灰"，对于人与物（物质资源）的纠葛这个永恒戏剧主题有一种特殊的表现能力，能令观众体味到残忍的真实、切肤的痛楚。而将此种能力运用到《黄金时代》的编剧中，就有了萧红向邻桌的裱花蛋糕投去的匆匆一瞥，"二萧"以脸盆喝水等细节。我觉得他的水平也许超过了作家群中的大多数。

尽管中国是一个遭触底贫穷贯穿了百余年的国家，文学作品中有关饥寒交迫的描写屡见不鲜，甚至还有泛滥之嫌，然而真正擅写贫穷的作家似乎并不太多。"左翼"作家们一提笔，再精心择取的个体也隐没在"煎熬中的众生图"这一大背景中。文学最宝贵的唤起共鸣拓展经验的一面，好像展开得十分有限，远远无法令人满意。有关饥与寒，物质上的窘迫，写得好的竟然还要远绍至鲁迅。

《伤逝》中这样写道:

只是吃饭却依然给我苦恼。菜冷,是无妨的,然而竟不够;有时连饭也不够,虽然我因为终日坐在家里用脑,饭量已经比先前要减少得多。这是先去喂了阿随了,有时还并那近来连自己也轻易不吃的羊肉。她说,阿随实在瘦得太可怜,房东太太还因此嗤笑我们了,她受不住这样的奚落。

……
但是阿随也将留不住了。

……
子君也早没有一点食物可以引它打拱或直立起来。冬季又逼近得这么快,火炉就要成为很大的问题;它的食量,在我们其实早是一个极易觉得的很重的负担。于是连它也留不住了。

……
天气的冷和神情的冷,逼迫我不能在家庭中安身。但是,往那里去呢?大道上,公园里,虽然没有冰冷的神情,冷风究竟也刺得人皮肤欲裂。我终于在通俗图书馆里觅得了我的天堂。那里无须买票;阅书室里又装着两个铁火炉。纵使不过是烧着不死不活的煤的火炉,但单是看见装着它,精神上也就总觉得有些温暖。书却无可看:旧的陈腐,新的是几乎没有的。

其实，令我恍然忆起《伤逝》的，不仅仅是《黄金时代》剧中有关饥馑与寒冷的这些场景本身，而是一种奇特的张力，一种以琐碎的真实来洞穿宏大的幻象的过程。《伤逝》所洞穿的，是《娜拉出走》后女性得解放、天地任遨游的幻象，是自由恋爱后夫妇皆欢愉、白头能到老的幻象。而《黄金时代》所洞穿的，则是当前盛行于白领年轻人中的民国想象，叶公好龙式的拒斥真实的心理。如今的我们，用泛审美的眼光看待历史，以文艺范的姿态活出人生。

这也就解释了《黄金时代》何以执行此种宣传策略。明明是相当抱有诚意的、企图还原历史的严肃之作，却要在前期的宣传中铺天盖地要给人造成顶级文艺范的印象。想要票房，就得迎合观众，试问，没有顶级的文艺范，如何能够吸引天底下这些从小有个音乐梦、辞职开间咖啡馆、改变世界要创业、放下一切去旅行的熙熙攘攘的文艺青年呢？

生命是一袭华美的袍，爬满了虱子。当事人为虱子的咬噬困扰不堪，可是隔着时光的河，文艺青年们的眼中就只剩华美，以及华袍与虱子比对的戏剧性。因为不切肤，因为不痛不痒，乃有了种种误读，天花乱坠，玄之又玄。在萧红，看过《生死场》的人一定会悚然于东北农民"蚁子似的生活着，糊糊涂涂地生殖，乱七八糟地死亡"（胡风评），尽管萧红的笔法也免不了"受煎熬的众生相"之失，但苦难如此遍布密集于一部作品，也让人深深感觉到，她才华的本质，正在于她对人生痛苦的无比敏锐的感受力（《黄金时代》的一幕，众人赞赏萧红，说她写作依靠的是强烈的直觉）。

然而，成就她文学声誉的这一敏锐感受力或曰强烈直觉，却也正是毁坏她个人生活的源头。为什么受红色理想的感召却又没走上"左翼"主流的道路？因为这是一个感性浓烈而理性薄弱的人，没有能力在乱世中妥善安排生活，只要有可能躲避痛苦，再糟糕的决定她都无法免除。抓住这一点，则萧红许多令人大呼狗血深感诡异的人生选择，比如和逃婚对象汪恩甲的同居以及和端木蕻良的结合等，就都可以迎刃而解了。同样可以得到解释的，是萧红信中的"黄金时代"四字。了解了萧红的个性，我们也就能感知，"自由和舒适，平静和安闲，经济一点也不压迫"的境况，对于足足受了七年颠沛流离饥寒交迫之苦的她，是真的真的具有黄金的重量啊，哪怕彼时她与萧军已生嫌隙。

我相信李樯能够对萧红报以同情的理解。若非如此，他无法做到与流行的想象和姿态逆向而行，拂去泛审美看待历史的烟雾，捏起华袍上的恶心虱子，将它隐红而饱胀的腹部展示给人看——而这就是她每分每秒都要承受的咬噬。萧红的悲剧，是在她神经敏锐，却又生在一个虱子大繁殖的时代。我的一个朋友看完《黄金时代》后说，大家怎么都活得那么low？我想，得到这样的观感，电影的目的算是部分达到了吧？

《黄金时代》没有以文艺范的浪漫来轻侮一代人的痛苦，这真令人意外而高兴。我想，文艺范的盛行也许正是文艺之殇吧，因为它缺乏真挚而灼热的贯注，说到底是文艺不足范来凑。在许多文艺青年那里，文艺被赋予了某种不切实际的想象，脱离了生命的沉痛和琐屑，成为轻盈的、透明的、与烟火俗世迥异的存在。都市小资们（包括我自己）对于历史和生活的种种幻想，仿佛是从这片土地上沧海横流的浊水中升起一股白莲花般芬芳之气，无比清新洁净，近年来已蒸腾得蔚为大观了。

混迹于众多小清新中，当我也为这样的生活陶醉之时，契诃夫在《醋栗》中的那段话就时常也如"警钟似的来到我的心上"：

> 每当我想起人的幸福，不知为什么思想里常常夹杂着伤感的成分，现在，面对着这个幸福的人，我的内心充满了近乎绝望的沉重感觉。夜里我的心情更加沉重。他们在我弟弟卧室的隔壁房间里为我铺了床，夜里我听到，他没有睡着，常常起身走到那盘醋栗跟前拿果子吃。我心里琢磨：实际上，心满意足的幸福的人是很多的！这是一种多么令人压抑的力量！

是的，我感到压抑。我渴望真正的文艺，那种能够为读者与历史、与小说人物建立起真正的个人化连接的文艺，那种拓展生命的广度与深度的文艺。我渴望看到年轻人醉心于真正的文艺，而不仅仅是像经营产品的"调性"一样营造文艺范。我渴望"80后""90后"作者们也能写出像阿城在《树王》里的那样的文字：

> 正说不出话，六爪忽然眯起一只眼，把小手放在我的手背上，笑着说："叔叔，你可是让我猜你手里是哪样东西？"

我一下明白我的手一直拳着,也笑着说:"你比老鼠还灵,不用猜。"说着就把手翻过来张开。六爪把肩耸起来,两只手慢慢举起来抓,忽然又把手垂下去,握住自己的脚腕,回头看一看他的母亲。队长和肖疙瘩的老婆一齐看着我手中的糖,都有些笑意,但都不说话。我说:"六爪,这是给你的。"肖疙瘩的老婆急忙对我说:"呀!你自己吃!"六爪看着我,垂下头。我把糖啪地拍在桌上,灯火跳了一跳,说:"六爪,拿去。"六爪又看看他的母亲。肖疙瘩的老婆低低地说:"拿着吧。慢慢吃。"六爪稳稳地伸出手,把糖拿起,凑近灯火翻看,闻一闻,把一颗糖攥在左手心,小心地剥另一颗糖,右手上那只异指翘着,微微有些颤。六爪将糖放进嘴里,闭紧了,呆呆地望着灯火,忽然扭脸看我,眼睛亮极了。

匮乏年代里,一颗糖就能给小孩子带来如此巨大的满足。阿城的另一篇小说《孩子王》中,多认识一个字,拥有一本《新华字典》,竟然也是人生的一大慰藉。和鲁迅一样,阿城的文字也有洞穿幻象的力量,而他所洞穿的,是当代主流作家们合力塑造的鬼蜮幻象。刻意的美化和刻意的丑化其实说到底都是在逃避真实。鬼蜮里发生再怎样光怪陆离的事情也不能引起人们太大的惊异与震动,当代作家们就是以他们夸张荒诞的笔法,将历史推远,再推远。

从匮乏的年代里行走过来,我相信"80后""90后"的一代人即便未曾亲历，但也都至少亲睹过被诸般美梦摒弃在外，无数可能性遭斩断的人生。我也相信尽管如今一切已经从无到有，由少而多，但匮乏远还没有杜绝。我们的时代里虱子家族虽然式微，但仍有余威，稍有不慎还可复兴。我还相信我们中的绝大多数人，仍然也每天感受到两三只、五六只虱子的咬噬。只是，文艺范的风气渐盛，谈论沉重的肉身变得不合时宜，潇洒的人儿们只在私底下悄然捉虱，明面上，万物皆备于我，一切光鲜亮丽，一切歌舞升平，全然是个"黄金世界"的模样。

鲁迅在《影的告别》里说："有我所不乐意的在天堂里，我不愿去；有我所不乐意的在地狱里，我不愿去；有我所不乐意的在你们将来的黄金世界里，我不愿去。"

这个"将来的黄金世界"，已经来临了吗？

——由此我可以为电影《黄金时代》解题。如导演许鞍华所言，电影呈现的确实是"一代文人众生相"，但文人们衣衫褴褛、饥肠辘辘，而他们置身的空间，是脏乱差的旅馆、无暖气的房间、人群如蝼蚁般聚集逃难的码头、敌机日夜轰炸下的街道……萧红远渡日本才能享有的"黄金时代"，远不能以这些要素来定义。黄金时代的幻象，出于一个俨然的黄金世界。在这里，我们以文艺范的态度一以贯之地对待过往的历史和当下的现实，失之毫厘，而后谬以千里。

编剧李樯从萧红的信中拈出这四个字来用作片名，或许——是一剂微妙的反讽，一种独辟蹊径的表达吧？

推荐阅读

鲁迅:《伤逝》

阿城:《树王》

【节制】

冯唐是如何毁在没有节制上的？

下了点决心要读冯唐，就从Kindle里下载了"北京三部曲"《十八岁给我一个姑娘》《万物生长》《北京，北京》，以及《三十六大》和《天下卵》。没料到阅读的决心只在《万物生长》一本行进到约40%就折返了，又在其他三本上各蜻蜓点水了百分之几，然后，就怎么也读不下去了。哪怕理性的小皮鞭子挥舞得pia pia的，感性的小马驹子也半步都不肯挪了——

我真的真的不想再读五百页啊！

认知科学讲，人的聪明有三个维度：一是神经维度，表现为反应敏捷，过目不忘；二是经验维度，意思是十年坚持不懈终至游刃有余；三是反省维度，在于突破局限，及时纠偏，审度形势，开创新知。读冯唐作品时，这套认知学的理论陪伴我如悬壁之剑，忍无可忍之际，我就抽出宝剑来对着冯唐一指，做出个封喉的架势，方才能解解郁闷，精神胜利一场。

我认为冯唐是难得一见的智力的三维度分布严重不均衡的案例，一二过剩，而三匮乏。这种不均衡在文本里的表现，一言以蔽之，就是无节制。

无节制症状之一：语言聒噪无节制，情节枝蔓无节制。

冯唐行文绝不删繁就简，一定要把想到的词汇或意象一股脑堆出来，导致总有相声贯口的节奏出现。比如：

> 暗娼比理发馆都多，赌场比旅店都多，帮会比学校都多，土豪比街道都多……

再比如：

> 因为你生下来就有的钱不是通俗意义上想吃点什么就吃点什么、想干点什么就干点什么的钱，而是能想让很多人吃什么他们就吃什么、想让他们干什么他们就干什么的钱……

这不就是典型的神经维度的聪明人？反应敏捷语速快，一说一长串。而且驾轻就熟，手到擒来，经验维度我也给一百分。

由于他不放过任何一个要贫嘴、抖机灵、发议论的机会，除了聒噪之外，还常常拖慢了叙事，阻滞了情节发展。《万物生长》中写到主人公第一次性体验，当他对女友说出"我想要你"

四字之后，女友居然来了一大段官话（也可以认为是一大段以官话腔调谈论私事的王小波/王朔式反讽），足足占了Kindle三页（正常五号字），主人公听完后牵扯出的回忆则占了大约两页；而当女友因为没避孕套而指责他"不负责任"时，他的油滑辩解竟又绵延了将近三页。大家不妨来感受一下：

> 有责任感，我也不知道在什么地方买。应该是国家统一发的吧？计划生育是国策呀。是不是跟以前发粮票、油票似的，每月领去？发放原则也应该和发粮票、油票一样；家里人口越多，发的就应该越多。因为人口多，说明家长能干吗。人家那么能干，你还不给人多发，孩子生出来，又处处和人家找别扭，不是成心不人道吗？可是我爸妈早过了激情年代，我也不能逼我爸爸隔了这十来年再向居委会大妈们开口呀。她们一定在一晚上让方圆五里的人都知道，我爸就出名了。我直接跟大妈要，她们肯定不给我呀。肯定要查我有没有结婚证，好像旅馆登记员。我要是没个交代，她们肯定不会放过我。好好审审我，没准顺藤摸瓜端掉个土娼窝点，立个功。我第一次在楼头抽烟就让她们告诉了我妈，看我妈不管就又给班主任写了信，她们警惕性可高了。但是她们知道的数据肯定很有意义，到底中国老百姓平均一个月做几次，做多做少和他们家庭幸福成不成正比？……

我就是在这个当儿无法再忍、掷书长叹的，从此终止了对

《万物生长》的阅读。倒不是有多急切地想要看他写性,估计也好看不到哪里去,而是对一个缺乏反省心智、滥用自己才华的写作者丧失了耐心。

才华当然是有的。最初读的时候,也还是小小地被惊艳到了。比如他一会儿感觉派、小抒情:

> 时间像果冻一样在我们周围凝固,黏稠、透明而富有弹性,我们是如此遥远,彼此抱着的仿佛是一个幻象。

一会儿金句派、大开阖:

> 1. 大家都说他没有情调,花间喝道,焚琴煮鹤,吃西施馅的人肉包子。
> 2. 我想,这时候,如果我伸出食指去接触她的指尖,就会看见闪电。如果吐一口唾沫,地上就会长出七色花;如果横刀立马,就地野合,她会怀上孔子。

上面三小段水平都在金线之上,只可惜被不节制的水文冲得零零落落。大家读书都想找干货的,读文学要的是创意密度,而冯唐多少年都只顾在金线之下做低水平重复,一来惹人腻烦,消耗了读者的耐心,二来也浪费了他自己的生命,不为写作道路上的升级打怪留出足够多的时间和精力。这不是典型的聪明反被聪明误吗?

冯唐之受追捧，跟他善于考试乃至考满分关系密切。这没什么可诟病的，毕竟咱老百姓对于进学的崇拜情结在当代作家身上一直都没着没落的，文坛领袖莫言、贾平凹等于此实在乏善可陈，跟他们的前辈完全不在一个档次上。现代作家里随便举举，公派留日考第一的有鲁迅，伦敦大学招生远东区考第一的有张爱玲。冯唐的出现，好歹把写作与进学的强关联又续了起来。但是，同样是聪明人、尖子生，行文节制力的差距咋就那么大呢？

张爱玲有篇散文《中国的日夜》，一看也是神经维度的聪明人写的：

又一次我到小菜场去，已经是冬天了。太阳煌煌的，然而空气里有一种清湿的气味，如同晾在竹竿上成阵的衣裳。地下摇摇摆摆走着的两个小孩子，棉袍的花色相仿，一个像碎切腌菜，一个像酱菜，各人都是胸前自小而大一片深暗的油渍，像关公领下盛胡须的锦囊。又有个抱在手里的小孩，穿着桃红假哔叽的棉袍，那珍贵的颜色在一冬日积月累的黑腻污秽里真是双手捧出来的，看了叫人心痛，穿脏了也还是污泥里的莲花。至于蓝布的蓝，那是中国的"国色"。不过街上一般人穿的蓝布衫大都经过补缀，深深浅浅，都像雨洗出来的，青翠醒目。我们中国本来是补钉的国家，连天都是女娲补过的。

出街去买菜，不该是悠悠然的吗，但她过眼万千、过耳万千、过心万千，跟个电影快镜头似的。通篇都是类似的段落，意象超多，密不透风，叫人读着很吃劲。和她一比较，我这个自称感官敏锐的人也沦入木讷了。

拿这一篇随性的散文跟她的小说两下对照，你就知道张爱玲在进行严肃创作时可以有多么强悍的节制力了。她的小说方方面面都控得住，色彩、造型、质地都呈现出洁癖般的均衡，不仅无可挑剔，简直叹为观止。张爱玲说过，"我写小说很慢很慢"。为什么慢？就是反省心智耗用了内存，降低了处理速度。

由于深谙写作者反省心智的昌明，所以我倒是常常要劝解我的读者们："收起完美主义，压制批判脑，跟自己说今天的任务就是写完八百字，甭管质量如何，数量到了就给自己打一百分。"然而对于冯唐，我的建议正好相反——请您老人家务必来点儿完美主义吧。假如写得出金线之上的句子，那么麻烦以金线为准线，给自己的文字划定一个范畴。差之毫厘还罢了，那些谬以千里的，就不要再滔滔不绝地涌入了。您都上作家富豪榜了，功成名就的，又不贪图那点稿费，咱抓抓质量好吗？给当代文学整点杰作好吗？

当然，就算扫除了语言聒噪和情节枝蔓的弊病，冯唐的作品离杰作还有不小的差距。不过，这差距仍旧也是由其一以贯之的"无节制"造成的。

冯唐行文无节制症状之二：天下皆卵。

这方面其实有些无力吐槽。"知乎"上有句评价我觉着说在点上：冯唐有种把性夸张到神圣神秘，又把性贬成对于自己来说随意到信手而来的东西的倾向。从这种很别扭的心理和姿态就能下一个论断：冯唐和安妮宝贝虽然只差三岁（一个1971年生，一个1974年生），但已经属于不同的世系。旧的世系，作家们写起性来，总是有这种跟什么人杠着的歇斯底里和向什么人炫耀着的沾沾自喜。呈现出被瓮罩着的笋在暗无天日中扭曲生长的可怕而可怜形状。直至安妮宝贝出道，中国的小说读者们才得以熟悉乃至模仿一种不那么疯狂变形的性书写。

也就是所谓时代的印记吧，也就是所谓历史的局限性吧。作家不就是那种纤毫必感、锱铢必较的心性吗？当他们承受了黑压压的天大委屈，或者说当无数人都承受了天大委屈之后，作家们不合该是那一小撮拿笔来宣泄，以文字来矫枉的人吗？只不过，有些人尚知节制，偶尔矫枉过正，比如王小波；有些人则毫无反省，肆意发泄，污水横流，蔚为大观，比如冯唐。

作为一名性观阳光的老少女，看到冯唐笔下的污景，我虽抱以同情的理解，实难作愉悦的赏鉴。但众所周知，冯唐却有很多热烈的女粉丝。对此我也进行了一番思索：大概因为男女在性启蒙方面的不平衡进展，很有一部分女性仍旧于此讳莫如深吧。而一个由众多正面身份（精英/富豪/才子）加持的冯唐，又兼不老而微帅，乃成为替她们揭去那一层羞幕的合适人选。女性为欲望正名的九曲十八弯，冯唐凑巧都通得过（一个猜想，不一定对）。

所以说冯唐的走红更多是文化现象而非文学现象，甚至更多是性心理现象。恋爱专家、两性作家其实蛮可以拿他做案例。比如我就很想看专家们分析瘩瘩的男人形象（及其幼齿版——顽劣的男孩形象）为什么那么受女人欢迎。真是有点想不通。

  我在学校里，从小到大，都被那些正义感比较强的老师同学看成是罪恶源泉或是邪恶势力之一。
  我上进心最炽烈的时候，写作文《游园有感》，尝试了拟人手法，尽量事儿逼："公园一角，有个池塘。池塘边一棵柳树，池塘里一条金鱼。我好似水底鱼随波游戏，你好似池边柳将我调戏。"小黑眼镜语文老师立刻用板砖拍死我，批注如下："格调低下，心理邪厌，有严重流氓倾向。建议家长没收其所有不良课外读物，订阅《北京晚报》，特别精读五色土副刊，引导其灵性，抒发其才气，不致堕入歪路。"
  其实我喜欢那种笑傲街头，无所顾及的感觉，穿了拖鞋在街上走，懒洋洋地看街上的姑娘，仿佛整个北京都是咱家似的，没什么外人。

这位"小黑眼镜语文老师"，在冯唐的设定里一定是女性。前一句还说他"有严重流氓倾向"，后一句又画风陡变成"引导其灵性，抒发其才气"。这哪是师生，简直就是情人间的转嗔为娇，欲拒还迎嘛。

冯唐在小说中成批量输出此类事迹，不遗余力打造一个坏坏的、玩世不恭的形象。王小波也有这种偏好，但与冯唐殊为不同。王小波的动因是嘲弄一本正经和冠冕堂皇，拒斥光辉高大的主流。但冯唐的小说里找不到这一层深切的意味。冯唐大肆铺陈，有且仅有一个目的，就是向世界宣告女人们喜爱他。

这就是我要说的最后一点了。冯唐行文无节制症状之三：极不真诚，矫饰到底。

刚开始写小说时，其实谁都免不了要往自己脸上贴金，矫饰出一些理想的形象，代入进去爽一把。比如女作者肯定会写美人。这是人之常情，无可厚非。但通常写上一阵子，反省维度的智力也就开始运转，知道该实诚起来向读者袒露自我了。毕竟这才是正道。

但是冯唐他老人家，居然可以做到在多部长篇里持续不懈地矫饰自己。而真实面目始终闪躲着不示人。就好像，他造了一个受人（主要是受女人）欢迎的壳，然后窝了进去，再不露面。

前文说到安妮宝贝和冯唐在性描写上属于不同世系，但在极不真诚，矫饰到底这一点上两人却相通。安妮宝贝的不真诚在于，特意地要闪避物质匮乏，在她小说的地界上不行走一个穷人。内心荒芜的城市小资，眼中的景象都是光鲜亮丽的。哪怕堕落的酒吧女，也有着富豪的家世，宫殿一般的住宅，只因父母冷漠而叛逆自弃了。

所以安妮宝贝和冯唐才都是招粉和招黑的双重体质。粉他们，是因为被那种刻意矫饰出的景象或形象所迷惑了，而稍待经历世事或情事，就知道它们原来都是幻象、假象。

"纳尼?! 上海是这个样子的???"

"其实并没有多少表面坏而内心好的男人……"——多么痛的领悟。

难免感到被欺骗，于是一朝粉转黑。

节制是艺术的大德，节制也是心灵的大德。缺乏反省智力的冯唐，旁若无人地灌水，大张旗鼓地释放荷尔蒙，还孜孜不倦地给自己造壳，无所不用其极。最后，绣口一吐，赞道："北京三部曲够后两百年的同道们攀登一阵子了。"

不知道别人怎么样，就我自己来说，高山仰止，想要把 Kindle 里他老人家的几本巨著再读掉五百页，确实需要两百年的时间。

【雅俗】
正确添加方言俗语的比例

不知道其他城市怎么样，总之在我老家那淮河边的三四线城市，打十多年前就开始有家长以孩子不会说方言土语、只讲普通话为标榜，风气漫衍，如今不知道成什么形态了。我那时还小，看不透里面的世故人情，只知道遗憾：哎呀，可惜他/她以后读《西游记》就读不出那么多趣味来了。

《西游记》中有相当一部分仅通行于江淮方言区的词语，平常完全嘴上说说，字怎么写都迷糊，却常常能在《西游记》的书页中打个照面。这种感觉很是奇妙，每当出现一个词，你就仿佛与这部作品有了更深的联结，有了一种情侣间的私密互动。我揣测，张爱玲对纯然以吴语写作的《海上花列传》推崇到无以复加，大概就出于类似的情愫。

举些《西游记》的例子吧:

> 行者道:"伸过孤拐来,各打五棍见面,与老孙散散心。"

孤拐指的是脚踝骨。小时候与老人们相处多,老人身上痛,常常会提到身上各处关节骨头,"孤拐"这样奇怪别致的称呼令年幼的我记忆深刻。对行者面相的描述文字里也有"孤拐"一词:

> 原来那猴子孤拐面,凹脸尖嘴。

这里的"孤拐"是比喻义,大约是说行者凹脸颊、高颧骨,像脚踝骨那样皮包着骨头。

> 行者见了,将身又变,变作一个黄皮虼蚤。

"虼蚤"也就是跳蚤。"虼"字目前的注音是"gè",实际在江淮方言里读作短促的入声。我觉得"跳蚤"不如"虼蚤"好,因为后者读起来有劲,前者虽然字面有"跳",可"跳"字的普通话读音却因双韵母而绵绵软软,不足以表达该虫虫两条强壮后腿带来的惊人跳跃能力(虼蚤能跳350倍身长)。

> 桃子吃多了,也有些嘈人,又有些下坠。

这里的"嘈"字在方言里读作第二声,"嘈人"指的是因吃多了某类食物(偏硬或偏凉)胃部产生的不适感。

《西游记》流传了许久,一直谈不上什么作者,因为本就是个说书人口中流传来流传去的话本。到了近现代,学术界才非要给他考据个作者出来;而书中有数量偏多的江淮方言词正是论定作者为淮安吴承恩的一大证据。究竟是不是老吴编写的且不去管它,但至少我从中获知了一点,《西游记》确实带有显著的江淮风味,我那种久别重逢的相遇感,不属自作多情。

其他的话本、拟话本小说(包括戏曲)虽不大具备这种微妙的审美体验,但相对于正统的诗文,普遍的一大魅力也仍旧在于语言资源的丰富、方言俗语杂糅其中的活色生香。想想看吧,诗词从唐宋到明清,写来写去无非不过江南、东风、回首、阑干、明月、匆匆,难免腻味;同样是表达忧愁苦闷的况味,到曲家手中,才真有点新鲜样貌,叫人欢喜:

> 【山坡羊】没乱里春情难遣,蓦地里怀人幽怨。则为我生小婵娟,拣名门一例、一例里神仙眷。甚良缘,把青春抛的远!俺的睡情谁见?则索因循腼腆。想幽梦谁边,和春光暗流转?迁延,这衷怀那处言!淹煎,泼残生,除问天!

译文:

> 如此缭乱的春心,真难排遣。无意中出现的情怀,令人幽怨。因为俺生来美丽,父母就着意为我挑选名门中的佳偶,挑来又挑去。究竟要什么样的良缘啊,岂不是把我的青春都耽误了。这样睡思蒙眬的妩媚情态又有谁能见到呢?平常只能循规蹈矩,做出一副大家闺秀的腼腆样子。不知道我会梦见什么样的人,同这美好的春光一起流逝消弭了。如此迁延度日,无处诉说衷情。煎熬的残生何日是个尽头啊?除非去问老天!

这是《牡丹亭》中有名的唱段,看多么花样迭出,有多少诗词中难得一见的元素。汤显祖的写作被誉为"深浅、浓淡、雅俗相间",上段就有例子说明最后一点:两个叠韵词"迁延"和"淹煎",前者是打《左传》里就有的,十三经,雅到顶了;而"淹煎"则明以前典籍中未见记载,大约属明代口语,汤显祖和阮大铖(另一位有名曲家)的作品里都使用过,汤和阮一为赣东人,一为皖西人,地域极相近,"淹煎"可能就是该地区的方言词,可谓极接地气了。

有一阵听了个国外关于"文本细读"的网络公开课,其中词源学的两小节中提到莎士比亚《麦克白》中的一段:

> Will all great Neptune's ocean wash this blood
> Clean from my hand?

No, This my hand will rather

The multitudinous seas incarnadine,

Making the green one red.

大海中所有的水能够洗净我手上的血迹吗？

不，恐怕是我这一手的血，

倒要把无垠的海水染作一片殷红呢。

绝大部分的英文单词可以归到两个词源，野蛮人的日耳曼语和高贵种族的拉丁语，比如 red 和 incarnadine 意思都是红色，差别在于语源。我们乍看莎翁的这段诗仿佛有点啰唆，行与行间重复，但其实是因为对英文这门语言还不够敏感；此段中 multitudinous、incarnadine 等词属于拉丁雅词，blood、red 等是日耳曼俗词，作者是有意地交织使用，以造成两个层次的英语竞争的意味，呈现更为丰富的美学效果。

正因为有以上诸般好处，作家们向来乐于在写作中做一番雅俗的斟酌考量。当代作家里阿城是善于作"文白相杂"的，"文"即偏文言的表述，对应雅，"白"就是偏白话的表述，相对为俗。以他的出色短文《溜索》中的段落为例：

1. 一个钟头之前就感闻到这隐隐闷雷，初不在意，只当是百里之外天公浇地。雷总不停，才渐渐生疑，懒懒问了一句。首领也只懒懒说是怒江，要过溜索了。

2. 山不高，口极狭，仅容得一个半牛过去。不由捏紧了心,准备一睹气贯滇西的那江,却不料转出山口,依然是闷闷的雷。心下大感,见前边牛们死也不肯再走,就下马向岸前移去。行到岸边,抽一口气,腿子抖起来,如牛一般,不敢再往前动半步。

这两段中,"初不在意""口极狭""心下大感"都很"文",很精练,而"死也不肯再走""腿子抖起来"又是真正的口语、大白话。王蒙评价阿城的语言"口语化而不流俗,古典美而不迂腐",可不就由于他的文白调配?

雅俗的配比并不固定,因为读者的偏好不固定,一种口味读多了,就必然会腻,不愿再看。比如我,至今看到北方乡土气息十足的作品还皱眉。受"左翼"革命的意识形态影响,这几十年来"雅"本来就遭到压制,而北方是革命燎原地,北方方言又因与普通话亲缘更近而在技术上更易于糅入,所以文学(乃至整个文艺)中的北方乡土气简直充塞天地,欲避不能。有时作者根本不是北方人,也可以写成那副丧气样子!

写农村不是非得加入方言俗语才行,张爱玲的《秧歌》与《赤地之恋》,写的是土地上的人与事,但语言仍旧使用的是她惯常的"欧化国语+话本小说'古白语'+红楼文体"。没令人觉得失色,反而有种清新卓然之感。豆瓣第二届征文一等奖作品《姐姐》,同样是以较好的语言策略,掸除了农村题材文学上的一层灰土,令人眼前一亮:

拖完稻草，我们回去洗澡，再到外家吃饭。夕阳颜色一点一点消散，渐渐寂静的青蓝涸上来，外公家一大一小两张桌子都抬出来了，摆在门口场基上。男人们在大桌上喝酒，小孩们在小桌上吃饭，女人们坐不下，除了喝酒的，都捧了碗站着，时不时去搛一点菜。除了夏天菜园里的菜以外，这一天好吃的有红烧小公鸡和煎尖头鱼，都是香得不得了的菜。姨夫们划拳，喝酒，三姨夫和五姨夫用一种促狭的语气激爸爸喝酒。他很爱喝酒，虽然酒量不坏，也禁不住这样的急酒，有时喝得醉了，便受人诟病。那些话因此使我难受，好像是受到欺负了一样。虽然我爱从堂屋里投出来的昏黄的光，外婆不声不响做着事情，表兄弟们在门口追打着玩，一切都显得热闹而欢喜的样子。

有个朋友说过一句关于着装风格的话，大意是洋妞穿旗袍效果往往惊艳，典型的亚洲脸反而不适合，穿了一定显土，倒是要穿点时尚的小礼服才好看。拿这话套到文学里，像大禹治水、嫦娥奔月这些神仙事，鲁迅在《故事新编》里头就偏要把它们写得世俗无比，down to earth，反而精彩绝伦；而真正的乡村生活，则还是应该从语言策略上避开一些土味才相宜。沈从文写乡村的一些妙品、神品，比如《边城》《萧萧》，不正是如此？

题材不同，语体也要随之做灵活调整。能够做灵活调整的前提是语言的素材库足够丰盛，夯不啷当，应有尽有。像我老家那些小孩子就可惜了，不会说家乡的土话，不仅阅读时丧失了一些乐趣，将来有志于写作，更会发现语言资源上缺失了一大块。

但愿有家长读了这篇文章，及时修正了教育方法吧。

推荐阅读

　　沈从文：《萧萧》

【收束】
散文要"度尾",小说多"煞尾"

为什么要专写一篇谈"收束",也就是谈文章的结尾呢?因为结尾太重要了啊!

心理学上有个发现叫作"峰终定律"(Peak-End Rule):我们对一件事情的记忆由两个因素决定:高峰时与结束时的感觉。人在经历一件事后,所能记住的就只是在峰与终时的体验,而在过程中好与不好体验的比重、好与不好体验的时间长短,对记忆差不多没有影响。

所以,如果把读者阅读一篇文章看作一次经历,那么,只要文章中有亮眼的句子或段落作为高峰,再有一个漂亮的结尾,那么他对文章整体的评价就不会差。如此看来,以前人说"凤头猪肚豹尾"还是啰唆了一些,写文章开门见山就好,不必特地去想一个酷炫的开头,最关键的是两点,一个"凤腹",一个"豹尾"。

汪曾祺有一次赞叹沈从文小说的结尾都很好,沈从文笑眯眯地表示同意,说:"我很会结尾。"他最为人熟知的结尾当然是《边城》了:

> 到了冬天,那个圮坍了的白塔,又重新修好了。那个在月下歌唱,使翠翠在睡梦里为歌声把灵魂轻轻浮起的年青人,还不曾回到茶峒来。
>
> 这个人也许永远不回来了,也许明天回来。

汪曾祺对此结尾的评价是:"七万字一齐收在这一句话上。故事完了,读者还要想半天。你会随小说里的人物对远人作无边的思念,随她一同盼望着,热情而迫切。"

在我看来,这最后的"也许……也许……"妙在精准地传递出无任何即时通信设备的漫长年月里,一切怀远人银牙咬碎的无望等待,以及仍从无望中寻找希望的不甘。大概因为自身毫无忍耐力,每当我试着去体味那种无 deadline 而守候的心境,一种抓狂感便会很快袭来。想想"无望等待"这一古典悲剧大类目下有多少令人动容、不忍体味的词句啊,比如倚楼望江,"过尽千帆皆不是",比如一遍遍数花瓣占问归期,"试把花卜归期,才簪又重数"……南宋姜夔有一首词,最戳人泪点:

鹧鸪天·元夕有所梦

　　肥水东流无尽期,当初不合种相思。梦中未比丹青见,暗里忽惊山鸟啼。

　　春未绿,鬓先丝,人间别久不成悲。谁教岁岁红莲夜,两处沉吟各自知。

　　据夏承焘的考证,这是姜夔一段铭心而刻骨的真实情事。全词读起来简直是一步一惊心。请允许我进行文艺腔的转述:因为不通音信而承受的相思煎熬,甚至于使诗人宁可选择虚无。无数次梦中辗转焦急欲相见,又回回被山鸟啼醒,只剩惘然。挣扎久了,似乎已麻木放弃,无所悲哀。是真的断念心死了吗?可是一年又一年正月十五他人欢会之夜,仍然感到清醒的疼痛,我知道她在想我,我想她也一定知道我在想她。

　　你看,好的诗人就有带人入戏的本领,转述到最后,我发现自己已改用第一人称了。读这首词,很难不被其中的深情撼动,不为其中的深悲抑郁,每次我都忍不住要慨叹:当时如果有手机该多好啊!

　　《边城》的结句也使我生发出同样的感慨。据说"从前慢"而现在忙,从前幸福安稳而现在迷惘焦躁,但《边城》的结尾却使我由衷地可怜从前的人,庆幸自己生于现代。翠翠的一颗无辜少女心,日复一日遭失望贯穿,但痴心难免妄想,正如穷困无出路的人买彩票一般,一句"也许明天回来"的诳语大约能够令自己振作上一小会儿。我想，沈从文安排两个"也许"的次序，遵循的一定是这个心理逻辑。倘若将前后句互换，说"这个人也许明天回来，也许永远不回来了"，效果就差了一大截。

张爱玲的散文《天才梦》有个著名的结尾，是每个小资都懂引用的一句：

> 生命是一袭华美的袍，爬满了虱子。

但并非每个小资都确切知道其含义。若非通读《天才梦》全篇，很难领略其妙处。前半句对应散文前半部分：我是个天才，自小就拥有文学、音乐、美术方面的卓越天分，生命如华美之袍，流光溢彩；后半句对应后半部分：但我在生活和社交上存在巨大的缺陷和障碍，似虱子爬满华袍，每一天，天才的我都承受着无数的咬啮。结尾这一句比喻，既在意义上完美收拢了全篇，又以鲜明奇特的画面令读者过目难忘。

金庸的中篇总体来说不如长篇精彩，大约老先生气象阔大，篇幅短了不够他施展。但中篇《白马啸西风》却收了个精彩无双的尾：

> 可是哈卜拉姆再聪明、再有学问，有一件事却是他不能解答的，因为包罗万有的《可兰经》上也没有答案；如果你深深爱着的人，却深深的爱上了别人，有什么法子？
>
> 白马带着她一步步的回到中原。白马已经老了，只能慢

慢的走，但终是能回到中原的。江南有杨柳、桃花，有燕子、金鱼……汉人中有的是英俊勇武的少年，倜傥潇洒的少年……但这个美丽的姑娘就像古高昌国人那样固执："那都是很好很好的，可是我偏不喜欢。"

金庸的文字始终饱含一股真挚热烈的少年气，感人至深。《白马啸西风》的主人公是个年轻小姑娘，理应如此，但其他小说中诸多人物，哪怕亮相时已为中年或老年，但他们那种丰沛的情感，无论单纯、执着、勇敢、冲动、偏狭、反叛，仍然是少年人的劲头。金庸根本就是一个永不失赤子之心的老少年。

想写出《边城》《天才梦》或《白马啸西风》这样的结尾自然很难，有时妙句属天成，非人力所能强求。但任何结尾，但凡遵循了"呼应"的原则，效果就总还挺不错。呼应得越多，效果越好。

沈从文的另一个短篇《萧萧》的结尾就是很好的例子。最初版本是这样的：

> 牛儿十二岁时也接了亲，媳妇年长六岁。媳妇年纪大，才能诸事作帮手，对家中有帮助。唢呐吹到门前时，新娘在轿中呜呜的哭着，忙坏了那个祖父曾祖父。
>
> 这一天，萧萧抱了自己新生的小毛毛，却在屋前榆蜡树篱笆看热闹，同十年前抱丈夫一个样子。

但沈从文最喜欢打磨文章,哪怕发表过了,想到更好的也还是忍不住要改,后来他又加了一段:

> 这一天,萧萧抱了自己新生的小毛毛,却在屋前榆蜡树篱笆看热闹,同十年前抱丈夫一个样子。
> 小毛毛哭了,唱歌一般地哄着他:"哪,毛毛,看,花轿来了。看,新娘子穿花衣,好体面!不许闹,不讲道理不成的!不讲理我要生气的!看看,女学生也来了!明天长大了,我们也讨个女学生媳妇!"

为新添的这一段点32个赞。版本2.0的高明之处无他,就是再添了几处呼应。细细看这后添的一段,真个是精心结撰,无一句不呼应。不妨把它所应和的语句或段落都挑出来吧:

> 1. 乡下人吹唢呐接媳妇,到了十二月是成天会有的事情。(小说首段)
> 2. 孩子一欢喜兴奋,行动粗野起来,会用短短的小手乱抓萧萧的头发。那是平时不大能收拾蓬蓬松松在头上的黄发。有时候,垂到脑后那条小辫儿被拉得太久,把红绒线结也弄松了,生气了,就挞那弟弟,弟弟自然哇的哭出声来,萧萧便也装成要哭的样子,用手指着弟弟的哭脸,说,"哪,人不讲理,可不行!"
> 3. 女学生这东西,在本乡的确永远是奇闻。每年一到六

月天，据说放"水假"日子一到，照例便有三三五五女学生，由一个荒诞不经的热闹地方来，到另一个远地方去，取道从本地过身。从乡下人眼中看来，这些人都近于另一世界中活下的人，装扮奇奇怪怪，行为更不可思议。这种女学生过身时，使一村人都可以说一整天的笑话。

关于女学生还有大书特书的几段，有趣极了。乡人传说女学生的怪状，有"她们自己不喂牛，却吃牛奶羊奶，如小牛小羊"以及"她们年纪有老到二十四岁还不肯嫁人的，有老到三十四十还好意思嫁人的"这样的警句。沈从文有一神奇的本领无人能及，就是于同一笔墨中蕴含层次，或者说善于制造一种暧昧的分殊对立。女学生虽是为乡下人取笑的荒诞不经的人物，但童养媳萧萧听了种种描述后，却对她们生出懵懂的向往。在小说中段，祖父打趣唤她女学生，"不经意间萧萧答应得很好"。修改后的结尾又递上一层，"讨个女学生媳妇"升华了萧萧对女学生的朦胧向往，令小说滋味更丰富，主题则更叫人捉摸不透。雷打不动要拎取中心思想的语文教案遇到《萧萧》这篇小说，估计得憋屈死。

呼应可以是呼应开头，也可以是呼应标题，即"点题"。注意：呼应的部分不能太靠后，否则没有完满的收束感，失去结构的美感。

张爱玲的名篇《倾城之恋》与《金锁记》，就是在末尾处遥遥地点题，增强了结构的美感。她在起名上花费了玲珑的心思，于是点题时仿佛解开了一个悬念，读者终于恍然大悟，免不了要在她新鲜而妥帖的语句上逗留一会儿，把小说的几大关节点再于心中播演一遍，回环往复之美由此而来。

《倾城之恋》结尾如下：

> 香港的陷落成全了她。但是在这不可理喻的世界里，谁知道什么是因，什么是果？谁知道呢？也许就因为要成全她，一个大都市倾覆了。成千上万的人死去，成千上万的人痛苦着，跟着是惊天动地的大改革……流苏并不觉得她在历史上的地位有什么微妙之点。她只是笑吟吟的站起身来，将蚊香盘踢到桌子底下去。

《传奇》里倾国倾城的人大抵如此。

《金锁记》：

> 七巧似睡非睡横在烟铺上。三十年来她戴着黄金的枷。她用那沉重的枷角劈杀了几个人，没死的也送了半条命。她知道她儿子女儿恨毒了她，她婆家的人恨她，她娘家的人恨她。她摸索着腕上的翠玉镯子，徐徐将那镯子顺着骨瘦如柴的手臂往上推，一直推到腋下。她自己也不能相信她年轻的时候有过滚圆的胳膊。就连出了嫁之后几年，镯子里也只塞得进一条洋绉手帕。十八九岁做姑娘的时候，高高挽起了大镶大滚的蓝夏布衫袖，露出一双雪白的手腕，上街买菜去。

喜欢她的有肉店里的朝禄,她哥哥的结拜弟兄丁玉根、张少泉,还有沈裁缝的儿子。喜欢她,也许只是喜欢跟她开开玩笑,然而如果她挑中了他们之中的一个,往后日子久了,生了孩子,男人多少对她有点真心。七巧挪了挪头底下的荷叶边小洋枕,凑上脸去揉擦了一下,那一面的一滴眼泪她就懒怠去揩拭,由它挂在腮上,渐渐自己干了。

汤显祖评董解元《西厢记》,论及戏曲的收尾,说"尾"有两种,一种是"度尾",一种是"煞尾"。"度尾"如画舫笙歌,从远地来,过近地,又向远地去;"煞尾"如骏马收缰,忽然停住,寸步不移。小说也是如此,精妙的结尾不外乎这两种。《边城》和《白马啸西风》的结尾就是典型的煞尾。其实这两个结尾当得上"异曲同工"一词,前后分句之间都是转折的关系,甚至在声音效果上也相似,前句皆舒展开去,后句则收束回来,戛然而止。

总的来说,小说里煞尾的数量多于度尾。散文则大多是度尾。我翻了翻手边的一本《琦君散文》,发现几乎篇篇到最后都是悠长的,怅惘的,无限感怀的调子。而煞尾终究更明朗,更具节奏感和戏剧感,想想就知道小说家和剧作家会喜欢。汤显祖的《牡丹亭》,也是个不折不扣的煞尾:

【北尾】[生]从今后把牡丹亭梦影双描画。[旦]亏煞你南枝挨暖俺北枝花。则普天下做鬼的有情谁似咱!

那么，精彩的小说度尾在哪里找去呢？心中推磨一般想了一圈，只想到汪曾祺的《受戒》：

> 英子跳到中舱，两只桨飞快地划起来，划进了芦花荡。
> 芦花才吐新穗。紫灰色的芦穗，发着银光，软软的，滑溜溜的，像一串丝线。有的地方结了蒲棒，通红的，像一枝一枝小蜡烛。青浮萍，紫浮萍。长脚蚊子，水蜘蛛。野菱角开着四瓣的小白花。惊起一只青桩（一种水鸟），擦着芦穗，扑鲁鲁鲁飞远了。
> ……

饶是汪老写得琳琅满目，色韵俱佳，在我眼里到底还是赶不上他另一篇小说《黄油烙饼》的煞尾，看来咱也是个重口味，喜欢骏马收缰胜过画舫笙歌：

> 萧胜吃了两口，真好吃。他忽然咧开嘴痛哭起来，高叫了一声："奶奶！"
> 妈妈的眼睛里都是泪。
> 爸爸说："别哭了，吃吧。"
> 萧胜一边流着一串一串的眼泪，一边吃黄油烙饼。他的眼泪流进了嘴里。黄油烙饼是甜的，眼泪是咸的。

汪曾祺的厉害之处是在于用一个细节做成了高潮和结尾,并且一点也不平淡,不令人觉得故事还没讲完,反而是把通篇中所有明明暗暗的情绪全部汇集到这个细节上来,最后以萧胜的一声"奶奶!"戳破气球,产生情感爆炸效果。而结尾两句"黄油烙饼是甜的,眼泪是咸的"则又款款补上温柔一刀,再次令读者动容。

还有个压箱底的好结尾,最后呈献给大家。那是善于抓取描摹物态的川端康成在《雪国》里的末句:

> 待岛村站稳了脚跟,抬头望去,银河好像哗啦一声,向他的心坎上倾泻了下来。

而绝妙煞尾给读者带来的审美体验,不正是这般吗?

推荐阅读

张爱玲:《天才梦》

沈从文:《萧萧》

汪曾祺:《黄油烙饼》

江弱水:《一个人的情人节——姜白石的元宵词》

拓 展 篇

为写作开辟每一种可能

> 当你喝了点小酒微醺时,谈了场恋爱沉沦处,道了声珍重黯然刻,那些字句就纷至沓来,漫天星斗一般装饰你的世界。

【传承】

好一朵牡丹花,谁接过去?

　　本篇想要传达的理念是:"一定要读古代文学。"

　　不妨从翻译谈起。翻译文学大多不好,在文笔养成计划中可以略过;但,佳作也不是完全没有。我曾经读过一本身心灵书籍《当下的力量》,一开头就为那精于拣择的、富有韵律的文笔所吸引。朋友向我推荐自然是出于内容的启示,我却买椟还珠一般地追踪着文笔读了下去。

　　序言还没读完,就笃定这不是大陆的译笔,八成属台湾的创制。在网上搜了一下,果不其然——译者周家麒,毕业于台湾政治大学外交系,台湾淡江大学美国研究所。再找来原文(以及其他译本)对照,发现一切在译文中显得不同寻常带来新鲜气息的词眼,从横向的中英文转换上来看竟然也是绝佳的。比如:

1. I have little use for the past...

（周译本）我很少取用过往……

（其他译本）过去对我来说几乎无用……

2. Everything felt so alien, so hostile, and so utterly meaningless that it created in me a deep loathing of the world.

（周译本）这一切让我感觉格外的疏离、敌意，而且了无生趣。我对世界升起了一股很深的厌离之情。

（其他译本）所有的一切都感觉如此陌生，如此充满敌意，如此没意义，让我深深地厌恶这个世界。

东方以及东方宗教色彩的词汇不仅没显得突兀别扭，还华丽地转身——缀于文本间，效果不亚于点了一根上等佛香，瞬间就有空灵和寂静弥漫。译者成功地帮作者创造出了一个"阅读场"，引读者入胜。

除却词语的拣择，周家麒在语感或曰音节方面也显然比另一位译者高明得多。例2中周译得长短参差、错落有致，贴合审美的心理节奏，完胜另一种译法里三个"如此"的排比。如果说上文里提到的辞藻是一种静布的空间之美，那么音节就是流动的时间之美了。古人论文时经常提到的"文气贯通"，说的就是这种流动。这位台湾译者显然在文气贯通方面拥有天赋，并且花费了功夫，于是能带给读者愉快的阅读体验：我读这本书时一扫往日因翻译文本的支离破碎而产生的焦躁，真有顺流而下、千里江陵一日还的畅快感觉。

我对好文笔的粗略定义是：精准，富于新鲜感、画面感和音乐感。精准、新鲜感和画面感都有过一些论述，唯有"音乐感"一直语焉不详，主要因为它含而不露，不如另外几项那么易于察觉。但音节在文章中的重要性毋庸置疑，这从民国刘文典那则著名的掌故里就可以看出。学生向他请教关于写文章有何高见，他吐出五个字："观世音菩萨"——观是观察生活，世是明白世故人情，音是讲究音韵，菩萨是要有救苦救难关爱众生的菩萨心肠。这几项中，写作技法方面只提到一个"音"字。音节之于文章，正如市场之于经济，是一只"看不见的手"。

我朋友从《当下的力量》这本书里大概很是得到了些天人合一心灵净化的启示，而我却受到了有关提升文字功力的最完美启示。由古典词汇带来的丰饶意象以及音节的和谐是周译本成功的秘诀。而任何具备了这两点的文字，我们都无法抵挡其美妙，比如朱天文《世纪末的华丽》一段：

> 山半腰箭竹林子里，他们并排倒卧，传五加皮仰天喝，点燃大麻像一只魑魑红萤递飞着呼。呼过放弛躺下，等。眼皮渐渐变重阖上时。不再听见浊沉呼吸，四周轰然抽去声音无限远拓荡开。静谧太空中，风吹竹叶如鼓风箱自极际彼端喷出雾，凝为沙，卷成浪，乾而细而凉，远远远远来到跟前拂盖之后哗刷褪尽。裸寒真空，突然噪起一天的鸟叫，乳香弥漫，鸟声如珠雨落下，覆满全身。我们跟大自然在做爱，

米亚悲哀叹息。

尽管我一直对这种"浅浅的灵魂浮动"式小说不大感冒,但读到这一段,还是不得不佩服朱小姐的深厚内力。大概是为了配合小说的某种迷离呓语氛围,这一段在断句以及标点虚字的使用上有点造作,使得音节不十分和谐,但拂去这一层,文字则如溪水般净澈潺湲。"裸寒真空"那一句,实在美呆了。令我忍不住感慨:果然是胡兰成的嫡传……

再举一个简媜的例子,《渔父》节选:

三个工人合力扒开沙石,棺的富贵花色已隐隐若现。我的心阵痛着,不知道十余年的风暴雨虐,蝼蚁啃嚼,你的身躯骨肉可安然化去,不痛不痒?所谓捡骨,其实是重叙生者与死者之间那一桩肝肠寸断的心事,在阳光之下重逢,彼此安慰、低诉、梦回、见最后一面、共享一顿牲礼酒食,如在。我害怕看,怕你无面无目地来赴会,你死的时候伤痕累累。

拔起棺钉,上棺嘎然翻开,我睁开眼,借着清晨的天光,俯身看你:一个西装笔挺、玄帽端正、革履完好、身姿壮硕的三十九岁男子寂静地躺着,如睡。我们又见面了,父亲。

啊!天,他原谅我了,他原谅我了,他知道我那夜对苍天的哭诉,是孺子深深爱恋人父的无心。

父亲,喜悦令我感到心痛,我真想流泪,宽恕多年来对自己的自戕与恣虐，因为你用更温柔敦厚的身势襁抱了我，视我如稚子，如果说，你不愿腐朽是为了等待这一天来与人世真正告别、为至亲解去十一年前那场噩梦所留下的绳索，那么，有谁比我更应该迎上前来，与你心心相印、与你舐犊共宴？父亲，我伏跪着，你躺着，这一生一死的重逢，虽不能执手，却也相看泪眼了，在咸泪流过处，竟有点顽石初悟的天坼地裂之感，我们都应该知足了。此后，你自应看穿人身原是骷髅，剔肉还天剔骨还地，恢复自己成为一介逍遥赤子。我也应该举足，从天伦的窗格破出，落地去为人世的母者，将未燃的柴薪都化成炊烟，去供养如许苍生。啊！我们做了十三年的父女，至今已缘尽情灭，却又在断灭处，拈花一笑，父亲，我深深地赏看你，心却疼惜起来，你躺卧的这模样，如稚子的酣眠、如人夫的腼腆、如人父的庄严。或许女子赏看至亲的男子都含有这三种情愫罢！父亲，涛涛不尽的尘世且不管了，我们的三世已过。

简媜的文字向来魅力非凡，常常读一遍还嫌不过瘾，要回过头来，再读上几遍，甚至读出声来。《渔父》中的很多段落，我都朗读出来录了音，跑步时当歌听，真是比歌还美妙。她对古典意象的鲜活化用已是众口皆赞，属于她文字的显著特色，除此之外，还有音节上的妙处。读这几段，有没有"一气呵成"的感觉？尤其最后的长段，是不是感觉一波连着一波，一浪推着一浪？感觉你是被裹挟其中，无法停顿？

赞叹不已，欲罢不能……向来人们认为小说比散文好看，可是简媜能把散文写得比大陆当代名作家的小说好看一百倍。她不依靠人物，不依靠情节，生生地用文字推动文字，妥妥地魅惑住读者，叫人翻完一页又一页。

这是一种什么样的境界？这是咱们古代文学的境界。那些千百年来令人悦于目餮于心的诗词歌赋，说到底，有什么深邃思想伟大哲学呢？可是，它仍旧那样吸引你，当你喝了点小酒微醺时，谈了场恋爱沉沦处，道了声别离黯然刻，那些字句就纷至沓来，漫天星斗一般装饰你的世界。什么"当时明月在，曾照彩云归"，什么"我不负天兮天何配我殊匹"，什么"相与枕藉乎舟中，不知东方之既白"，什么"况是青春日将暮，桃花乱落如红雨"，什么"年十岁，垂双鬟，曳深绿布裳"……如同川端康成《雪国》的末句，"银河好像哗啦一声，向他的心坎上倾泻下来"，那些契合于情境的词句，也是这样缤纷地击中人心。情动于中，反复吟咏。

在讲究文章的音韵方面，中国的古代文学也有一以贯之的强大传统。律诗的平仄押韵是大家都知道的，不必多言，从南朝沈约他们开始就已经琢磨起来了"四声八病"云云。刘勰在《文心雕龙》里也提到：四字密而不促，六字格而非缓，或变之以三五，盖应机之权节也——差一两个字，就有如此大的节奏变化。清朝的刘大櫆则说"盖音节者，神气之迹也"，也就是说文章的精气神全在于音节。古人无论作诗还是作文，在音节上都不凑合，不含糊。

这还是一种什么样的境界呢？这恰恰是咱们的当代文学缺失的境界。我向来不认为如今文学的衰微是因为什么物欲横流、人心浮躁，文学的衰微是因为当代的文学自己不争气，是因为它忽略了身为文学最基本的用户体验。如果没有足够的文字密度，没有辞藻之美和音律之美，没有貌似浑然天成其实心机暗布的名相，凭什么挽留住读者，令他们不转投电影、电视、漫画、游戏等一系列制作精良、专注用户体验的产品的怀抱呢？（当代诗歌稍微好一些，因为诗人没法不重视炼字比句，可惜先天不足，最终也无法令读者满意——非不为也，是不能也。）

如果作家怀有一种存续古典的责任感，并将这份自觉意识糅入文学中，对待文字更加审慎、精细、考究，才能继续从传统中汲取营养，沿着"五四"的文学路径走下去。请注意，所谓精细考究不是指语言整体风格上的纤柔细腻，而是说作家不断回溯古典，从中发掘更丰富的词汇、语法、句式、文体，以便以最精准最具美感的方式描绘生活万状，拓展文学的可能性。

一滴水可反映太阳的光辉，一本畅销书的翻译就可照见文学整体水准的高下。再从《当下的力量》的序言中挑个例子吧：

There is infinitely more to light than we realize.
（周译本）光的无远弗届超过我们的理解范围。
（其他译本）光的无限性，远超过我们所理解的。

"无远弗届"语出《尚书》，意思是不管有多远没有到达不了的,这是多么的契合原文,又是多么的古意葱茏,典雅凝练啊!别的且不论,光说凝练这一点吧。大概由于书写印刷的不便利,古代文学拥有一项现代文学无法望其项背的优势——凝练。凝练不是简短,而是简短且意蕴丰富,本身就包含足够的张力;而且,要是具备了一定的古代文学涵养,写作时就可以在凝练的古语与洋洋洒洒的今文之间作灵活的切换,从而自由调节句子长短,掌控节奏。

我们可见的古代文学,绵延有数千年之久,每个时代都有丰富的创作,鲜明的特色,写作者可汲取的营养、可效仿的技巧太多太多了。正如知名评论家李静所言:"汉语曾经是一种多么优美繁丽的语言!它无所不能至,无所不能形,只要你足够贪婪强壮,想要得到的美都能满足。"而我一直唠叨着的辞藻和音节,其实只是为叙述方便拎出来的两条粗线而已。

记得当年,叫好又叫座的青春版《牡丹亭》得不到资金支持难以为继,白先勇老人家无比落寞地说了一句:"这么好的一朵牡丹花,谁接过去?"我将这句话移过来做本文的标题倒也挺合适。古代文学这么好的一朵牡丹花,"成熟、华美、丰赡而高贵",谁接过去,谁就狠狠地有福了。

推荐阅读

  埃克哈特·托利(周家麒译本):《当下的力量》
朱天文:《世纪末的华丽》
简媜:《渔父》

【译言】

你为什么不必读翻译文学？

读翻译作品常常是个头疼事：缺乏好文笔带来的阅读快感，就很难做到孜孜不倦，需要不停告诫自己"此书很重要、评价高，应该读"云云，才能坚持下去。但读到兴味索然之时，感性免不了要揭竿而起，将理性打倒在地还要踏上三脚。这样的交战也不知从小到大一共经历了多少番，最终的胜负则很明了：如今我于外国文学全无涵养，济慈（Keats）和叶芝（Yeats）还总傻傻分不清楚。一直到近两三年才发愤，觉得既然译作读不下去索性咬牙读原作，算是刚刚入了点门。

庆幸逢到好时代，不懂西方文艺也不为蒙昧，大可以坦坦然地阅读中国作品。要是早生个二十来年，海子、顾城那会儿，中国的文艺界西学当道，大学生书架上摆的全部是翻译来的洋书，以我年轻时候傻乎乎跟人争短长的劲，估计得把自己逼疯。再向大家提供一个细节，海子在山海关卧轨自杀时身上带着四本书，是《新旧约全书》、梭罗的《瓦尔登湖》、海雅达尔的《孤筏重洋》和《康拉德小说选》，无一本中国书——当年西风之盛由此可窥。

可惜多少年来西风吹拂下的翻译文学总也开不了花。由外文翻译而来的中文，最高的境界也就是"流畅优美"而已。领略过鲁迅的漂亮干练兔起鹘落，张爱玲的明艳端方光彩照人，区区"流畅优美"又怎么入得了眼呢？更何况相当大一部分作品还达不到流畅优美的层次。

翻译作品不好，这里面有几个原因。首先，以一流译者群与一流作者群相比较，前者显然不及后者的才华恣肆。这里的才华是指创造力，文字的驾驭力。我相信每一个翻译家都或深或浅地埋葬过一朵凋落的创作梦，然后才于花冢处植一株翻译的青青小苗。当然，很多一流作家也治翻译，但一流作家译作的文笔也多远远不及他的创作。余光中自己写的诗里有无数佳作，像《蜀人赠扇记》《珍珠项链》《白玉苦瓜》，很多诗行读了就不会忘记。在书籍匮乏的少年时代里，我偶得一本他的诗集，如珍宝似的捧看，最喜欢的是一篇《蜀人赠扇记》，一首充满缠绵情思的长诗迤迤逦逦写将下来，近结尾处以四行规整的七字短句将满溢的感情收拢住，方收拢，却又从末一行化用古典的长问句中喷薄而出。放敛之间形成巨大的艺术张力，曾令年少的我反复吟诵，不知倦怠。

但是,他的译诗呢?译叶芝的名作《当你老了》,最后那天马行空的四句,他的翻译是:

> 于是你俯身在熊熊的炉边,
> 有点惘然,低诉爱情已飞扬,
> 而且逡巡在群峰之上,
> 把脸庞隐藏在星座之间。

单看这译诗,真不觉得好。造作,不和谐,读起来也不上口。只有找来原文[1],再找来冰心等其他几位译者的版本对照后,才看出余光中花费了多少的心思。韵脚无误,句式也尽量保持一致。而且,译诗中略觉得碍眼的词比如"逡巡",对照了原文才恍然大悟,原来它是pace这词的最佳配对,余光中一定是费了好一番拣择,考究到了极致。

这也就是我要说的第二个原因了。即便译者拥有一流的文字驾驭力,他也往往会将这份才华运用在与作者的对话上,而忽略与读者的对话。或者说,他的焦点更多在原文与译文的横向关联上,而非译文自身的纵向演进。有时候,寻觅到一个精确无比的匹配,译者甚至明知它不合中文表达习惯,也还是无法割爱(这是我自己的经验,找到准确词汇太刺激多巴胺分泌了,抵抗不

---

[1] 原诗四句为:And bending down beside the glowing bars / Murmur, a little sadly, how lore fled / And paced upon the mountains over head / And hid his face amid a crowd of stars.

了!)。这大约也是为什么面对艺术作品,创作者群体和非创作者群体的评价有时会出现很大差别的原因。译者倘若存有自觉,可以时刻提醒自己调节焦点,但完全纠偏也还是较难做到的。而且,很多作家从事翻译,出发点就是吸纳外国语言的营养来丰富自己的写作。他的关切根本就是在横的方向。

这倒是一个很值得推荐的提升文笔的方法:要想文笔好,外文学到老。外文系常常出名作家,这现象在台湾尤其明显,白先勇、余光中、朱天文、龙应台、陈若曦……统统都是外文系出身,中文系反而没出几位。中国现代作家群的外文水平也不低,很多人都兼事翻译。翻译的过程,既提供细细体味别国语言特点和优长的机会,又可训练快速而精准组织语言的能力。

回到主题,翻译作品不好,还有第三个原因:语言之间本就有难以沟通处,纵然是天才也无法弥接。海归或外企白领说话常蹦外文单词,你觉得他是在装模作样,但也可能真的是因为汉语中无对应的词。举个例子,像"impress"这么利落的中性动词,中文里就没有能与之匹配的。我做翻译时,有时按语境会译作"哗众取宠",但总觉得贬义太浓;拔掉贬义的话就只能译成"给……留下深刻印象",又嫌累赘呆板;"让人记住他"稍微好点,但不是每个语境都适用。我常常由衷赞叹impress真是个妙词,身段玲玲珑珑,却足堪大任,能准确描述一种极其普遍的人类行为/心理,而且看词面就能会意,发音又与词义契合。我要是有个词汇后宫,impress一定是英文宫里的贤妃。

再比如,双关用法也很难翻译。菲茨杰拉德据说文笔最佳,

《了不起的盖茨比》每一句都值得背诵。这部小说是这么结尾的：

> So we beat on, boats against the current, borne back ceaselessly into the past.

current有"水流"和"当下"这两层意思，在这一句中别具匠心地合二为一。汉语里却无法传达这份匠心，巫宁坤译作："于是我们继续奋力向前，逆水行舟，被不断地向后推，被推入过去。"台湾的乔志高译作："于是我们继续往前挣扎，像逆流中的扁舟，被浪头不断地往后推。"两个流传最广的本子，于结尾处统统没有译出彩来。

又比如翻译诗歌，韵脚就是个问题。押韵是句与句之间的外交，太重外交，内政有时就难搞了。

由上看来，作家的创造力是靠具体的词与句来承载，每一词都有其明暗色泽，每一句都讲究快慢节律，且句与句之间还有彼此的应和反复。如果在这些具体的地方存在许多难以沟通之处，无法亦步亦趋地传递其妙趣，作品也就失去了很大一部分文学的光彩；也许它还建制宏伟且主题深邃，但要宏伟不如去读历史，慕深邃可以去看哲学，向文学当中寻觅，终有些缘木求鱼的感觉。

最后，还有个翻译姿态的问题。翻译的"信、达、雅"三字箴言里，"信"字就那么当仁不让排第一吗？我们对于翻译对象，始终还是仰视的姿态，如迎圣女，绝不敢想象去轻解她的罗衣，如美国汉学家葛浩文（Howard Goldblatt）翻译莫言作品那样男欢女爱一场。德国汉学家顾彬说，莫言能得诺贝尔奖很大程度上靠的是葛浩文的翻译，他采用整体作译的方法，很好地规避掉了莫言语言的缺点。莫言小说的英文版我没读过，之所以愿意相信顾彬的说法，是因为一来顾彬一向靠谱，二来我从头到尾读了他的《蛙》，并浏览了他其他一些小说，感到以这些作品得了中国人引颈企盼多年的诺贝尔奖，确是翻译为他大大增了色。

其实这真的是你情我愿的事情。作者难道不希望有优秀的译者来增加一些创造，为因语言转换而失色的作品补个妆吗？想那"信"字的当头一棒喝，丧掉了多少有才华的同学的"译胆"。而平庸的译笔，又败掉了多少读者对外国文学的胃口，从而辜负了多少殷殷期待的异国作者。

当然，一路讨论下来，都还是将范围限定在好译者的诚心之作上，至于国内翻译界的种种怪现状，翻译作品的种种含混了事、逆天错讹、偷龙转凤、面目全非……那真是罄竹难书了，本篇也就不多提了。

【互文】

语言的杂交，掌控得好就是创意

严歌苓令我手不释卷地读了两三天。

她的东西不算完美，但足够精彩了。从文字的愉悦度或曰密度上来讲，"50后""60后"的一拨儿大陆作家中无人能出其右。近几年趁影视改编的东风她的小说火了起来，既是作者之幸，也绝对可称读者之福了。

因为严歌苓的好文字够多，所以总结规律就相对容易，不似冯唐的滔滔黄水里许久才能打捞上一个金句，直咄咄瞪着也说不出个所以然。初次研读严歌苓，我从她作品中总结出了三条规律，其中之一是她向来为人所标识的，而我有关写作的论述中也颇强调，因此还不算多欢喜；令我欢喜连天，额手称庆的是另外的两条，不为人熟知，却一点也不少了那份卓然。有耐心就请听我迤逦道来吧。

先说最浅显明白的一条：动词的活用。

阿城号称是中文世界动词用得最好的作家。不过，阿城的动词是四两拨千斤式地令人赞叹、敬服；而严歌苓则是机灵俏皮，花招迭出，令人脸上不禁浮起笑容的那种。

她把属于动物的动词给植物用：

1. 竹叶响起来，竹林跟着哆嗦了好一阵，笋子才给拔起来。
2. 楼下草坪也颇癫痫。

把动物的给人：

郑大全笑笑，在她枯焦干瘦的脸上啄了个吻。

把非生物的给生物：

1. 远处炸起的人的叫喊，难听极了。又是谁在呼救，谁在喊捉拿。
2. 百分之八十的词汇都只是被他的唇舌铸轧出个基本形状，这和八哥学舌颇类相似。
3. 老柴从玻璃上将自己撕下来，钝着眼神，向四周看。

把生物的给非生物：

1. 郑大全觉得一腔内脏都饿得乱拱，发出很丑恶的声响。
2. 她一对大黑眼仍咬住小渔，嚼着和品味她半裸的身子。
3. 女工从不戴假首饰，都是真金真钻真翠，人没近，身上就有光色朝你尖叫。

还有不好归类的姑且称为虚实转换：

1. 卡罗马上收回伸进她眼里的目光。
2. 老式电话铃回声四溅。
3. 洼断定香豆肌肤的感觉一定是这样的，感谢这书的庸俗作者，他将它兑现成了词藻和句子。

其实，以上所有这些活用的动词都含着一个比喻。"楼下草坪也颇癫痫"等同于"楼下的草坪青一块黄一块，像狗身上的癣斑"。核心的意思一致，但后者因为冗余，拖沓了叙事节奏，弄得连这一层意思也都不有趣了。"老式电话铃回声四溅"倘若写成"老式电话铃的回声像水花一样四溅"，就不仅丧失了明快机智，还显得文艺得过了头，躺。

严歌苓的这种手法，效果好，且易于模仿。凡是能够创出效果好且易于模仿的遣词造句方法的作家,我都相当崇拜。这说明他们发掘到的是真正的语言规律,如科学定律一般可重复验证和利用。这种人也就是所谓的"语体家"了,是比作家更高阶的存在。

动词活用说完,再说最为众人熟知的一条:画面感。

据说大导们接踵而至地买严歌苓的小说改编,十有八九是因为这个,画面都在那儿,上手就能拍,这多省事啊。以至于严歌苓后来都烦了,声称要写几部"抗拍"的作品。

所谓"有画面感",其实也包含显显隐隐的多个层面。最简单的一层理解是文字中有色彩和浓淡,有线条和造型。比如下面这两例:

> 1. 不管多远,人都看清了这是个中国女人,有张粉白脸,腰身曲线工整地像把大提琴。
>
> 2. 很远很远,你就能看见女子牧马班那面旗,草地最掩不住红色。旗插在帐篷顶上,被风鼓起时,像帆一样张满力,似要带帐篷去远航。连下了几天雨,被雨冲酥的泥使帐篷每隔两小时起一次锚。旗却没倒过,只不断流淌血浆似的红色。雨下的夜色,四野通亮。马群一齐勾下头,水淋淋地打着喷嚏。清早天一晴,马群开始游动,只见一片婆娑的长鬃。旗在帐篷顶千姿百态地飘,飘得很响。

再刨,还可以刨出她的一项本领,就是将一般作者不那么容易写成画面的情形写成画面。比如下面这两句：

1. 李迈克猛将下巴往前一伸，表示不懂。
2. 他站在一帮黄皮肤"亲戚老表"里，喉结大幅度升降。

因为有上下文，所以知道前一句表示疑惑，后一句表示紧张和不适，都是先"意会"了再去回看严歌苓的描写，恍然大悟似的觉出妙来。其实就说明，要是写作中碰到相同情境，我肯定不懂得用这种手法。比如第二句，我大概会写成：他站在一帮黄皮肤"亲戚老表"里，感到紧张，不住吞咽口水。

"喉结大幅度升降"和"不住吞咽口水"的关键区分在于，后者是质朴的，是写小说的人最自然而然会使用的方法，即从人物本身出发，由内向外。而前者则是经艺术的反省而来的，电影式的、由外向内的写法。效果哪种好呢？当然是前者。不要跟我说什么质朴才可贵。艺术没有质朴和天真，质朴和天真是无数种艺术风格中的一种，它们也是处心积虑、微妙调控之后呈现出的效果，是一种sophisticatedly simple。

由外向内的写法效果佳且掌握的难度也不大，值得我们投入时间练习一番。想到几条捷径，供大家参考：一是可以去搜罗演员们关于表演，关于人物表情动作的细节论述，也许老戏骨们的回忆录里能翻找到；二是现在流行的"微表情学"，对于人物心理和细微表情的联系研究颇多，也可以直接拿来使用。

不过，要强调一点，我虽赞成在小说细部使用由外向内的手法，却不很欣赏在整体的人物心理和事件叙述上过多使用它。严歌苓的代表作之一《少女小渔》，就是过多使用了外化写法，固然和电影艺术契合得好，得到了李安的青睐，但从小说本身来讲，也失却了文字应该有的那种伸张理性，将形态各异、处境各异的个体之间的相互了解，不单从横向去拓宽而主要从纵向来加深的功用。文字的出现于人类这个物种的最大意义本就是"祛魅"，而外化的写法难免丢失了这一层严肃的价值，甚至很多时候，我感觉到严歌苓是故意地在"染魅"，故意地将心理的描摹控制在蜻蜓点水的肤浅程度，故意地隔着一只华丽的靴子来搔痒。因为再深入下去就免不了祛魅了嘛，就不光怪陆离状地惹人张望了。所以，严歌苓受到"猎奇"等词的指摘，也不算特别冤。

外化写法可以出绝妙作品，却难出伟大作品。伟大作品如《安娜·卡列尼娜》，托尔斯泰赋予每一个人物的情绪和心理，都像是人物真正自己生发出来的。描摹形形色色的人其实并不太难，但能够对形形色色的人都体贴、谅解，却是一种令人震撼的心灵力量了。艺术到极致拼的是人格，这话不假。

像《安娜·卡列尼娜》这种经典文学作品改编成电影就会失去大部分的光彩。而严歌苓很多作品之受导演青睐，除了前文论及的富有色彩和造型之外，符合电影要求的内外配比也是一个重要因素。也就是说，阅读严歌苓的小说以决定是否购买版权时，导演不仅常常有"这段上手就能拍"的兴奋，而且很少遭遇"这几页可拍不出来"的挫败。正面加强，反面消除，自然也就容易拍板买下喽。

在画面感的坑里接着刨下去，还能再刨出宝贝——一种被严歌苓称为"凸显"的技法。她在采访中曾这样说过：

> 在故事正叙中，我将情绪的特别叙述肢解下来，再用电影的特写镜头，把这段情绪若干倍放大、夸张，使不断向前发展的故事总给你一些惊心动魄的停顿，这些停顿使你的眼睛和感觉受到比故事本身强烈许多的刺激。

来一段她运用"凸显"手法写就的文字：

> 那夜海云搂着没了爹的健将，才发现那期盼已从黑洞洞的心底蓦然浮现上来了。她突然感到无限安全：五岁的赤条条的儿子就依偎在她蜷起的怀中，像再次将他装回了子宫。她和他之间不再有那第三者。她看见自己的乳房、腹、腿形成的弧度，正那么恰恰巧巧契合儿子柔弱幼小的身体，母与子的两具肉体如一种完美对称的镶嵌。

色彩造型和内外配比也许还算是严歌苓小说与电影的偶合的亲善，凸显手法则根本就是受电影启发而来。虽然在我这样的Geek看来，上面一段存在着叙述声音过于文艺，与人物设定不符的问题，但不可否认，正常人群看来效果已是足够好，足够impressive。

所以她和影视的缘分属于求仁得仁，至于要写"抗拍"的作品云云，顶多是句玩笑话。严歌苓属于那种入世通达的人，善于跨界，巧妙地顾此不失彼，彼此都讨喜。在她的创作格局里，除了文学和电影的跨界外，还有另一个重要的跨界：汉语和英语。以英文写的那本《赴宴者》我还未读过，但从目前读完的几本中文小说来看，双语背景是在和谐地增益着她的创作，而不是互相冲突出杂音。

接下来就谈最后一条，最令我感到欢喜的一条：中英互文。

起初是因为看到了《无出路咖啡馆》里的一段。男主帮女主朋友修车，打开车前盖，车渐渐在他手下发动起来。这时女主朋友说话了，男主的反应是：

> 他不置可否，听觉和视觉都留在烂糟糟的车内脏上，以食指和拇指伸进裤兜，小心地抽出一块手绢……

"听觉和视觉都留在烂糟糟的车内脏上"，这种表述令我觉得新奇，于是在 Kindle 里标注了出来。读了几十页后回头再捋一遍标注，看到这一句，突然悟到，这其实就是英文的习惯嘛，动词名词化。然而掺入她整体的流丽雅致行文之中，完全不别扭，反而跟奶茶里加了珍珠一样有嚼劲了。我于是食指大动，立刻去网上搜索，看她有无相关言论。果然找着了：

"比如我常举例说'水汪汪'的大眼睛非常俗气，英文里我看到一个表达，将之形容为'一双多汁的眼睛'。"严歌苓认为英文有很多可借鉴的东西，这也是自己在国外写作比较得意的地方。

经过和一名在斯坦福读中国文学的美国朋友的探讨，我们认为她所借鉴的那个词应该是"saucy"。saucy常用来形容眼睛，带有性感调皮大胆的意思，而saucy的同根词sauce有"无礼的话、顶撞的话"一层含义，但sauce最常见的用法是浆汁。如此一番联想，就创出了"多汁的眼睛"。真的好棒！

其实，我此前做翻译的时候已经从英文里学到一招：气势充沛的长句——但零星的一点改变还不足以扭转以往的认识论吧。其实，我此前在德国汉学家顾彬的评论文章中已经读到过：中国现代作家之所以比当代作家厉害出一大截，不仅因为他们对文言的掌握，也因为他们对西文的借鉴——但古早的偶像毕竟不如鲜活的楷模能鼓荡人心吧。总之，是严歌苓，让我倏地抖擞起了精神，眼中仿佛看到锦绣前程，心中十八个猴儿上天入地，喜得抓耳挠腮。

我的欢喜，不仅在于英语对于汉语的滋养，而且在于，通过严歌苓这个成功案例，还得以确信：杂交这个过程完全是中性的，好不好看结果。既然杂交水稻以及黑白配的奥巴马都可以那么棒，语言及文学上的杂交凭什么不能有好的？既然以英杂入中的严歌苓那么棒，以中杂入英也一样可以出人才啊。以往我写英文时,缩手缩脚,生怕写出来的东西不地道、Chinglish。今天,这种错误认识被釜底抽薪了!Chinglish固然不地道,但掌控得好就是创意了!从前在咨询公司里过眼的那些报告很地道啊,但那样的英文,也并非我的目标吧!

想起读到过一篇关于哈金的评论,提到他在《等待》中使用的咒骂语很令英语世界的读者感到新奇。他不说地道的"son of a bitch",而是套用英文的结构,但换成中国风的内容:"son of a tortoise/turtle/rabbit"(王八蛋/龟儿子/兔崽子)。这不就是Chinglish成为创意的绝佳例子吗?于是我又乘兴搜了搜哈金,看看这个已为美国严肃文学界接纳的、以第二语言英语写作的中国人,他采取的又是何种语言策略。

果不其然再次收获颇丰,搜到他一篇很长很长的演讲稿,题目就是《为外语腔调辩护》。哈哈!我自横刀向天笑,文中一定有解药:

1. 一项批评是,我的英语太贫乏、太简单。用一位英语教授的话来说是"四级",也就是本科水平。在这个例子里,那些中国人把标准英语看为准绳。他们未能理解像我这类的作家不是在字典的范围内写作。我们在英语的边缘地带、在语言和语言之间的空隙中写作,因此,我们的能力和成就不能只以对标准英语的掌握来衡量。

2. 实际上,过多的净化会弱化一种语言的生命力。众所周知,英语的活力和流行主要取决于它的非纯洁性和混杂状态。

3.一旦我们在小说中进入外国领土,标准英语可能不得不延伸以便覆盖新的版图。最终,这是一种扩充语言能量的方式。

4.对母语者来说,我们不可避免地听起来有外语腔,但边界是我们唯一可以生存并对这个语言做出贡献的地方。

了不起的哈金,在边界对英语做出了贡献;了不起的严歌苓,在边界对汉语做出了贡献。而还没多了不起的舒明月,则暗暗下着决心,要沿他们所实践了标明了的路径,大踏步地走。

好汉们,一起走吧!

推荐阅读

严歌苓:《少女小渔》《红罗裙》《青柠檬色的鸟》

哈金:《为外语腔调辩护》

【模仿】
一流艺术模仿生活，二流艺术模仿艺术

最近我在关注一些以英语写作的非欧美国家的年轻作者，其中包括尼日利亚小说家奇玛曼达·恩戈齐·阿迪奇埃（Chimamanda Ngozi Adichie）。她的长篇《半轮黄日》（*Half of a Yellow Sun*）获英国橙奖，很多短篇也备受赞誉。昨天看到阿迪奇埃的TED演讲，有关她写作开端的一段回忆十分之耐人寻味。

英语和伊博语[1]都是阿迪奇埃的母语。伊博语较为原始，大概还未形成文字，因此她小时候读到的故事书全部来自欧美。七八岁阿迪奇埃尝试写作时，她的故事和书里的故事全然一致：人物都是白皮肤、蓝眼睛，在雪地里玩耍，吃苹果，以讨论天气

---

[1] 伊博语，Igbo，尼日利亚土著语之一。

作为寒暄方式——"太阳出来了真叫人高兴啊!"罔顾自己生活在非洲,太阳每天炙烤着土地,黢黑皮肤的人们吃的是杧果,并且不知雪为何物。一直到年岁渐长,本土的文学作品开始流传,"非洲现代文学之父"阿契贝等作家声名鹊起,阿迪奇埃这才恍然大悟:原来像我这样巧克力肤色的小女孩也是可以在书里出现的!原来文学并非只能写一些自己从未见过的、半懂不懂的人和事!

阿迪奇埃的这段陈述印证了我的某些观感,并进一步启发了我。人们一向以为"艺术模仿生活",实际上艺术首要模仿的是艺术,而非触目可见的生活。以往人们没有察觉到,是因为两者暧昧不清,颇难辨明,多亏阿迪奇埃提供了这个反差鲜明的例子,才使得一切昭然若揭。中国文学也有类似的典型事例,"五四"时期,尽管已遭逢"三千年未有之大变局",人们舞文弄墨起来,却还是一样的配方,一样的味道。而此后经由新文化主将们呐喊批判所成就的一场文学嬗变,其实质正是弥合生活与艺术的巨大裂缝。

如今的情形尽管不再如"五四"时那般反差鲜明,但例证也并不少见:两个性格截然不同、生活也很少交集的作者,写出的小说却可能无论在整体的气质腔调上,还是细部的遣词造句上都高度一致,只因为他们的阅读经验一致。记得高中有一次翻学校文学社的集子,诧异于一众优等生瞬间都成了不良少年少女,要么颓废要么凛冽,左手郭敬明,右手安妮宝贝。再往前追溯,小学时写作文,谁不是作文选里那些个老掉牙的事例反复在用,好像自己的生活是大片空白，日子都过得被狗吃掉了一样。

为什么已有的文本具备如此大的权威，可以像"看不见的手"一样操控我们的写作呢？为什么一跳入艺术的领地，我们就免不了要被鬼魅附体而舞之蹈之了呢？当然，中学生们包括当年的阿迪奇埃尚属心智未稳，还谈不上多么自主。可是啊可是，在心智已经足够稳定的成年作者们那里，情况也还是差不多。

我有一个平素爱思考也善表达的记者朋友，她写邮件来倾诉写言情小说过程中遭遇的烦恼。她并不喜欢亦舒小说里的那种调调，可是"以前看多了，现在想忘也忘不掉"。篇篇拿出来都是蹩脚版亦舒，丧气极了。而她写作初衷其实是谈了几场恋爱后越发觉得言情都太假，恋爱根本不是那副模样，于是才发愿自己写。你看，哪怕作者聪明有主见，哪怕她抱有模仿/复原生活的创作理想，真正下笔写时，大脑中浮现的过往文本仍然会轻而易举地占据上风，扼住自身真实的经验。这一点，相信尝试写过小说的人都深有同感。

这也就是所谓的"笔力不济"吧。不妨给"笔力"下个定义，就是指写作中自我意愿与过往文本抗衡的能力。我发现，大家之谓大家，正体现在愈抵达过往文本厚重的地界，愈能有不俗的表现。举例说明，女人的容貌是古今中外文学的重灾区，而《红楼梦》分属不同作者的前后两部分为我们提供了笔力济与不济的最佳例证。前八十回中人物出场，很多都承袭了话本小说人物亮相时的套语形式（如写黛玉的"含情目胃烟眉"一段），但曹雪芹一来懂得将套语安嵌在合适的位置，不仅不突兀，还能正好调节叙述节奏，如电影一般，视角及镜头的切换、停留都恰到好处；二来写容貌虽然也使用"俊眼修眉""粉面丹唇"这类现成语，但紧要处不让步，绝不容许模糊的套语盖过他的机心，他想要展示的人物外貌乃至性情特点一定会尽数展示出来，而且，鲜明卓荦。

高鹗就差多了。以贾母、凤姐使掉包计的第九十七回为例：眼睁睁看着宝玉被蒙在鼓里欢喜成亲，读者们的情绪酝酿着，等待揭开盖头的一刻。高鹗这样写：

>那新人坐了帐，就要揭盖头的。凤姐早有防备，请了贾母、王夫人等进去照应。宝玉此时到底有些傻气，便走到新人跟前说道："妹妹身上好了？好些天不见了，盖着这劳什子做什么！"欲待要揭去，反把贾母急出一身冷汗来。宝玉又转念一想道："林妹妹是爱生气的，不可造次。"又歇了一歇，仍是按捺不住，只得上前揭了。喜娘接去盖头，雪雁走开，莺儿等上来伺候。宝玉睁眼一看，好像宝钗。心里不信，自己一手持灯，一手擦眼，一看，可不是宝钗么！只见她盛妆艳服，丰肩㥄体，鬟低鬓軃，眼瞤息微，真是荷粉露垂，杏花烟润了。宝玉发了一回怔，又见莺儿立在旁边，不见了雪雁。宝玉此时心无主意，自己反以为是梦中了，呆呆的只管站着。……

宝玉怔了，我也怔了……敢问"只见她盛妆艳服，丰肩㥄体,鬓低鬟軃,眼瞤息微,真是荷粉露垂,杏花烟润了"这一句是个什么鬼?高鹗到底扛不住陈腐的过往文本的重压,只知道新妇揭了盖头,话本里小说里照常都是要色眯眯铺陈一番的:什么"丰肩幰体""荷粉露垂"(简直都看到哈喇子了)。可是,高鹗啊高鹗,这样写你置宝玉于何地?娶林妹妹是他"从古至今天上人间第一件畅心满意的事了",这不还是你高鹗在同一回里写的话吗?如今福祸陡转的关头,天上人间两茫茫,你不叫宝玉背过气去,或是发起癫来,却叫他精分着把宝钗的肉体细细品鉴了一回……哪怕戏曲到了这关头也会铙钹大作,然后大段唱舞的,一个多么关键的戏点啊,生生被过往文本毁了。

高下立现了吧。

再来看看鲁迅的表现。《故事新编》中的《奔月》:

"哼。"嫦娥已经喝完水,慢慢躺下,合上眼睛了。残膏的灯火照着残妆,粉有些褪了,眼圈显得微黄,眉毛的黛色也仿佛两边不一样。但嘴唇依然红得如火;虽然并不笑,颊上也还有浅浅的酒窝。

"唉唉,这样的人,我就整年地只给她吃乌鸦的炸酱面……。"羿想着,觉得惭愧,两颊连耳根都热起来。

小说中倘若出现嫦娥,尤其后羿眼中的嫦娥,尤其后羿的情绪还设定为半爱怜半愧疚,笔力一般的作者绝对是煞不住要堆砌一番嫦娥的容貌的,因为写美女终归过瘾,而且更重要的是,所有类似的小说里都那么做，平庸的作者们只知依葫芦画瓢，茫然不觉于其他可能性。但，鲁迅就有本事写出嫦娥粉褪眉不匀的样子。初读令人略感意外，可是细想又全然合于情境，越读越觉得高妙。但凡优异的作者，都似乎有一种敏锐的直觉，能够带领他们穿越层层文本抵达真实。他们文艺到极致，然而不带一丝文艺腔。

开创了"认知写作学"的阳志平在一篇文章里分析了张爱玲《红玫瑰与白玫瑰》的片段。张的原文如下：

> 娇蕊熟睡中偎依着他，在他耳根底下放大了她的呼吸的鼻息，忽然之间成为身外物了。他欠起身来，坐在床沿，摸黑点了一支烟抽着。他以为她不知道，其实她已经醒了过来。良久良久，她伸手摸索他的手，轻轻说道："你放心，我一定会好好的。"她把他的手牵到她臂膊上。
>
> 她的话使他下泪，然而眼泪也还是身外物。
>
> 振保不答话，只把手摸到它去熟了的地方。已经快天明了，满城喑嘎的鸡啼。

以下是阳的分析：

> 如果是韩剧编剧来写，必然是男方的滥情回应。早年的白先勇来写，很可能是"振保突然紧紧地抱住她"。然而，师祖姐姐写法大不一样——"只把手摸到它去熟了的地

方"。一个妥帖的动词,带动情节,文气自然流动,生动跃然纸上。

一句"只把手摸到它去熟了的地方",因为自然妥帖,所以不大引人关注。然而这却比她招牌的隽语警句(比如著名的朱砂痣蚊子血那一段)更难得,更重要。可以这样说,隽语警句不过是装点,去掉了无伤大体,张爱玲仍属顶尖作家。但如果丧失了行文的这一层自然妥帖,她所有的作品一定会跌入二流。"文气自然流动"才是写作更基础、更重要的品质。

后来我写到男女互动,也学着这里文气自然流动了一下:

路灯下,大卫长身而立,大大的一束红玫瑰捧于胸前。艾米丽没在这样的浪漫戏剧中历练过,不知道怎样的回应才是合适的,有点手足无措。慌慌地接过花,仰脸看一眼大卫,又低下头去。玫瑰花香气馥郁,艾米丽心旌摇曳。

没有庸俗桥段:艾米丽既没有抱着花转圈,也没有搂住大卫热吻。

其实,有过亲密关系且记忆力不是太差的人都能在自己的过往经验里抽取出类似的场景,写得自然不造作照理说不难。问题在于,艺术首要模仿的是艺术,绝大多数人一下笔就被施了咒,脑中浮现的只会是已有小说中的段落。而且,因为阅读时的良莠不分,加上二流的作品远远多于一流作品,再加上那么多庸俗的电影电视……以现代人文艺消费量之巨大，比从前的作者更难排除干扰，只能任由陈词滥调的鬼魅在文本里穿行，遮蔽住真实。

一个小说家的进步，意味着他持续地增强力量，扫除过往文本的阴影，扫除陈词滥调，不断地接近生活。在艺术的初始阶段，如果对已有艺术的模仿无可避免，不妨释然一些，做些积极的推测。也许自我意愿之于过往文本正如幼主之于权臣，主弱难以临国，必须得到权臣的辅佐。过往文本在自我意愿还无从表达时至少帮我们支撑起了作品。尽管难免龃龉，但幼主总会长成、亲政，势力对比终将变化。

当然，前提是辅政大臣是精心挑选的啊！随便拉一个人就来辅佐幼主，幼主的牙还没出全他就把江山败了，或者教幼主抽大烟、逛窑子，那可就天下大乱了。行文到最后，就引出我一向强调的一个观点：阅读如饮食，食不厌精，脍不厌细，要尽你的物力、识力和心力来达成膳食的合理搭配、营养均衡。读一本糟糕的书，其害处不亚于喝下了含三聚氰胺的牛奶。不加选择地滥读小说，一定会戕害到创作。

推荐阅读

鲁迅：《奔月》

张爱玲：《红玫瑰与白玫瑰》

【新秀】
文章流传广泛的关键在于文体创新

我最爱的评论家郜元宝老师有一篇文章,里面谈到现代作家群与当代作家群的差别,有一段妙论:

> 现代文学趋向于青年心态……他们的青年心态类似李泽厚所谓"开放心灵",是除旧布新的积极创造、勇敢反叛的亢奋与冲动。现代文学的少年是读过中外古今许多书、有许多真诚而深入的思考、经过大风大浪的历练仍然大体不失其赤子之心的老少年。当代文学诚然多为中年人含蓄曲折的表达,但这中年是并没有读过多少中外古今的典籍、并没有怎样真诚而独立的思考、经过大风大浪的历练之后往往已失去赤子之心的文化修养较差而俗世之气较重的中年(包括"少

年老成"），其表达的含蓄并非委婉深刻而是扭曲变形。

句句搔在痒处，令我畅快了好半天。结合语境，我知道元宝老师是在何种意义上使用的"当代作家"这词。然而，随着"当代"的持续推进，"当代作家"这只老母鸡的翅膀不该只罩住那一窝小鸡了。新孵出的小鸡崽，那些更年轻的作家也是正当其时其代的啊，他们创作的质与量都不容低估，不把他们也拢进去，显得没道理。

这些年青一代作家里，谈到文笔，我第一个想到的是南方系的名记、特稿大神李海鹏。小说《晚来寂静》中的一个片段，写的是他投宿江边小屋，夜间陡然醒转后获得顿悟的体验；文笔卓然，读后令人久不能忘：

就这样，我恍然明白，这半生，辗转飘零，都肇因于少年之时。少年时我之感受，正与今夜相仿。

大致上说，少年时我过的是一种荒芜的生活，心中徒有美梦，自己却被诸般美梦摒除在外；那感受，正如今夜，好似被囚禁在一间小屋子里，永恒的时光在屋外粼粼有声，奔流而去，却与我全然无关。你就是感到世界运转如常，春日轻暖，夏秋怡人，冬日苦寒，自己却独为囚徒无福消受。如此说来，也许在多年以前，那个孩子就已经体味过了午夜在一间陌生的屋子里听到岷江奔流是何景况。他的感受，曾在我的意识中沉潜下去，又在今夜浮现。就这样，我了悟了自己本是何人。我已经虚度了半生,遗忘了最真实的,错失了最珍贵的,又时常放弃自己。过去,当我意识到自己将就此度过一生,心中何其难过,多少次想做出改变,却莫名踟蹰不前,日复一日地懈怠着。我差不多成了这世上最悲观的一个。可是,我从不知晓根由何在。如今我忆起了这一切,终得解脱。于是在心中喃喃自语:原来如此。终于可以动一下了。翻了个身,把脸埋在那湿冷的床单上,眼泪簌簌而下。那一刻,真可谓悲欣交集。说一句"原来如此",竟要年复一年间如此百转千回,此中甘苦,何尝能与人述说分毫?如今虽不能说解开了经年怨结,总算松动了些许;不能说块垒全消,也仿佛银瓶乍裂,雪水浇头,神志从未有过如此清明。过往的欢喜哀愁的一生,从未有过清亮、透彻地呈现在眼前。胸中浩浩落落,并无芥蒂,不晓世间何物谓之忧愁。

讲述一种灵性的体验,倘若不以灵性的文字,我不知道效果会怎么样。何谓"灵"?周迅的长相是公认的有灵气,要素有哪些?精致、典丽和不加掩饰的天真梭织而成的一种上升感。而李海鹏的这段文字,也正具备了文言词汇带来的典丽意象,文白调配、排比对仗等手法造成的精致语感,以及如泣如诉的真挚独白。我会告诉你读完我眼泪哗哗的吗?《当下的力量》一书,序言中作者也是在讲述类似的顿悟体验,但两相对照,显然李海鹏的文字更为摇曳生姿,因动而灵。

建议大家不妨模仿下李海鹏这种文白间杂的写法,看看是不是更能精确有力地传达出情绪。我平时爱好看点武术或者戏曲，发现业余爱好者们（戏曲谓之票友）做起动作来，哪怕套路颇熟练流畅，也不十分好看，为啥？因为没有抑扬顿挫、轻重缓急，就跟过白的白话文一个节奏到底，道理是一样一样的。

不过，令人遗憾的是，也许看多了主流文坛那种不假思索如打开水龙头般哗哗流出的无味文字，也有人读不惯李海鹏的语言。有评论惊呼他竟然用武侠白话来写小说，称他的这种文体是花拳绣腿不中用的半文不白体。我的反驳是，现代汉语的发展还远未成熟，探索创造的空间还极大，无论是纯粹的文言，还是《水浒传》《红楼梦》白话，或是后来的武侠白话、鸳鸯蝴蝶派白话，甚至于老外学中文的洋腔白话，都可以拿来用作创造的借鉴嘛。美国文坛热情地拥抱移民作家，原因之一就是对于新的表达很开放，比如颇负盛誉的华裔作家哈金的英语写作就令美国读者耳目一新，深深痴迷。

其实形式与内容无法两立，或者干脆像汪曾祺那样宣称，语言本身就是内容，写小说就是写语言。新一代作家在语言风格上与此前的"当代作家"们存在的差异，所反映的其实就是两者气质心态的不同。郜元宝说当代作家"文化修养较差而俗世之气较重"，其实还真是很客气了；这群人作品中呈现出来的精神状态，难道不可以用猥琐腌臜来形容吗？"那女人抱着麦把晃动一对大奶"式的乡村写实风，盘踞主流文坛多少年？大众早就反胃了，都迫切地想要读到新鲜语言，想要呼吸一些新鲜气息。互联网普及，文学的生发有了官方途径外的空间，于是曾经的主流迅速成为伪主流。所谓的"文学的边缘化",毒舌一点,其实是文学垃圾的边缘化,互联网为我们提供了火腿肠、泡面、鸡爪、鸭脖,纵然十足的美味珍馐一时还没见着,但凭什么叫我们再回去消费垃圾?!"文学的边缘化"这说法,透着一种指责世风日下、人心逐利不再关注灵魂的清高劲,这是左派革命的浪漫余毒啊,得治。

时代的运势捧红了一众台湾作家,也捧红了诸多大陆的网络作家。忍不住再吐槽,"网络作家"这词也可以弃用了,如今网络才是活力所在,倒是可以把一部分人单拎出来称"作协作家"了。

若论文笔,受到广泛阅读的安妮宝贝当然要提。安妮宝贝的语言质地细腻,遣词造句有其高超独到之处。她以特殊的句式和语法、腔调和意象构造出辨认度极高的文风,在很多年里受到年轻人的追捧模仿,算得上是个文体家和开风气者。

且看作品片段:

> 渐渐她习惯留在他家里吃饭。林的父母都喜欢这个言语不多的女孩。有时她太累了,在他的床上睡着。头发上还插着各种小野花。直到她的奶奶来找。她还是睡着的。林就陪着她奶奶,把她背回家去。
>
> 他记得她柔软的身体伏在他的背上,辫子散了,长长的黑发在风中飘动。然后像花瓣一样,温柔地拂过他的脸颊。
>
> ……

> 她到他的大学来看他。
>
> 他走出宿舍楼的时候，看见她站在樱花树下，微笑着看他。春日午后的阳光如水流泻，女孩的白裙闪出淡淡的光泽。漆黑的长发，明亮的眼睛。
>
> 他在阳光下突然发现自己睁不开眼睛。

安妮宝贝笔下的自然以及小女孩通常都如梦似幻般纯美。甘甜、细弱、柔软、飘忽……这些在文坛绝迹多年的品质于她的文本里持续涌现，令人眼前一亮。

安妮的小说，最有辨识度，最个性卓著的就是那份飘忽虚谵，就是那种仙气。事实上，她的小说是应该当成童话或寓言来读的，或者说当成类型小说来读的，好比武侠片和西部片，自成体系，不受现实生活的影响。代表作《七月与安生》中安生的形象，不就类似于武侠片中的江湖独行侠客，西部片里的天涯孤胆英雄？她并不是现实中会存在的人物，而是一个"魅力综合体"，投射了人们的一种理想和情结而已。

所以我就大大地看不惯电影《七月与安生》。由于原著小说不到两万字，篇幅很短，改拍电影自然要填充细节，无可厚非。但这电影填充的都是啥细节？浊绿迷彩服、双喜红痰盂、军大衣、蜂窝煤……原著里刻意回避的时代感和地域感，在电影里却被"大书特书"了一番；向来最不接地气的安妮宝贝，被导演生生拽回地面还给揿了一脸土。

我读某些当代作品时深觉诡异的是不仅看不到当代的人性，

甚至连永恒的人性、普遍的人性都看不到，完全妖魔鬼怪的感觉。安妮宝贝则至少"于虚谵的城市生活情境中呈现出某一种真实的现代心态"（郜元宝语），对人生有观照有哲思。

安妮宝贝文笔的可借鉴之处在于写景状物绝不面面俱到，只在几个点上着重渲染。其实这才是人真实的知觉方式吧？以往文学中的夹缠，烦琐的笔触，其实很多都属陈词滥调，十分牵强。

安妮后来的问题在于没有及时求变，相似的主题情节一再重复，再加上执拗的意象偏好，到最后惹得大家讨厌了。不过，讨厌归讨厌，都市小资的审美品位还是由她塑造了。

还有一位年轻作者要说：李娟。大概因为文字比较萌，我一直以为她是"90后"。

> 我从乌鲁木齐回到家，总是拖着天大的一只编织袋。然后一件一件从里面往外面掏东西——这是给外婆的，那是给妈妈的，还有给叔叔的、妹妹的。灯光很暗，所有的眼睛很亮。我突然想起，当我还拖着这只编织袋走在乌鲁木齐积着冰雪的街道上时，筋疲力尽，手指头被带子勒得生疼。迎面而来的人一个也不认识。
>
> 当我还在乌鲁木齐的时候，想：给家里人买什么好呢？我拖着大编织袋在街上走啊走啊，看到了很多很多东西，有猫，有小狗。我看了又看，我的钱不多。有鞋子，有衣服，有好吃的。我想了又想，包里还能再塞进去些什么东西呢？这时我又看到了有人在卖小兔子。那人告诉我："这可不是

普通的兔子,这是'袖珍兔',永远也长不大的,又乖巧,吃得又少,很好养的。"

又想起我拖着编织袋,怀里揣着"袖珍兔"的笼子回家的情景。

李娟的散文,有很多养眼与养心的篇目。这篇《我所能带给你们的事物》笔端跟随意识流动,但又避免了意识流文字常有的晦涩难解。一片童真,令我想到台湾的琦君,而思绪的跳跃切换,文字的回环往复,又使我想到了川端康成。"我从乌鲁木齐回到家,总是拖着天大的一只编织袋",小女孩的天真夸张语气,多可爱?

和琦君、李娟风格近似的还有张春。她的《一生里的某一刻》是我近几年读过的最优秀的散文集子,因为太喜欢,在跟她并不熟络的情况下,厚着脸皮请她寄签名书送给我的朋友,还厚了好几次。而我的朋友们也如愿没有辜负我的脸皮,都喜欢得不得了,有人读了她写母亲的那一篇,热泪盈眶。

张春散文的叙述声音也是一位"天真小女孩",但细细品味,琦君和李娟多了些"质拙"感,张春则是个在文学和艺术各方面都敏锐的天才女孩。考虑到她也有处理生活和与人社交的种种障碍,质地倒是跟张爱玲颇为相近。但张爱玲由于特殊的家庭际遇,念念无法释怀的是人心的诡谲势利、人情的叵测悭吝,总而论之,是人与人之间的"政治"。张春则父母慈爱,因此不曾在写作中将天分过多引导到人际纠葛。喜欢张爱玲的感官天分,但又不喜欢她对人心的穷形尽相,觉得压抑的人,不妨来读读张春。

张春这样谈自己的创作:

> 在写文章时,我记录一件事情,是块状把那段记忆挖出来,然后对着它去描写,那一块记忆事无巨细。有人问我怎么能把对话记清楚,我其实就是对着那一块记忆,像看电影一样,边放边记下来。

以她散文集中《家里人》一章中写母亲的那一篇为例,写任何场景,她总能将平常人留意不到但又特具代表性的细节挑拣出来。比如写被宠坏的小孩子骂大人,"仰着头骂",小孩子矮,要骂大人可不得仰头;写她母亲年轻时杀猪,"穿着黑色的皮围裙",仔细想想菜市场的景象,肉摊摊主确实都穿黑色皮围裙;写母亲在医院陪护得癌症的父亲,为了让自己不倒下,父亲吃剩的东西,"她都搅一搅全部吃掉"。这里"搅一搅"三个字用得太妙了。人在胃口不好时,为勉力吃下饭菜,可不就是汤水饭菜全都搅和到一起吞咽下去?

张春还是散文"形散而神不散"的最佳代言人。你看她写母亲,貌似毫无章法,一会儿写母亲聪明能干,一会儿写温柔细腻,一会儿写坚韧不拔;时间也交错着,过去现在的没个头绪。你以为她是乱写吗?不可能。乱写的文章没法子叫人哭的。深究一番,才会知道,原来她遵循的是情感、情绪的逻辑,由远及近,由弱到强,由淡至浓。她这是以小说的笔法来写散文呢,"神"何曾散过半分?

前面连说了四位女作者,接下来再来推荐两位男作者吧。

王路,文集《唧唧复唧唧》,语句的流淌带一种特殊的节奏和韵致,有神奇的抚慰作用。他写作最宝贵的一点在于鲁迅式的真诚,剖白自己,毫不隐藏、矫饰。正因为如此,只要常读他的微信公众号文章,就会产生一种错觉:这个人是我认识已久的好朋友,甚至可以说是知己至交。

鲁迅在当代的大粉陈丹青这样说过:

> 我知道自己是属于在"鲁迅"这两个字上"落了枕"的人,我得找到一种十分私人的关系才好开口谈鲁迅。可是我和老先生能有什么私人关系呢?说是读者,鲁迅读者太多了;说是喜欢他,喜欢鲁迅的人也太多了。天底下多少好作者都有读者,都有人喜欢,那不是谈论鲁迅的理由。最后我只能说,鲁迅是我几十年来不断想念的一个人。
>
> 注意,我指的不是"想到"(think),而是"想念"(miss),这是有区别的。譬如鲁迅研究者可能每天想到鲁迅,但我不确定他们是否想念他——我们会想念一位亲人、恋人、老朋友,可是几十年想念一位你根本不认识的人,出于什么理由?是怎样一回事?

真诚的作家都有这种魅力,能让读者和他建立起非常私人化的联结。

六神磊磊近几年越来越火，已经可以算是一个文化名人了。他读金庸的一系列文章，固然天马行空，脑洞特大，但能够传播广泛，首要在于做了一个特别妙的文体创新。

从前有一类"红学"文章，用大观园中的人情世故来映照现实，和六神磊磊读金庸的系列文章写法类似，但那些文章大体都不甚火。原因有二：一是，大多数人于大观园，也就知道里面有个贾宝玉，有个林妹妹、宝姐姐，人们对于《红楼梦》原典其实不甚熟络，因此也就难看懂文章之所云；二是，《红楼梦》之为巨著，更在于其文学价值，而非作品体量，可供征引联结的素材毕竟有限，难以供人源源不绝地产出文章。

但金庸的武侠小说就大大不同了。凡有华人之处，必有金庸小说。金庸小说永远在大学图书馆借还排行榜前列，何况还有一轮又一轮的影视改编，一个又一个经典版本、永恒形象。很多人对金庸的武侠世界都可以做到如数家珍。且金庸有"飞雪连天射白鹿，笑书神侠倚碧鸳"皇皇十四部小说，情节、事件、人物取之不尽，用之不竭。

六神磊磊把《红楼梦》文章的写法稍作创新，移植到金庸的武侠世界，一下就大获成功。加之他和金庸一样，也是创作力长盛的作者，持续频繁地更文，更助推了其热度。

文章想要传播广泛，关键在于文体创新。我的一系列"好文笔是读出来的"文章，也包含了文体创新。学院派的文学批评，多数是一篇围绕某一作家、某一作品，且很少引用原文，批评的侧重点也与我大相径庭。而我是通过在微信朋友圈中写二三百字的文学短评，逐渐了解到读者需求：一来多数人对现当代文学经典十分生疏，必须摘抄原文；二来人们之爱读文学评论，是希望读到些实在的观点和技法，也就是"好不好？怎么个好？怎么能和他写得一样好？"，对那些玄虚的理论分析其实无甚兴趣。于是我就做了创新，将一众作家的作品摘取了片段，串联起来点评，以文笔和技法分析为主。找到了正确的文体，写起来就毫不费力，文章也一篇又一篇地上了最热文章榜。

新媒体时代，阅读需求大增，作品的发布途径更广，写作变现也比从前容易得多，是真正的"功夫不负有心人"的时代。你只需要沉住气、耐下心，结合读者口味和自身专长，找对你自己写作的路子，也就是做出正确的文体创新，文章获得不错的传播，这并非难事。放眼望去，已经有很多作者这么做了，有人从前是娱乐记者，创出了"严肃八卦"的新写法；有人是心理学学者，就用心理学方法解读当下热点……文体创新一茬又一茬，形势喜人。

文学界长江后浪推前浪，更澎湃更生猛的后浪，快点把那些孱弱的令人腻味的前浪推到沙滩上吧！

推荐阅读

　　李海鹏：《夜色如倦鸟收拢起轻柔的翅膀》

　　安妮宝贝：《七月与安生》《最后约期》

　　李娟：《我所能带给你们的事物》

　　张春：《家里人》中写母亲的部分

【社会】
所有的写作，都是为了被阅读

"在行"App上跟人一对一聊写作，见面之前都要求学员发来他/她以往写的文章。我留意到其中有一类文章的比例不小，即，这类文章不像是要写给众人看的，就算由公开渠道发布出去，除了父母、配偶、密友、仇家、下属……也就是对其本人存在浓厚兴趣或与之密集互动的那一小撮人，其他人很难产生阅读的兴致。总的来说，属于一种"喃喃自语"式的写法，或者不客气地说，属于自嗨。

我的话戳中了一些学员的心，他们带着委屈追问："那什么样的文章才不算自嗨？什么样的文章才是写给大家看的文章？"

几番追问，也就逼着我总结出了一个"四有文章"的说法。初练写作的人可以把它当作一把尺子，拿它来测量作品：只有具备了"四有"中的至少"一有",文章才算是脱离自嗨圈,达到及格线,值当拿出来给人看了。要是"一有"都不具备,那……建议还是摁抽屉里三五十年后供自己回忆感慨吧。

"四有文章"拿出来讲了好多次,效果都还不错,学员的表情绽放在那,不容我不承认。还有好几人事后发微信说:豁然开朗,大受启发。令我有一种不经意间下了个金蛋的幸福感,也渐渐觉得不该捂着,应该写出来让更多人看到。

"四有"分别是:有趣、有用、有料、有力,按理解难度由易到难排列。

先说有趣。

有趣最好理解了。所有人都爱看幽默诙谐、促狭、逗贫损的文字,这一点不用说;需要说明的是,所有层次的写作者,只要他的文章是被广泛阅读的,也几乎都具备"有趣"这个特质。有些人存在将严肃与有趣对立的倾向,以为严肃文学就得正襟危坐,板起面孔。这完全错了。所谓"严肃文学",是说意旨的严肃,并非具体笔法上的中规中矩。严肃文学的大家,如鲁迅、张爱玲、沈从文,他们哪一个的文章不是常常害读者捧腹的?

比如鲁迅那首打油诗《我的失恋》,初读简直笑疯我了。还有讽刺徐志摩的一篇《"音乐"?》,志摩小哥神道道地说能听见无声的音乐,而"你听不着就该怨你自己的耳轮太笨或是皮粗"!鲁迅的跟帖是这样的:

> 我这时立即疑心自己皮粗,用左手一摸右胳膊,的确并

不滑；再一摸耳轮，却摸不出笨也与否。然而皮是粗定了：不幸而"拊不留手"的竟不是我的皮！

我的跟帖只能是：笑出鹅叫。

再比如张爱玲给刻薄的人物安排刻薄台词：

你新嫂子这两片嘴唇，切切倒有一大碟子！

沈从文写淳朴无知的乡下人这样描述城里的女学生：

她们年纪有老到二十四岁还不肯嫁人的，有老到三十四十居然还好意思嫁人的。

以上是汉语写作顶尖大家，再看当代的知名作者，无论是一片赞誉被奉为神的王小波，还是毁誉参半但炙手可热的韩寒，他们的文章能受到追捧，声名鹊起，"有趣"在这过程中起的作用都不可小觑。

"有趣"是一种硬通货。最明白这个道理的大概就是段子手们了。所以他们殚精竭虑，要把有趣浓缩进百来字的篇幅。和前面两个层次的写作者比起来，段子手只具备"有趣"，但抓住这一点就够了，文字也可以传播了。任何段子集锦栏目，虽然总有人评论段子太老，都看过，但还是架不住一大波一大波的读者涌来，嗷嗷待哺。

关于"有趣"的误区,除了将有趣与严肃对立之外,有许多人虽然认同有趣的价值,却又笃定自己"有趣不起来"。这点我是真不认同(并非出于人艰不拆或呵护学员兴趣而佯装不认同)。有趣并不是什么稀缺的素质,大多数人都能做到有趣。假如你观察过小情侣记录的恋爱琐事,会发现人在亲密关系中几乎都是鬼马精灵的。充足的熟悉度和好感值是有趣的土壤。

如果视读者为上司,既十足生疏,又总觉得他目光射过来在审视挑刺,当然没法轻松灵动。假如把与读者的关系处理为同事关系,疏离,有所猜疑,想靠近又怕造成不良后果——这种犹疑以及分寸的把控耗着内存,也难以流露你有趣的天性。只有将读者视为亲近的人(最好是情人),才有趣得起来。首先敞开心扉袒露自己以获得回应,然后在互动中不断地增进了解和喜欢,彼此摸清点和节奏。也就如鱼得水两相欢喜了。

"作家天性孤僻",这其实是个蛮大的偏见。写文章的人,文章写得好的人,必定是最愿意与人共情,和他人联结的。

有趣说完了,接着说"有用"。

有用也不难理解。从前写文章,要么诉诸道德,要么诉诸审美。但是说到底,人活于世,跟道德(以及哲学)打交道的时候不多;而文字的审美,在全民语文素质较差的当代,也是个小众之事。绝大部分人的大部分时间,是以自己的一技之长成为合作社会的合格组件,另一部分时间,用来维持机体的生存和繁衍。俯瞰人类生息的全貌,道德和审美皆是小事。于是,在大众写作的自媒体时代,一个必然的趋势就是实用型、技能传授类的文章异军突起。凡有助于人成为更合格组件，或有助于吃穿住行和生养孩子的文章，都是好文章，也就是所谓的"干货"文章。

韩愈《师说》不是干货文章，纳兰性德《饮水词》不是干货文章；李笑来的《比特币世界生存指南》和协和张羽的《只有医生知道》才是干货文章。

如今的年轻人几乎都大量消费干货文章，但是好像很多人又并不将干货文章考虑在自己的写作范畴内。尤其社科人文背景的，提起论文之外的写作，总觉得就是在散文、小说、诗歌这些体裁中表达对宇宙天地人生的痛苦追问思索。一旦把视野放窄了，陷入老旧的专业圈子，"逼格"似乎就变成了天大的事，"哲学（道德）＞审美（文采）＞实用（干货）"的鄙视链决定一切。比如，考入中文系的学生多半是爱好文采的，可是一旦中文系教育的毁灭程序启动，谁都无法逆转，越是有才华的学生，越会被这条鄙视链下了降头，然后就连文采也唾弃了，遑论干货。何况还有"君子不器"这么久远的倾向，干货文章妥妥地被钉在low格。

只可惜滚滚长江东逝水啊，"有用"文章的趋势和电商网购一样一样的。坚持不写这类文章，就好比生产者坚持商品不在网络销售，有一种与整个世界为敌的中二喜感。有些人虽没有积极地声称不写，但大脑里有潜藏的意识，泾渭分明。还有一种人，他文章的内核明明是实用型，却还要披一身皮，伪装出"高格"。格是上去了，但什么下去了呢？阅读量。

举个容易理解的例子吧，比如我给专栏的副标题取作"好文笔是读出来的"。最初发给一个博士朋友看时，他直皱眉："怎么起这么个名字？"假如让他起，八成会起"文学沉思录"这样的，或者平实一点叫"现当代经典文学片段赏析"。但是我敢打包票起这种名字，专栏一定会夭寿。有自媒体大V提到，如今的写作都是互动式写作，必须与读者相关，对读者有用，这一点我十分认同。"文学沉思录"就不是互动式写作，而是临水照花人的自恋式写作。在如今的年代，除非绝代风华的大美人，一般人最好别用这种姿态，真的。

下面一条是"有料"。有料，就是有真实的见闻经历，有独属于你的新鲜的细节。

人们评判作家时会说一句话：这个作家"有生活"或者"没有生活"。有生活指的就是有料、有细节。请注意，这里的关键在于，什么样的细节才称得上是"料"呢？

我的总结是：哪怕想象力以及写作能力都十分高超的人，只要没在你的处境当中就很难编造出来的那些细节，才是合格的"料"。后来发现这总结跟前几年的诺贝尔文学奖得主，白俄罗斯的那位战地女作家阿列克谢耶维奇的说法不谋而合了。她这样概述自己作品的价值：

>...this is impossible to imagine or invent, at any rate in such multitude of real details.

提供了在任何程度上都难以想象或编造的丰盈的真实的细节。

举个例子来说明一下吧。有一次,一位"在行"学员发来两篇文章:一篇游记,讲他去北京郊外山上游玩时生发的伤春悲秋的情绪,关于天地万物的哲思玄想;另一篇记叙他在县里的报社工作,社里为报纸征订请各单位领导喝酒的事情。他自己比较得意第一篇,看得出来在字、词、句上铆足劲写的,而且本身就是中文系毕业,有文采。而第二篇的语言则比较平实,不事雕琢。然而我读完立刻就对他说,肯定第二篇好。哪怕我是个文字老饕,对华丽的辞采有强烈嗜好,也毫不犹豫地说第二篇好。

第二篇好在哪儿呢?就因为有特别棒的细节。文中提到,喝酒之前,大家要开个会讨论一下,谁酒量如何,酒风如何,哪个领导一喝酒就喜欢讲哪个笑话,要如何引他讲出这个笑话;哪个人负责盯谁,人员的搭配也是很有讲究和学问在里面的。这喝个酒啊,简直就跟打仗前的谋兵布阵一样。喝酒完了的第二天,还要开会总结,昨天谁给喝好了,谁没喝好,没喝好是因为什么,下次能怎么改进。

我本人算是对基层以及官场有些了解的,读这一篇仍旧感到兴致盎然,更别提让那些不了解基层情况的人来读了。第二篇可以成功地抓住读者注意力,给读者留下深刻印象。

而回过头去说第一篇游记,只是些老派的情感抒发方式,个人的小情小调。假如想要在文章里进行这种老派的情感抒发,除非能把形式做到极端精致,就像我们的古典诗词,总不过伤春悲秋、怀才不遇、闺妇思远,但因为有长短、对仗、平仄、押韵等方面的严格讲究，也能牢牢扣住读者。没有形式的极致美感，光是类型化情感的泛滥，就是纯自嗨式写作，没有太大价值。

再举个例子，很多人想写亲子类文章，用文字记录孩子的成长。但如果光写孩子会哭了、会笑了、会爬了、会坐了，会叫爸爸妈妈了，普天之下谁不知道呢？而除了直系血亲以及特别好的朋友，其他还有谁会在乎呢？

那么，就育儿、亲子类的文章来说，应该发掘的是什么样的料？借鉴诺贝尔奖得主的说法，是那种未当过爹妈、未有过怀孕抚育经历的人绝难以想象、编造出的细节。之前看湖南台《爸爸去哪儿》就发现了一个很好的"料"。李湘女儿和她爸一起住在山村农家，她指着堆在墙角烧完了的蜂窝煤，问："爸爸，这是藕吗？"

这就是超级棒的一个细节。想象力再高超、再想模拟童真的作家也编不出。而且这个细节还特别地意蕴丰富，一下子就令人感觉到城乡的差异，贫富的悬殊，还有时间的变幻。从前那么平常的东西，现在的小孩子已经不认识了。

我记得以前去北大听曹文轩讲课，他反反复复强调的也是这种细节对写作的重大意义。课上他举的例子是：一个学生说她小的时候在家里很喜欢洗碗。小孩子怎么这么勤劳呢？其实是因为家里穷，买不起擦手的霜和膏，手上经常干得难受。洗碗的话，好歹碗碟上有点油，皮肤就会舒服一阵子。这只能是真正的穷人拥有的细节。

有料说完了，最后来说有力。有力分两方面：一是审美上的力度，二是情感上的力度。

所谓审美的力度，刚才在游记那里已经提到了。古诗词并不幽默，也无功用，又都抒发套路情感，何以有那么大的魅力？因为就是美啊！美就打动人心，美的东西不需要灵魂。从前，贾府那样的大族世家才有可能从日常吃穿用度中随意地汲取美，对于普通的读书人，最大的美感源在文字，所以才"书中自有颜如玉"。学者们千百年孜孜不倦探索出文字和语音的美感规律，而创作者又"吟安一个字，捻断数茎须"地以他们的文字承载规律，丰富技巧。

审美的力度是"四有"里最技术派的一部分，或者说最体现手艺的一部分。一个人如果在有趣、有用、有料以及后面要说的"情感的力度"上扭正了认识，可能再写文章会很明显地比先前好。但是文章审美力度的提升，手艺的精进，必须是功夫换来的，急躁不得。就像画画弹琴一样，是画架前、琴弦上一笔笔、一丝丝练出来的。

美感的笼统提升依靠广泛阅读经典作品。中国人对文字美感的痴迷在后来遭到摧毁，主流作家的写作跟美感几乎绝缘。所以，要提升文字美感，阅读方面，主要应读古代作品（诗歌、文言和旧小说）、现代作品（1919—1949）以及台湾一系的经典作家（如白先勇、简媜等），大陆当代的也就汪曾祺、阿城等屈指可数的几位。

想更有效率一些，那么读好的品评和解析文章以及跟从好的老师就很有必要了。写作最可以教的正是"审美的力度"这一部分。不知道为什么总有人说"写作是靠天分、不能教"的,写作难道不是和任何一门技艺一样,师父领进门,修行靠个人吗?教学有可及的部分,也有不可及的部分。同样,要成为大作家,也和成为大科学家一样,天分、勤奋、缘分(机遇),一个也不能少。有什么区别嘛!为什么总要把写作这件事浪漫缥缈化,真是够够的了。

最后讲有力的第二个方面——情感的力度。

请记住,人们总是喜欢看情感充沛、酣畅淋漓的文章,平淡的东西不招人待见。你说"无印良品"的东西淡,但它其实是淡到歇斯底里才引起注意,引发追捧的。

这跟大家要看竞技体育是一个道理。人类和其他物种不一样的地方,就是始终在追求极致,追求超越。看百米跑是看人类有形的肉体能够达到什么极限。那么看文章,也是想要看人的精神、情感能到达什么极限。

所以,这里又牵涉"有趣"那一部分提及的释放自己了。千万不要觉得写文章必须理性客观中立,认为暴露强烈的情感是不对的。很多人习惯写文章的时候隐藏自己。比如,有一次"在行"学员发来文章,写她低谷期有一天崩溃了。看完这个开头,读者的预期一定是要看怎么个崩溃法的,是有什么表现就称为"崩溃"了。但她一句话轻描淡写带过,"眼泪一直流"——24K纯敷衍。见面时我问:为什么不把崩溃的情形写详细点?她回答:不好意思啊。唉!不好意思详细写的话,还不如不写,拿时间干点别的也好啊。

摘录我印象比较深刻的崩溃文字：

> 那些整夜整夜地熬，却只熬出100字的日子遵循着如出一辙的模式。住学校宿舍的时候，半夜跑到阳台上偷哭，哭累了回来继续对着电脑发呆，撑不住了再去阳台上哭；有了自己的家以后，半夜声嘶力竭地哭喊、尖叫、摔东西，筋疲力尽后倒在冰冷的地上睡着，惊醒，挣扎着爬起来，心狂跳，手抖着再敲几个字，再哭喊、尖叫，如此往复。就如小人鱼每一个美妙的舞步都像踩在刀尖之上，我每一个平庸的句子都浸透了泪水。然而更大的恐惧是从刀尖上摔下来，让众人知道我就是一个无可救药的骗子和可怜虫。

相较于被逻辑说服，人其实更容易被情感感染。上面这段是一位重度拖延症患者"我要好起来"的文字，写的是她写研究生毕业论文时的痛苦煎熬。假如你不大拖延，可能你会觉得"拖延症"这回事莫名其妙：拖就拖几天呗，deadline快到了，自然就不拖了；还"症"，还心理治疗，也太大惊小怪了吧（大家对抑郁症的认识也类似）。但是，假如你读了这一段文字，是不是就更新了认识？是不是就恍然大悟了——哦，原来可以严重到这种地步！还真是需要严肃对待，需要专业人士介入的。想想看，如果这个作者也抱着不好意思的念头，要掩盖自己强烈的情绪、情感体验，只轻描淡写说一句，我那时极其痛苦，经常大哭，它能达到这么好的效果吗？

所以，如果你对什么东西有强烈的爱憎，或者对某一方面非常敏感，或者狂喜过，崩溃过，心如死灰过，死灰又复燃过，这都是你写作的资源库啊，绝不是丢人的需要掩盖的事。请你一定在文章中把它展露出来。这是你身为写作者的一种义务。

好了，"四有文章"都介绍完了。最后总结一下：

"有趣"是硬通货，各层次写作者都深谙其道；最好将读者视为情人，才有趣得起来。

"有用"是互动式写作大势下今后文章的主流之一。

"有料"是有真实的见闻经历，有独属于你的新鲜的细节——不在其位、不临其境，任何人都编造不出来的细节。

"有力"分为审美的力度和情感的力度。美打动人心，创造美的技艺可以学习；强烈的情感是写作者的宝库。

现在做产品都把提升用户体验当作重中之重，但为什么到写作这件事上就不一样了？写作不也是做产品吗？精神产品呗。凭什么写作就可以纯自嗨，不考虑用户体验了。你不考虑用户，用户自然也不会鸟你，而得不到反馈的写作一般很难坚持下去，哪怕你口口声声说"我不求结果"（多半是口不对心的自欺）。

不要妄图以写作寄托你的"与众不同"，它顶多也只能寄托你"生活在别处"的消极情绪罢了。当你真正在这片土地上降落下来，埋首耕耘，你会发现：

写作和任何一种工作、一门技艺没什么不同，它只是我们积极入世的一个工具、一份依凭。

【文艺】
不是我们拥有才华，是才华将我们用作容器

虽说我自己是个十足文艺的人，然而对于"文艺到底有什么卵用"这问题也一直深深地疑惑。这问题其实包含两个方面：

1. 消费文艺有什么用？
2. 创造文艺有什么用？

第一个问题，我还算有点体会。简而言之，消费文艺可以舒缓情绪。记得两年前有一阵子课业负担相当重，一学期三门英文课，每门课每周都得读上六七十页的材料，然后写读书笔记。某个周六晚上我焦虑到无以复加：周一就上课了，而我尚有一大半的材料未读，并且早几日还买了晚上的昆曲票。

差一点就决定不去听了。但是，不舍得浪费钱，而且也太久没听着昆曲了，最终还是在两难的情境里将脚步迈向了戏院。找

着位置坐定之后，也就横上了一条心：先享此刻快活，回去再应付滔天洪水吧。

当晚的演出是四个折子，第三折《牡丹亭·游园》。《游园》我听过很多回，那天的演员也有点老相。不过，等到台上一主一仆衣容映衬，身姿错落配合，杜丽娘由低至高唱出"雨丝风片，烟波画船，锦屏人忒看得这韶光贱——"几句时，于最美妙处，我仍旧再一次被击中，有周身发热、时间停滞之感。仿佛天地间只剩下我和这一个舞台，空山凝云，顽石初裂。

演出大约持续两小时，结束后，心餍意足地随人流踱出剧场。deadline又拉近了两个多小时，照理说应该警铃大作，狂奔回宿舍投入作业洪流才对。只是，缓慢的脚步昭示出一个怪异的不合逻辑的事实——我已经无法将焦虑的乌云扯回来重新笼罩心头了：

> W老师给分出了名的吝啬啊，你可是发了狠要拿A的！——能来这里读书就算不错……
>
> 读不完材料到课堂讨论时无话可说就丢脸了！——沉默一节课也无妨……
>
> 很帅的D本来挺欣赏你的才华的，这下没法趁热打铁了！——天下男人多的是……
>
> 明天要读那么多页，还不得紧张死了！——浏览明白大意就好……

在一种莫名平和的心境里,之前在意的所有问题都不成问题,所有的忧虑都仿佛成了过虑。清风朗月下,过往的得意都挨挨挤挤涌至目前,令我愉悦得十分诧异。deadline还在(而且更近),情绪怎么神奇失踪了?虽然我没嗑过药,但对照美剧里的某些镜头呈现,好像差不离。

这个时候,平常零星了解到的一些知识才终于串了起来。艺术理论里说抵达审美的巅峰,人可以放下无时无刻不紧绷的自我,跳出边界,从而获得舒展和释放。佛教里讲破除"我执"和"身见",迎接顿悟。而服用了裸盖菇素(蘑菇中含有的致幻剂)的人性格会变得更积极,更开放,他们声称当时经历了"宗教体验"或"心灵体验"。果然啊果然,艺术、宗教乃至于迷药,还真是一根绳上的蚂蚱。

感谢几百年前的文人雅伎们创出了昆曲摇曳多姿的声腔和身段,也多亏了汤显祖的旷世之才,偶涉曲场就贡献出《牡丹亭》的明艳辞采和动人故事,再加上笛声的悠扬,服饰头面的精美考究,灯光的辉煌……物色、声色、情色;视觉、听觉、味觉(我听戏都习惯带块巧克力吃),教人如何不轰然坍塌!师父们借由清修和苦行达到的境界,我竟以背道而驰的方式领略了一回。

消费文艺的好处说到这里。那么创造文艺呢?尽管我们常听到的是"李白斗酒诗百篇"或者"倚马千言"这一类痛快淋漓搞创作的版本,然而以我对创作人群的了解,这显然并非常态。绝大多数的创作是缓慢而费力的,以写作为例:

鲁迅说："我的文章不是涌出来的，是挤出来的。"

张爱玲说："我写文章很慢而吃力，所以有时候编辑先生向我要稿子，我拿不出来。"

王尔德说："我花了一个上午的时间去掉一个逗号，到了下午的时候又把它放了回去。"

《巴黎评论》里提到：海明威每天的文字产出量：450、575、462、1250、512……

斯蒂芬·平克（Steven Pinker）[1]说："要写出好文章就得不停地修改，一个好的作家在把作品送出去发表以前可修改到20遍。"

乔丹·彼得森（Jordan Peterson）说："我书里的任何一句话，都修改过十遍以上。"

一方面，创造文艺作品如此麻烦，另一方面，文艺的投入与回报比似乎又不大乐观。写作或者其他艺术行业，不像从事别的领域那样具备稳定可预期的前景，而是跟娱乐业有些相似，免不了"赢者通吃"。金字塔顶一小撮闪光的幸运者下，有庞大的默默无闻的人群，很多人并非无才华，只是无机遇，作品口碑虽好，却只在小圈子里流传。但还是挡不住他们写，写，写。一本又一本，一篇又一篇。据说服装业算是库存最严重的产业了，新闻上企业家表达担忧时说："所有服装厂停产三年，消费者的衣

---

[1] 斯蒂芬·平克，Steven Pinker，美国久负盛名的认知语言学家。

服都够穿。"我当时想,换到写小说上,所有作者哪怕封笔十年,这些寂寂不名而质量并不差的小说也够看的了。

一言以蔽之,人类这个群体,对于创作文艺这回事,总体上有一种趋之若鹜、飞蛾扑火的非理性劲儿。这一点,荣格看得很清楚:

    1. 艺术是一种天赋的动力,它抓住一个人,使他成为它的工具。艺术家不是拥有自由意志、寻求实现其个人目的的人,而是一个允许艺术通过自己实现艺术目的的人。

    2. 孕育在艺术家心中的作品是一种自然力,它以自然本身固有的狂暴力量和机敏狡猾去实现它的目的,而完全不考虑那作为它的载体的艺术家的个人命运。

    3. 根植于无意识身处的创作冲动和激情,是某种与艺术家个人的命运和幸福相敌对的东西,它践踏一切个人欲望,无情地奴役艺术家去完成自己的作品,甚至不惜牺牲其健康和平凡的幸福。

针针见血。一个人倘若发现自己拥有文艺的才华,应当将其视为不幸而非幸运。你从不能拥有才华,是才华将你用作容器。

但是,荣格笔下的这股狂暴的自然力量到底是指什么?形象化、人格化的说法固然有其震动力,却满足不了我想要进一步把握因果和细节的需求。根据经验,能够提供较合理逻辑和较丰富细节的,往往是进化论。

于是搜索了一堆论文来读，包括一些实验报告，蛇吞食般勉力消化。花费了大半天的时间，终于差不多整明白了。原来，人类的文学和艺术能力，相当于孔雀绚烂的尾羽。雄孔雀拖着又重又大的尾巴，其实很不利行动，易陷入危险，但这却能令它们在交配期获得雌孔雀的青睐。也就是说，虽不具备生存适应性优势，却具备性竞争优势。

确实如此啊！才华虽然容易毁坏一个人的生活，但却往往成就他的不菲情史。就是有那么一类年轻女孩儿，唯有见到作家、诗人、画家、乐手才两眼放光。北京话里的"尖果儿"指的就是她们，英文里的"groupie"也有类似意味。尖果儿们到了三十上下大多会改了性儿，她们觉得自己成熟了。真实的情况却是她们已经"熟过头了"，荷尔蒙分泌下降了。

看来创造文艺还真是——有"卵"用的。

雌孔雀会被开得一尾好屏的雄性impress，因为那是某类优越基因的外在表现。人类的文艺才华也一样。原来，操控艺术家的那股狂暴的自然力量，是某些急于表达和传递的优越基因。

为喂饱自己的好奇而选择了进化论火锅的人，往往受不了那永恒不变的汤底：一切都是为了物种的繁衍——这实在是太不文艺了。

有关文艺的另外一个现象也得到解释。那就是男女恋爱时，尤其在最初阶段，两人说话一定免不了文艺腔。一旦进入恋爱的情境，某些平常绝少沾染文艺气质的男人，也好像不由自主地寻觅起各种文艺化的表达来，尽量地说话时带点花儿（所谓花言巧语是也)。张爱玲《倾城之恋》里有范柳原和白流苏大篇幅的文艺腔对话,尤以范柳原居多。有评论家认为这是没控制好,把她自己的文艺女青年腔调硬安在了男主人公身上。我只能说这位评论家的恋爱经历大概不很丰富。

来看看吧:

>柳原看着她道:"这堵墙,不知为什么使我想起地老天荒那一类的话。……有一天,我们的文明整个的毁掉了,什么都完了——烧完了,炸完了,坍完了,也许还剩下这堵墙。流苏,如果我们那时候在这堵墙根下遇见了……流苏,也许你会对我有一点真心,也许我会对你有一点真心。"
>
>……
>
>她再度拿起听筒,柳原在那边问道:"我忘了问你一声,你爱我么?"流苏咳嗽了一声再开口,喉咙还是沙哑的。她低声道:"你早该知道了。我为什么上香港来?"柳原叹道:"我早知道了,可是明摆着的事实,我就是不肯相信。流苏,你不爱我。"流苏忙道:"怎见得我不?"柳原不语,良久方道:"诗经上有一首诗——"流苏忙道:"我不懂这些。"柳原不耐烦道:"知道你不懂,你若懂,也不用我讲了!我念给你听:'死生契阔,与子成说;执子之手,与子偕老。'我的中文根本不行,可不知道解释得对不对。我看那是最悲哀的一首诗,生与死与离别,都是大事,不由我们支配的。比起外界的力量,我们人是多么小,多么小!可是

我们偏要说：'我永远和你在一起；我们一生一世都别离开。'——好像我们自己做得了主似的！"

其实，哪里仅仅是"生与死与离别"这样的大事不由我们自己做主呢？连你谈恋爱时说话的腔调，也是冥冥中由进化和基因支配。

两年前我问一个老同学何以有勇气生娃。他回答：当我明白人活着只有一个目的就是繁衍物种时，也就不再抵抗了。

他说得好有道理，我竟无言以对。

推荐阅读

张爱玲：《倾城之恋》

批 注 篇

全文精批,领受顶级作家的繁密招式

> 追求准确,常常也同时令人感到新鲜,这是顶尖作家魅力的一体二面。

刻意制造落差，小事写出大滋味

——关于鲁迅《风筝》

北京的冬季，地上还有积雪，灰黑色的秃树枝丫叉[1]于晴朗的天空中，而远处有一二风筝浮动[2]，在我是一种惊异和悲哀。

[1] 名词作动词使用。

[2] 用"浮动"，不说"飘着"，用词新鲜也更准确。"飘"的动作幅度大些，而远处天空中风筝的运动，更像是平静水面上物体的轻微起伏和移动，即"浮动"。且用"浮动"也有一点水天转换的趣味在。

故乡的风筝时节，是春二月，倘听到沙沙的风轮声，仰头便能看见一个淡墨色的蟹风筝或嫩蓝色的蜈蚣风筝。还有寂寞的瓦片风筝，没有风轮，又放得很低，伶仃地显出憔悴可怜模样。[3]但此时地上的杨柳已经发芽，早的山桃也多吐蕾[4]，和孩子们的天上的点缀相照应，打成一片春日的温和。我现在在那里呢?四周都还是严冬的肃杀,而久经诀别的故乡的久经逝去的春天[5],却就在这天空中荡漾了。

> [3] "拟人"修辞易沦于幼稚,【花事】已有提及。而鲁迅这里蜻蜓点水,只是把写人的词给物用——寂寞、伶仃、憔悴可怜,并不尝试给风筝配音,就好得多。
>
> [4] 提升段落语感的两大方法:
> 1. 长句和短句掺杂着写;
> 2. 尽量凑一些整齐的句式。
> 后者无须作诗般工整对仗,如鲁迅这里大略地对一对也就够用了。
>
> [5] "久经"重复了一次,又用了三个"的"字,于是形成了一个16字的长句,读到这里真的会感觉到时间过去了很久。这就是汉语文学的"形式与意义契合",最玄妙的一层境界。反之亦然。如果要呈现"快"或"急",可尽量去掉"的",双音节词换成单音节,甚至句子成分能省则省,这样"形"和"义"也能契合。
> 费滢的《鸟》中有个绝佳的例子,到那篇再细说。

但我是向来不爱放风筝的,不但不爱,并且嫌恶他,因为我以为这是没出息孩子所做的玩艺。和我相反的是我的小兄弟,他那时大概十岁内外罢,多病,瘦得不堪,然而最喜欢风筝,自己买不起,我又不许放,他只得张着小嘴,呆看着空中出神,有时至于小半日。远处的蟹风筝突然落下来了,他惊呼;两个瓦片风筝的缠绕解开了,他高兴得跳跃。[6]他的这些,在我看来都是笑柄,可鄙的。

[6] 仍旧是整齐的句式提升语感。

有一天,我忽然想起,似乎多日不很看见他了,但记得曾见他在后园拾枯竹。我恍然大悟似的,便跑向少有人去的一间堆积杂物的小屋去,推开门,果然就在尘封的什物堆中发见了他。他向着大方凳,坐在小凳上;便很惊惶地站了起来,失了色瑟缩着。大方凳旁靠着一个胡蝶风筝的竹骨,还没有糊上纸,凳上是一对做眼睛用的小风轮,正用红纸条装饰着,将要完工了。我在破获秘密的满足中,又很愤怒他的瞒了我的眼睛,这样苦心孤诣[7]地来偷做没出息孩子的玩艺。我即刻伸手折断了胡蝶的一支翅骨,又将风轮掷在地下,踏扁了。论长幼,论力气,他是都敌不过我的,我当然得到完全的胜利,于是傲然走出,留他绝望地站在小屋里。后来他怎样,我不知道,也没有留心。[8]

[7] 大词小用,将通常用在较严肃、重大情境里的词,用在日常小事上。形成反差,令人印象深刻,起到强调、加重的效果。

[8] 没想到甘为孺子牛、一向维护弱者的鲁迅也会欺负别人。而他竟然还写出来,完全不担心人设崩塌。但正是这样的袒露,使鲁迅与读者之间结成了一种私密性的关系。
如陈丹青在鲁迅纪念馆的演讲"鲁迅是我几十年来不断想念的一个人"。我们会想念亲友,是因为他们全部的生活叙事曾在我们眼前铺展,无所保留,而鲁迅凭他真诚的写作,也达到了这个效果。

然而我的惩罚终于轮到了,在我们离别得很久之后,我已经是中年。我不幸偶然看了一本外国的讲论儿童的书,才知道游戏是儿童最正当的行为,玩具是儿童的天使。于是二十年来毫不忆及的幼小时候对于精神的虐杀的这一幕,[9]忽地在眼前展开,而我的心也仿佛同时变了铅块,很重很重的堕下去了。

> [9] 同样是写长句,放慢节奏,让读者感受到二十年间隔之久。分析上一个长句时,大家如果觉得牵强,到这里是不是感到有些道理了?

但心又不竟堕下去而至于断绝,他只是很重很重地堕着,堕着。[10]

> [10] 这一句重复了上一段末尾的话,不过是以更缓慢的节奏进行的,为接下来内心的斟酌思量作了铺垫。
> 另外,心往下的感觉其实和风筝向上十分接近,风筝不正是"不竟飞上去而至于断绝,只是很重很重地扯着,扯着"吗?因此有意象强化的作用。
> 还有,也给了一丝丝悬念,"不至于断绝",是不是暗示后面还有转机?
> 此处是助教牧棠的分析。

我也知道补过的方法的:送他风筝,赞成他放,劝他放,我和他一同放。我们嚷着,跑着,笑着。[11]——然而他其时已经和我一样,早已有了胡子了[12]。

[11] 这一句很重要,制造出一个特别欢乐与和谐的场景,将读者的情绪抬到很高,后面的坠落才有力道。
为什么作家摹写日常小事也可叫人读得有滋有味?很大程度上就因为他们善于在行文中制造落差。

[12] 写作有个24K金法则:
呈现画面,而非叙述事实。(Show, not tell.)
"早已有了胡子了"属于呈现画面,平庸的作者大概会写"早已是中年人了",则是叙述事实了。
不过当代读者对从前什么年纪留胡子没啥概念,再新举个例子吧:
张爱玲《天才梦》——"我三岁时能背诵唐诗。我还记得摇摇摆摆地立在一个满清遗老的藤椅前朗吟'商女不知亡国恨,隔江犹唱后庭花',眼看着他的泪珠滚下来。"
"眼看着他的泪珠滚下来"就是一幅画面,如果写成"眼看着他十分伤心",效果就差了很多,既无法宛在读者目前,也少了浓重的一抹诗意。

    我也知道还有一个补过的方法的:去讨他的宽恕,等他说,"我可是毫不怪你呵。"那么,我的心一定就轻松了,这确是一个可行的方法。有一回,我们会面的时候,是脸上都已添刻了许多"生"的辛苦的条纹,而我的心很沉重。我们渐渐谈起儿时的旧事来,我便叙述到这一节,自说少年时代的胡涂。"我可是毫不怪你呵。"我想,他要说了,我即刻便受了宽恕,我的心从此也宽松了罢。[13]

[13] 预备制造落差,先把读者的心理预期抬高。

"有过这样的事么?"他惊异地笑着说,就像旁听着别人的故事一样。他什么也不记得了。

全然忘却,毫无怨恨,又有什么宽恕之可言呢?无怨的恕,说谎罢了。

我还能希求什么呢?我的心只得沉重着。

现在,故乡的春天又在这异地的空中了,既给我久经逝去的儿时的回忆,而一并也带着无可把握的悲哀。我倒不如躲到肃杀的严冬中去罢,——但是,四面又明明是严冬,正给我非常的寒威和冷气。[14]

> [14] 呼应开头,一种稳妥的收尾方法,不必多言。
> 这一段里承转词(连词和某些副词)有:又,既,而一并也,倒不如,但是,又明明,正,等等。
> 鲁迅承转词用得既多,也不吝创新。大家如果常感到"心中千言万语可是无从说起",就得检查一下自己的写作工具箱里有没有一套趁手的承转词了。准确灵活地使用它们,才能把心中纷繁错落的意思有条不紊地呈现出来。

一九二五年一月二十四日

动词求"准",也就兼具了"新"

——关于阿城《溜索》

不信这声音就是怒江。首领也不多说,用小腿磕[1]一下马。马却更觉迟疑,牛们也慢下来。

> [1] 阿城被誉为"中文世界动词用得最好的作家"。"磕"比"碰"力道大一点,在这里是不是更显合适?
> 追求准确,常常也同时令人感到新鲜,这是顶尖作家魅力的一体二面。

一只大鹰旋[2]了半圈,忽然一歪身,扎进山那侧的声音里[3]。马帮像是得到信号,都止住了。汉子们全不说话,纷纷翻下马来,走到牛队的前后,猛发一声喊[4],连珠脆骂[5],拳打脚踢。铃铛们又慌慌响起来[6],马帮如极稠的粥,慢慢流[7]向那个山口。

> [2] "旋"比"转"更快速。

[3] 阿城在这一篇里很喜欢把声音写实,后文还有多处。他一整篇都像在轻盈地炫技,不为表达什么,就为让你们看看现代汉语的极限。

[4] 比"猛喊一声"更有力道。

[5] 又指骂成了一串,又指声音干脆,造了一个词,关照到两层意思,此所谓"凝练"也。

[6] 这一句同样极为凝练:铃铛们又慌慌响起来(9个字)。
传递的意思其实是:牛马们慌慌动起来,颈上的铃铛又响了起来(18个字!)。

[7] 前面既然说马帮如粥,那么就该是"流"向山口而非"挪"向山口。
一个比喻后面跟着再出同系列的多个比喻,这种修辞叫"风喻"。
为什么命名为"风喻"呢,我猜大概取"风疹"的释义吧。出了一个疹子,后面就会起一大片。

一个钟头之前就听到这隐隐闷雷,初不在意[8],只当是百里之外天公浇地。雷总不停,才渐渐生疑,懒懒问了一句。首领也只懒懒说是怒江,要过溜索了。

[8] 一个偏文言的表达。阿城这篇里各种语料信手使用。主体是现代白话文,文言、口语乃至方言都不缺。后文还有例子。

山不高，口极狭，[9] 仅容得一个半牛过去。不由捏紧了心，准备一睹气贯滇西的那江，却不料转出山口，依然是闷闷的雷。心下大惑，见前边牛们死也不肯再走，就下马向岸前移去。行到岸边，抽一口气，腿子抖起来，[10] 如牛一般，不敢再往前动半步。

[9] 文言句、工整的对句。

[10] "心下大惑"是文言的表达，"心里感到非常疑惑"，下一句"死也不肯再走"就切换到口语了，后面"腿子"则是方言。
   阿城飞花撷叶，姿态果然潇洒。

万丈绝壁垂直而下，马帮原来就在这壁顶上。转了多半日，总觉山低风冷，却不料一直是在万丈之处盘桓。

怒江自西北天际亮亮而来[11]，深远似涓涓细流，隐隐喧声腾[12]上来，一派森气。俯望那江，蓦地心中一颤。急转身，却什么也没有，只是再不敢轻易向下探视。叫声漫开，撞了对面的壁，又远远荡回来。[13]

[11] 一般人会写作"怒江自西北天际而来，亮亮的……"阿城又在省字提效。

[12] "腾"字用得极妙，非但准确新鲜，而且令人联想到"杀气腾腾"，正是一派森气，叫人心中惨然。如果是"隐隐喧声弥漫上来"，就失却了这一层隐秘的意涵。
   张爱玲在《第一炉香》里写"中午的太阳煌煌地照着"，用"煌煌"二字，隐秘的目的就是叫人联想到"惶惶"，正契

合女主愁惨犹疑的心境。

[13] 这句也是为声音赋形。

首领稳稳坐在马上，笑一笑。那马平时并不觉雄壮，此时却静立如伟人，晃一晃头，鬃飘起来。[14] 首领眼睛细成一道缝，先望望天，满脸冷光一闪，又俯身看峡，腮上绷出筋来。[15] 汉子们咦咦喂喂地吼起来，停一刻，又吼着撞那回声。声音旋起来，缓缓落下峡去。[16]

[14]【比喻】中对此句的妙处有过分析。

[15] 这段简直可以给演员们当教材了，领袖人物在重大关头的神态：眯眼、远望、脸突然冷下来、收回目光、咽一口口水。

[16] 继续为声音赋形。

牛铃如击在心上[17]，一步一响，马帮向横在峡上的一根索子颤颤移去。

[17] 写的是人在紧张时对周围响动的高度敏感。这一句我们可在写作时灵活化用。

那索似有千钧之力，扯住两岸石壁，谁也动弹不得，仿佛再有锱铢之力加在上面，不是山倾，就是索崩。[18]

[18] "扯住两岸石壁，谁也动弹不得"，采用的是适度拟人。
"仿佛再有锱铢之力加在上面，不是山倾，就是索崩"，此处一个长句＋两个短的对句，或者两个短对句＋一个长句，是经典的节奏。

首领缓缓移下马，拐着腿走到索前，举手敲一敲那索，索一动不动。首领瞟一眼汉子们。汉子们早蹲在一边吃烟。只有一个精瘦短小的汉子站起来，向峡下弹出一截纸烟，飘飘悠悠，不见去向。瘦小汉子迈着一双细腿，走到索前，从索头扯出一个竹子折的角框，只一跃，腿已入套。脚一用力，飞身离岸，嗖的一下小过去[19]，却发现他腰上还牵一根绳，一端在索头，另一端如带一缕黑烟，弯弯划过峡顶。

[19] 这个形容词作动词使用的"小"字已经被众口咀嚼得没啥滋味了。《溜索》一篇有的是妙字佳语，不必揪着这一处。

那只大鹰在瘦小汉子身下十余丈处移[20]来移去，翅膀尖上几根羽毛被风吹得抖。[21]

[20] 这里和上一篇鲁迅《风筝》开头的"浮动"一样，都是写远处天空中物体的小幅位移。直观，能让读者立刻从大脑中调取出相关画面。

[21] 特写镜头。

再看时，瘦小汉子已到索子向上弯的地方，悄没声地反着倒手拨索，横在索下的绳也一抖一抖地长出去。

大家正睁眼望，对岸一个黑点早停在壁上。不一刻，一个长音飘过来，绳子抖了几抖。又一个汉子站起来，拍拍屁股，抖一抖裤裆，笑一声："狗日的！"

三条汉子一个一个小过去。首领哑声说道："可还歇[22]？"余下的汉子们漫声应道："不消。"纷纷走到牛队里卸驮子。

> [22] 写人物的语言，一定要出地道口语味。口语特色有：词汇简单、句子短、重复、倒装、省略、有语气等，另外不同年代、身份、职业、地域的人说话也极不相同，都需统察。阿城这篇里写汉子们的语言都有浓重的方言感，但可以想见他也做了艺术的平衡，因为完全读得懂。

牛们早卧在地下，两眼哀哀地慢慢眨[23]。两个汉子拽起一条牛，骂着赶到索头。那牛软下来，淌出两滴泪，大眼失了神，皮肉开始抖起来。[24]汉子们缚了它的四蹄，挂在角框上，又将绳扣住框，发一声喊，猛力一推，牛嘴咧开，叫不出声，皮肉抖得模糊一层[25]，屎尿尽数撒泻，飞起多高，又纷纷扬扬，星散坠下峡去。过了索子一多半，那边的汉子们用力飞快地收绳，牛倒垂着，升到对岸。

> [23]《风筝》里讲到节奏与意义的契合，这里是发音与意义的契合。"哀哀"两字发音比较慢，跟后面的句意就正好合上了。所以你会觉得这里写得很好，但说不出为什么。
> 我是在读刘震云的一段文字时开的窍：

这时天已经黑了，戈壁滩的天，是那样青，那样蓝。迎头的东方，推出一轮冰盘样的大月亮。

他这里根本没什么修辞嘛，纯纯白描，但为什么读完竟然在心里喝了一声彩？是类似"大漠孤烟直，长河落日圆"那样的极简几何美吗？好像还不止。

我苦想了两天才终于现了灵光。原来最后一句里有四个字都是大大的开口音（a系列韵母），"盘""样""大""亮"四层叠加染覆，读完了也就感到那轮"大月亮"逼至目前了。而再细看，前面还有一个"那样"，一个"那样蓝"，也在暗暗发力铺垫。

当然，作家写的时候肯定没想这么复杂。所谓才华，所谓艺术的直觉，就是你在这思索到头秃，分析得弯弯绕绕，他"哼嚓"一下子就写出来的。

[24] 名场面是怎样形成的？常常可以三步走，一层一层递进，就能展现得充分，令人印象深刻。

杜十娘（明代冯梦龙所著《警世通言》中的人物）怒沉百宝箱是分三个抽屉将宝贝们倾入江中的。《华尔街日报是如何讲故事的》这本书里也谈到，"三"这个数字有魅力，三个方面论述，三个例子证明……往往最合适。

阿城写牛的恐惧就是三阶段：

1. 卧在地下，两眼哀哀地慢慢眨；
2. 软下来，淌出两滴泪，大眼失了神，皮肉开始抖；
3. 嘴咧开，叫不出声，皮肉抖得模糊一层，屎尿尽数撒泻。

[25] 我教写作时发现如果只给出大作家们的句子，学生们往往读不出有多么好，但放出平庸版本一对比就秒懂。对比实在是个很好的教学方法。

阿城这句话的平庸版本是：皮肉抖得十分厉害。意思上没问题，但意趣上差了一大截。物体移动太快以致看着都有重影,这是所有人都有的日常经验,但将这些经验如实拓印到写作上,却是千难万难。

这边的牛们都哀哀地叫着,汉子们并不理会,仍一头一头推过去。牛们如商量好的,不例外都是一路屎尿,皮肉疯了一样抖。

之后是运驮子①,就玩一般了。这岸的汉子们也一个接一个飞身小过去。

战战兢兢跨上角框,首领吼一声:"往下看不得,命在天上!"猛一送,只觉耳边生风,聋了一般,任什么也听不见,僵着脖颈盯住天,倒像俯身看海[26]。那海慢慢一旋,无波无浪,却深得令人眼呆,又透远得欲呕。[27]自觉慢了一下,急忙伸手在索上向身后拨去。这索由十几股竹皮扭绞而成,磨得赛刀。手划出血来,黏黏的反倒抓得紧索。手一松开,撕[28]得钻心一疼,不及多想,赶紧倒上去抓住。渐渐就有血溅到唇上、鼻子,自然顾不到,命在天上。

[26]【比喻】对这一句有赏鉴。

[27] 顾随说鲁迅文章"声东击西,指南打北",我读阿城的这段文字也有此感觉。前面看天像看海的修辞就已出乎意料,这一句呢,读着正觉得雅,却来了个"眼呆","透远"得如何?以为要抒个小情,他冒出句大实话:"欲呕"。

[28] 妙。

---

① 驮子:牲口驮的货物。

猛然耳边有人笑："莫抓住鸡巴不撒手,看脚底板!"方才觉出已到索头,几个汉子笑着在吃烟,眼纹一直扯[29]到耳边。

> [29] 换作我写,可能是"眼纹一直延伸到耳边"。"延伸"只是在说纹,"扯"则把形成纹的皮肉间的作用力也写到了。阿城文字的效率高到吓人。

慎慎地下来,腿子抖得站不住,脚倒像生下来第一遭知道世界上还有土地,亲亲热热跺几下。[30]小肚子胀得紧,阳物酥酥的,像有尿[31],却不敢撒,生怕走了气再也立不住了。

> [30] 助教小绿熊的仿写:
> 她也不知自己抽的什么疯,乍然装起嗝来,对着坐在边上的姐嬉笑:"哎呀,我打嗝啦!"讵料姐姐一把掐住了她的鼻子,皱眉:"憋住!别吸气!这个法子是最有效的了!"她一时竟不能推拒,因为想起姐姐从来暴脾气,若是此刻坦白,定要遭她金刚怒目外加叱骂的,说不准还有来自背后的灵魂一掌,那还不如憋气呢。可是她越来越觉得腔子里有条鱼,猛地往上撞,往上撞,却只撞在一堵玻璃壁上,徒地而欲呕。终于撑不到一分钟,姐姐松了手,见她不再嗝了,笑吟吟颇自得:"怎么样?我没说错吧!"而她倒像生平第一回知道世上还有空气,只管深深地、深深地抽取,回转神来,想象到新闻里受害者被枕头杀死之痛,大概会等于玻璃壁爆裂吧?!她不能想,趴到桌上感觉自己的呼吸。

> [31] 原来有尿的感觉是酥酥的(此处应有"笑哭"表情),倒也没错。只是尿急时常常焦虑要去解决,没有体会过。

眼珠涩涩的，使劲挤一下，端着两手，不敢放下。猛听得空中一声呼哨，尖得直入脑髓[32]，腰背颤一下。回身却见首领早已飞到索头，抽身跃下，拐着腿弹一弹，走到汉子们跟前。有人递过一支烟，嚓的一声点好。烟浓浓地在首领脸前聚了一下，又忽地被风吹散，扬起数点火星[33]。

> [32] 平庸版本：尖得刺耳。

> [33] 导演们可以借鉴，给重要人物加点气场，别光靠鸽子乱飞。

牛马们还卧在地下，皮肉乱抖，半个钟头立不起来。

首领与两个汉子走到绝壁前，扯下裤腰，弯弯地撒出一道尿，落下不到几尺，就被风吹得散开，顺峡向东南飘走。万丈下的怒江，倒像是一股尿水，细细流着。[34]

> [34] 江河湖海是自然典造，入画入诗的，比来比去也就是巨龙灵蛇什么的，谁会想到用尿水作比？庄谐反差是作家和喜剧人惯用的手法，有点恶作剧、解构权威的趣味在里头。

那鹰斜移着，忽然一栽身，射到壁上，顷刻又飞起来，翅膀一鼓一鼓地扇动。首领把裤腰塞紧，曲着眼望那鹰，抖一抖裆，说："蛇？"几个汉子也望那鹰，都说："是呢，蛇。"[35]

> [35] 溜索结束了，大鹰又贡献出一个小高潮。
> 这篇里动物都写得极好。【萌物】里也引了一段阿城写的

小猪。

其中,"忽然一栽身,射到壁上"与鹰刚出场"忽然一歪身,扎到山那侧的声音里"的表达类似,为避免重复,这里的动词都改了改。

牛们终于又上了驮,铃铛朗朗响着,急急地要离开这里。上得马上,才觉出一身黏汗[36],风吹得身子抖起来。手掌向上托着,寻思几时才能有水洗一洗血肉。顺风扩一扩腮,出一口长气,又觉出闷雷原来一直响着。俯在马上再看怒江,干干地咽一咽,寻不着那鹰。[37]

[36] 这一句以及后面的"又觉出闷雷原来一直响着"写的是人在注意力高度集中时的感官关闭现象。一流作家是高精度摄像机,也是高精度感官记录仪。

[37] 首尾呼应,简单好用的收尾法。

宕开一笔的俏皮结尾法

——关于张春《各种普通的食物最好吃的时刻》

白开水要刚好烫嘴的温度，但是不会真的烫到人。微微感受到滚过嗓子的温度。最好是用力喝到满口，让烫嘴的开水轻轻烫到整个口腔。

玻璃瓶装的可乐冻到正好出现柔柔软软冰粒的时刻。上上下下都悬浮着那种冰粒，不管是大口还是小口都可以吃到它。那是梦幻可乐。[1]

[1] 绝佳结束句，凝练且有诗意。

薯条，刚出锅，热热的，外表脆脆，还有一点明显的细盐在外面，里面是软的，最好是拿硬而热的薯条刮甜筒冰淇淋吃。一截一截咬下去，每一口都吃到盐，脆热的外皮，烫嘴的柔嫩土豆肉，还有又甜又凉又奶的冰淇淋。这样就可以冷热甜咸硬软一口吃到。[2]

[2] 写美食的一个角度——写它的最佳吃法。
学员祇一仿写：
柿子最好的吃法是撕开一个小口慢慢嘬，每一口都满是果泥，每一口都在期待爽脆的软籽。夏天的水蜜桃也有一样的吃法，但甜度不如柿子醇厚，扛不住冬日里的"苦寒"，又因为少了软籽的惊喜，意趣比不上柿子丰富。
学员 Xuxue 仿写：
你看那一碗刚出锅浅棕色油亮亮的红烧肉！别挑精瘦肉吃，太柴太干还容易塞牙。挑肥瘦相间的那种，用筷子夹起，黏稠的甜汁顺着筷子往下滴，赶紧嗦一下，甜中带着一丝酸味。轻轻咬一口，肥的很嫩，瘦的有嚼劲，层次分明，满嘴肉香，而且一点都不油腻。吃第一块的时候不要混着米饭吃，先品尝原汁原味。第二块之后配上白米饭，据个人多年经验，红烧肉的最佳搭档就是白米饭。带着汁水的红烧肉放在颗粒分明的白米饭上，一起入嘴咀嚼，就真实印证了那句"1+1 大于 2"！

鸭脖子用手撕着一条条吃是最好吃的。吃完可以撕的肉以后，再把骨头一节节分开，仔细吃缝里面的肉，啃到只剩白骨，最后一口吃白骨上的软骨，才最美。吃鸭脖子应该持续地吃下去，以免要洗手擦手，由于麻烦而扫兴。我曾经独自连续四小时不动弹地吃鸭脖子，在一个正在装修地面满是灰尘的空房间里，坐在唯一一张能坐的小板凳上。真乃奇女子。[3]

[3] 又来个好结束句。初读也是知其妙而不知其所以妙，陆陆续续几天才算想齐备了。加了最后这一个小短句，尽管才 5

个字，却赋予了文本三层变化：
1. 长短句节奏的变化。前三句字数分别是18，18，13都是毫无疑问的长句，最后添了个5字短句。
2. 语体风格的变化。前三句是现代白话文，后面来了个有点古味的。
3. 视角的变化。前三句是第一人称自述，最后一句转换成他人视角或画外音了。

橘子不要剥皮，横着切，然后一瓣一瓣捞出来吃，好像会更甜。而且因为横着切，橘子的横剖面娇艳欲滴，散发着水果清香，色香味里面，就多了色香两层，会变得更美妙。而且剥橘子皮溅满手橘子皮的汁很麻烦，这样吃就不会了。

橘子还可以一瓣一瓣分开放在桌子上晾干，如果有暖气的话放在暖气片上更有趣。橘子瓣的皮就变脆了，橘子的水分也略少了一点，把它剥掉，翻开，只吃肉，更甜，又很好玩。

百香果的话，不是特别爱吃酸的人会觉得太酸，可是它实在又很香。所以，其实把百香果破两半，用勺子把果肉挖出来放在可乐里。酸甜就正好，那些籽嚼着吃掉更是满口香味。如果能放上打碎的冰块，但在冰块融化之前喝掉就更棒了。

热馒头应该撕开夹红烧肉和油条。但只是把红烧肉和油条整个放进去是不够的，应该把它们分别剪成丁，然后把馒头分成至少三层，很整齐地摆进去。这样当你一口咬下去时，才不会因为肉或者油条一下没咬断而扫兴。

春游和秋游应该吃螃蟹。想想看世间的春游食品都是面包，充其量是午餐肉。当你坐在铺满阳光的草地上，和你的狗一起，细细地，

渐渐地，吃掉一只大螃蟹……[4]

> [4] 从这一段里可以总结出来给人提建议的三步公式：
> 1. 直截了当说出你的建议；
> 2. 列举几个次等的建议形成对比；
> 3. 为你的建议描绘出一个最佳应用场景，令对方产生向往。就好像洗衣液广告里总是中产以上的家庭，俊男美女爸妈温柔地对待一身泥的孩子和狗，人们往往是冲着那样的一幅理想画面消费的。
> 学员崔浅仿写：
> 排队的时候就应该捧起一本书。大多数人不过用手机刷刷社交网络，充其量打个单机游戏，而我却低头捧一本纸张泛黄、繁体竖排的《红楼梦》，翻开最喜欢的某回细细重读，不仅引得后面的小姐姐侧过头来窥望，还一不小心就成了别人镜头里的文艺街拍。

坐火车可以吃锡纸包好的烤猪蹄，还要有刀叉。但是在阴暗充斥着康师傅味道的车厢里，打开一只飘香万里的猪蹄，可能会有危险。[5]

> [5] 张春的这篇美食文贵在直写食物到极细微处，但她也常宕开一笔写，往往很俏皮，后文中还有多处。

枇果滴两滴酱油最好吃。阳桃蘸酸梅粉。这是在厦门学会的。

西红柿可以整只剥掉皮然后放水里煮，加各种各样的蘑菇。要多放几个西红柿呀。要煮好几个小时才好，最后那个汤只要放一点点盐，什么都不要加了。可以作为夏日消暑，冬季进补之佳品。

柠檬蘸细盐吮一口，然后喝什么都好喝。

咸味洋葱圈饼干上面沾着的大颗盐粒咬下来嚼，嘴里咸咸的，再一点点啃饼干。

橄榄吃生的，不要吃蜜饯也不要咸橄榄，当时非常涩，但过后口里生津会好几个小时。如果要约会要接吻，吃生橄榄比吃口香糖好多啦，会成为尝起来像蜜一样可口的人哦。[6]

　　[6] 俏皮。

如果愿意的话可以尝尝路边的植物，有时候有惊喜的……有一次我吃了一些辣木的叶子，打了一晚上的喷嚏，打到头晕。

狗粮普遍比猫粮好吃。但是都不怎么好吃。当小零食，加上伊利的麦香早餐奶还可以。但是吃多了可能也不好吧……不过有一次我吃到一种荷兰带来的狗咬胶……很奇妙……质量很好的感觉，可以拉很长的丝。很羡慕我的狗。[7]

　　[7] 好文章也不是全靠笔力的，个性奇特很重要。我所熟悉的
　　　　出色写作者，往往也是特立独行者，有人甚至是行为艺术
　　　　般地过着生活。

如果实在不方便，可以拔一根长头发当牙线……头上应该长角的那个部位的头发最结实……[8]

　　[8] 古灵精怪，匪夷所思，语言的效率还很高，这么一说谁都

知道是哪里。

遇到好吃的汤面,应该面要少一点,但是要把汤喝光,满足感特别强。

最喜欢的面,就是清水煮挂面,里面卧一整个蛋,几片青菜。放一丁点猪油下去,青菜、面条和鸡蛋的香味就都冒在面汤里了,再放一点盐,鲜得烫心。生病的时候,吃不到这碗面就好不了。所以我常觉得半死不活的,每次生病都没好全乎,心里剩一角装着乡愁。[9]

> [9] 将某种食物与某个情境作强关联,乃人之常情,而用了双重否定的修辞"吃不到这碗面就好不了",就比"生病的时候一定要吃到这碗面"更出彩些。后面将计就计开始说俏皮话,"常觉得半死不活的,每次生病都没好全乎",可末尾一句"心里剩一角装着乡愁"又冒出忧伤的诗意。
> 正如本文开头的"冷热咸甜硬软一口吃到",读张春的文字,也有类似的丰富体验。

方便面如果不能煮,在微波炉里转两三分钟也很好。每一根面都将成为半透明的样子筋道最好。任何牌子的方便面都可以。切忌水过多。我觉得最好吃的方便面是好筋道,可是现在买不到了。

白米粥的话,半筒米,一碗水的比例正好。几碗水就是几碗粥。煮粥分量不合适可是很麻烦的。关键是要查看一两次,搅一搅。煮到正在糊但还没有太糊,每一粒米都裂开膨胀并且米汤变白了,舀一下却分不开米和水的程度最好吃。盛到碗里稍凉片刻,但是要注意不要让它表面结出米皮。因为粥太烫令人生气,凉了也叫人伤心。

在等粥凉的时间里,要专心而虔诚。欣赏它,渐渐成为最好吃的粥。[10]

> [10] 又是宕开一笔的俏皮。下段也一样。

麦辣鸡翅啃完了以后,用手指头把掉到盒子里的渣渣粘起来吃掉,是很感人的。在古时候,那可能是人类对麦辣鸡翅表示感谢的仪式。

炒土豆丝,一根一根一截一截吃,比整筷子按到嘴里更好吃。

西瓜就不一样,最好吃的吃法是把籽剔得差不多,然后一大口咬下去,用舌头把整口西瓜压扁。很多西瓜汁一起冒出来,叫人眉开眼笑。吃西瓜的人最好是儿童,光穿着背心,整个头都扎到西瓜里去。满胳膊都是西瓜汁,胸口也有,连腿上也有的样子。作为儿童像那样吃西瓜,夏天的景象就非常完美。所以说长大会很麻烦,竟然长出了胸部。对吃西瓜的夏天来说是令人感到头疼的事。但不管怎么样,有许多人把夏天吃到第一口西瓜的日子当成普通的日子一样对待,叫人黯然神伤。那可是夏天正式开启的重要日子,否则它和其他的季节比起来有什么特别的呢。[11]

> [11] 这一大段只有前面两句是在写西瓜的吃法,绝大部分篇幅都是在将西瓜与"夏天"作强绑定。"作为儿童那样吃西瓜,夏天的景象就非常完美""吃西瓜的夏天""夏天吃到第一口西瓜的日子……夏天正式开启的重要日子"。很好用的

手法。

学员曾曼蓉仿写：

荔枝最好的吃法是，先剥开半颗皮，露出里面莹白Q弹的肉来。吃荔枝的人最好是美女，轻启朱唇，将剥开一半壳的荔枝用牙齿嚙出来；再轻仰脖项，松开牙齿，整个荔枝肉就噌溜一下掉进嘴里。最后咬上一口，等清甜汁液在口中慢慢回旋扩散。

六月之前是阴雨连绵的端午，之后是闷热焦躁的夏季，只有这六月是夹缝中的一线美好。没有荔枝的六月是不完美的，是缺少了微笑的杨贵妃。想象唇红齿白的美女那样吃荔枝，日子也瞬间晶莹剔透起来。不一会儿工夫，桌上的荔枝壳就会堆成小山的模样，深感今年在广东的六月真没白过！

苹果当然要精心切成块，用牙签插着吃。苹果会令牙齿出血，又可能会塞牙。但一定要花点时间切成大小相等的块。要不然一边吃苹果一边看片的时候，会因为吃到大大小小不一样的苹果而分心，令人烦恼。

其实饿了的话吃烤青椒加面包也是可以作为主食的好搭配。这个搭配和馒头夹红烧肉风格有点类似的。

旺仔小馒头不应该很多一起嚼，太口干，而是应该一颗一颗地含着吃。因为有口水，它会在嘴里一下子塌掉。每次都会高兴得想说："咦！"[12]

[12] 正如【萌物】所提及,"文学之永恒价值,就在于不厌其烦地传达最细微的人类经验,令阅读者生发出共鸣……"在如此细微处人与人的相似与合拍,多么美好。

蜂蜜小麻花应该摆在桌上,略敲到碎,一小颗一小颗地吃。它应该成为一种办公室零食的。因为坐在格子间里把手一次次伸向显示器下面的位置,不需要仔细看就可以拿到它,装出若有所思的样子放到嘴里,盯着电脑慢慢地咀嚼。其实心里非常高兴,但是别人不会知道的。这样吃也不会显得很奇怪。蜂蜜小麻花不是很脆,所以不会发出声音的啦。这不是一种在家里专注地吃的东西。它只有在办公室里最有魅力。敲碎来讲,即使同事跑过来吃一点,也不至于一下就拿光了。

麻辣烫最好吃的时刻是宿醉后,已经吃了一些寡淡的白粥(是的这个时候变得寡淡了)[13],下午胃肠开始苏醒,开始饿却没有胃口,麻辣烫就是天赐的恩物令人感激,欲死的人生一点点苏醒过来。但如果是劣质红酒喝到吐,吃什么都没用了,只能默默忍耐。

[13] 写作无所谓前后矛盾,错综龃龉才是人生常态吧,真诚坦率自有一种魅力。

莴笋最好吃的时刻在火锅里。尤其是牛肉汤的火锅。我有一次出去玩,把自己关在酒店里哭,然后擦干眼泪去吃牛肉火锅,独吃四份莴笋,吃饱又回酒店去哭。感到自己水分很充足。如果很悲伤的话,要多吃点莴笋。

爆米花刚出锅，稍凉以后还有温度，但是表面已经变脆了，表面均匀地覆盖着一层金色的奶油和糖的时候，每一颗抓起来，那硬硬的、一点点粘、还有余温的手感，就已经令人感动了。去电影院时遇到爆米花刚出来，我都会多买一桶。最好是在旁边观察一会儿。特别是生意不太好的电影院，不要买那剩下的一些。那种情况下，要等下一场电影才是。看着爆米花师去炸爆米花，出锅，然后求他给刚出来的那一锅。因为他会把新鲜的兑到旧的里面去，挑出最好吃的就大费周章了。不过应该注意去附近晃晃，不要让爆米花师知道你在等爆米花。不然他会感到很不舒服，因为爆米花师是一个很低调的职业。遇到太外向的爆米花师，他又会劝说你买不新鲜的那些，那是令人难堪的。

如果冬天可以烤炭火，要买一点红薯粉粉丝，一边烤着暖融融的火，一边拿着一根粉丝靠近炭火去烤，会看到它一点点膨化起来。要精心打理，靠太近会烧焦，太远又不能变蓬。如果蓬得太慢的话，中间的地方又会略硬。完美的状态应该是一下就蓬了，节奏应该类似力气很大的人一下就把长气球吹直。[14]单这样吃就很香脆，加上烤火的时候必定非常惬意，如果有这样既可以玩，又不会一下子吃饱的零食真是太好了。但是，这还不是最完美的，如果有辣椒酱蘸着它吃，天哪……

[14]【比喻】里提到过，好的比喻要本体喻体多重相似。这里
的相似有：
1. 质地颜色——半透明；
2. 形状——长圆；

3. 膨化的节奏一致。

其实去电影院还可以吃糖炒板栗。因为吃板栗可以静悄悄地进行，又可以微微饱肚。糖炒板栗如果整个丢进嘴真是太为难了，要用门牙一层层咬下来才是。搭配糖炒板栗的最佳饮料可能是小布丁雪糕。如果不嫌麻烦，要带上保温桶，买好几个放在里面以免融化。这样即使是连看三场，外面天都黑了也不需要出去觅食。其实要想持续地吃下去，要甜甜咸咸地搭配，粉嫩微甜的糖炒板栗和奶香的小布丁是一个例外，一定要非常快乐才能承受，不然会吃到苦。也许爆米花是适合两个人的，而糖炒板栗和小布丁是适合一个人的电影院食物。市面上放在冰柜里卖的雪糕，好吃的太少了，每年都怀着不安的心情去小卖部查看，希望它不要消失。[15]

[15] 在这样的小事上怀着不安，每年都要去查看，令人印象深刻。我们可以说，写作里举重若轻或举轻若重能出好效果。也可以说，一流作家具有忽略俗见直抵本质的能力，这样的"小事"，本来就是重要的、值得书写的。
想到了纳博科夫在《俄罗斯文学讲稿》里评论托尔斯泰的一段话：
"整个小说史（文学史）作为一个演化过程，可以说是对生命层次一个渐次加深探索的过程。很难想象公元前九世纪的荷马或者十七世纪的塞万提斯会如此详尽地描述生孩子的过程。问题并不在于某些事件或者情感在伦理或美学上是否适合描写。我想说明的问题是：艺术家，像科学家一样，在艺术和科学的进化过程中，一直在四处搜寻，并且每一代都会比其先辈知道得更多一点，以一种更敏锐更深邃的眼光更深入地洞察事物——这就是艺术的结果。"

石榴每一粒味道都不太一样,有一些颗粒饱满红润,有一些比较白而小,因为生长的程度有细微的区别,所以水分和味道各不一样。应该小心分成几瓣,手上拿一瓣,剩下的放到身边,一粒一粒地剥下来,体会着石榴真的不想被人吃的心情:它长成那个样子应该是为鸟准备的吧。[16] 鸟虽然可以帮忙播种,但是我们人类也可以帮忙的吧。有时候会抱歉地这样想。如果是慢慢地骑车去海边,只有一点点渴的时候,它是忠诚的伙伴。一颗一颗细细吃,感受它们彼此的区别,闻着几不可闻的清香,会好像乘着石榴的滋味掠过四季啊。

[16] 适度拟人。
再复习一下鲁迅和阿城的文字:
鲁迅——还有寂寞的瓦片风筝,没有风轮,又放得很低,伶仃地显出憔悴可怜模样。
阿城——那索似有千钧之力,扯住两岸石壁,谁也动弹不得。

青椒是切成段以后,用滚烫的油一浇,一点点酱油放在里面,然后生吃。哪怕一次吃两斤辣到肚子痛得满地打滚也是值得的。含着眼泪想"再也不这样吃"可是在寂寞的时候还是会想吃的时刻。就算是要死也要冲的。青椒不可以是一般的菜椒,而是硬硬的、尖尖的,辣椒籽胀鼓鼓的,散发着辣死人的力气。泡在油里的辣椒籽也要吃光,那个是最最香的。刚开始只是在微微冒汗,辣椒籽吃下去,头毛才会爹开。

小时候吃得最多的几种植物:野蔷薇的嫩枝,剥开皮放到嘴里嚼。甜丝丝的清凉味道。春天嫩枝很多的时候,摘一把爬到树上吃。我有一个专门的树杈是躺着用来吃蔷薇的。吃它不能舍不得,因为在手里握久了会变软变热,就没有那么好吃了。现在想想,蔷薇被掐去嫩枝,不往高处长的话似乎会生得更繁茂。夏天它们开着非常漂亮的花,花瓣也可以嚼。秋天又长出鲜红的果实。[17] 蔷薇很好。

> [17] 学员学慧仿写:
> 家乡遍地都是硕苞蔷薇,夏季开花,白色单瓣且大朵,在众芳摇落的乡间开得热烈又寂寞。秋季结果,暗红色香甜的小球,是覆盆子桑葚之后的最佳安慰。小心翼翼地避开茎秆上尖锐的刺,摘得一捧,兴冲冲地跑到小溪边清洗。揉搓去果实表面的柔毛,掀开顶部硕大的萼片,露出一个"洞口",寻觅到三角石子向其中打钻,钻去里面细密的白色种子,因为种子坚硬且多毛,不能吃。只留下橙红的果肉,再洗净,就可以享用了。放一颗到嘴里嚼,浓郁的蜂糖香在口腔里弥漫开,还略带一点点酸。用现在流行的美食语言形容——"增添了层次感"。

芦苇还没有完全长出来的时候,拨开草皮里面是白色的芯。一整条。遇到特别肥的,水分简直接近甘蔗。甜度当然是完全不同,但那是沁人心脾的甜味。找它要伏在草丛里用手拨弄,一手不能完全按下去的,十有八九就是它了。拔出来的时候有"吱"的一声轻响。那一声越清,就越嫩。夏天时看到大部分芦苇还是长大成为一丛丛一蓬蓬的高大植物,简直是大吃一惊。怎么也想不出它们当时躲在了哪里。

蚕豆丰收也在春天，出来混的小孩每个人都要有一串蚕豆项链，特别豪华的还有蚕豆手镯。[18] 大人们用蒸锅焖熟，用线穿起来做成项链，我们挂在脖子和手上，想吃就拉一个下来。所有的小孩都挂着蚕豆无所事事地坐在各处，你吃一个我的，我还你一个。焖熟的蚕豆皮很软，一捏就挤出来了，小孩子吃它会发出 mia mia 享受的声音。我注意到最近人们常常提起"薄荷色"，其实要是叫"嫩蚕豆色"好像会更美，那两种颜色非常接近。因为蚕豆的颜色好像更厚和柔软一点。这样感觉没什么道理，就是胡乱一说。[19]

> [18] "出来混""豪华"这两处都是大词小用，"出来混"是非常社会化的表达，但这里用在小孩身上。"豪华"一般形容的是黄金和钻石手镯吧，而这里是说蚕豆手镯。大词小用有反差，带来幽默效果。
> 也有小词大用。比如"戏说某某史"这样的体裁，通篇就是"小词大用"——谈论历史大事用电子里家长里短的语言，要的也是反差的幽默。

> [19] 前面一本正经，甚至接近学术腔了，最后突然又懒下来。想到【标点】表格里鲁迅那两段，"世界苦恼""淡淡的哀愁"之后就是"啪！"的一声打蚊子。

最好吃的花是槐花和美人蕉。美人蕉的花朵一摘下来尾部就立刻渗出蜜，马上放到嘴里吸。红色的美人蕉比黄色的更甜。但是要留一些给蜜蜂和蝴蝶，所以一棵美人蕉只能摘一朵。

槐花要上树去吃，它太娇嫩了，轻轻一划就开始变黄。最好能将开满花的枝条拉到面前，将花咬下来，离开树它就变苦。可是要小心蜜蜂，有时候蜜蜂太专心了……

很多东西用手吃都比用筷子夹好吃。

很多东西小口吃都比大口吃好吃。

我觉得当和食物相处的时候，最重要的事情就是要理直气壮。不要因为内向而无法好好地品尝，也不要因为其他人都吃得很快就心慌，更不要因为旁边的人大声吧唧嘴而就此放弃。我们虽然吃得慢，但是也并没有做错什么，人多的情况下应该尽量地鼓起勇气。但最好还是能独自进食。

好了，现在我太饿了。我要去我的床上，思念着它们大家，然后哭着睡去。[20]

[20] 这个结尾是最早版本的结尾，也是我认为最好的。"哭着睡去"是一个"煞尾"。
助教牧棠："用一个调侃的语气结尾，比再次升华和修饰要轻便，少做作。文章不能一直举重若重，尤其是散文，要有一点旁逸斜出的笔脉。"
张春在行文里就很懂得宕开一笔，旁逸斜出，但我佩服的是在结尾处她也有魄力这么做，效果竟然又是如此之好。
拱手佩服，学到了，学到了。

经典故事模式：正负两主题相互激荡

——关于汪曾祺《黄油烙饼》

萧胜跟着爸爸到口外去。

萧胜满七岁，进八岁了。他这些年一直跟着奶奶过。他爸爸的工作一直不固定。一会儿修水库啦，一会儿大炼钢铁啦。他妈也是调来调去。奶奶一个人在家乡，说是冷清得很。他三岁那年，就被送回老家来了。他在家乡吃了好些萝卜白菜，小米面饼子，玉米面饼子，长高了。[1]

> [1] 主人公是七八岁的小男孩，作者的叙述口吻通篇都很贴合人物。具体实现手法有：
> 1. 短句、简单的词汇语法、重复多，符合儿童的语言和心智水平；
> 2. 句尾常有"啦""呀"等语气词展现小孩子的天真好奇烂漫。

奶奶不怎么管他。奶奶有事。她老是找出一些零碎料子给他接衣裳，接褂子，接裤子，接棉袄，接棉裤。[2]他的衣服都是接成一道一道的，一道青，一道蓝。倒是挺干净的。奶奶还给他做鞋。自己打袼褙，剪样子，纳底子，自己绱。[3]奶奶老是说："你的脚上有牙，有嘴？""你的脚是铁打的！"[4]再就是给他做吃的。小米面饼子，玉米面饼子，萝卜白菜——炒鸡蛋，熬小鱼。他整天在外面玩。奶奶把饭做得了，就在门口嚷："胜儿！回来吃饭咧——！"

[2] 刻意重复，不厌其繁地用了四个"接"，为的是让文字感觉与人物的忙碌状态契合。

[3] 写劳动的文字常有一种魅力，很耐看。
汪曾祺最擅长写劳动，比如《羊舍一夕》里的如何放羊：
每天早起，打开羊圈门，把羊放出来。挥着鞭子，打着唿哨，嘴里"嗄！嗄！"地喝唤着，赶着羊上了路。按照老羊倌的嘱咐，上哪一座山。到了坡上，把羊打开，一放一个满天星——都匀匀地撒开；或者凤凰单展翅——顺着山坡，斜斜地上去，走成一溜。羊安安驯驯地吃着草，就不用操什么心了。羊群缓缓地往前推移，远看，像一片云彩在坡上流动。天也蓝，山也绿，洋河的水在树林子后面白亮白亮的。农场的房屋、果树，都看得清清楚楚。一列一列的火车过来过去，看起来又精巧又灵活，简直不像是那么大的玩意。真好呀，你觉得心都轻飘飘的。"放羊不是艺，笨工子下不地！"不会放羊的，打都打不开。羊老是恋成一疙瘩，挤成一堆，走不成阵势，吃不好草。老九刚放羊时，也是这样。老九蹦过来，追过去，累得满头大汗，心里急得咚咚地跳，还是弄不好！有一次，老羊倌病了，就他跟丁贵甲两个人上山，丁贵甲也还没什么经验，竟至弄得羊散了群，几乎下不了山。现在，老羊倌根本不怎么上山了，他俩也满对付得了这四百只羊了。问老九:"放羊是咋放法?"他也说不出,但是他会告诉你老羊倌说过的:看羊群一走,就知道这羊倌放了几年羊了。

大家不妨做这样的写作练习:找到你家附近生意很好的一家小吃摊,站在一旁欣赏老板的利索动作十分钟,之后将它写下来。

[4] 直接引述人物语言或对话需节制。

1. 语言本身生动有趣特别,能叫人记得住的;
2. 语言里带着语气情绪(以标点符号和语气词的灵活运用来实现);
3. 语言能够凸显人物的某些特质,如地位、职业、地域、性格等;
4. 对话能够显现双方的某种角力(可于海明威《白象似的群山》中体会);
5. 重要的场景里必须写人物对话的,不写总觉得有所欠缺的,如男女初见钟情;
6. 需要用对话调节行文节奏,如文章的开头和结尾,用对话有"淡入"和"淡出"之效,也就是电影画面的渐隐和渐显的效果。

这里的"脚上有牙,有嘴",符合第1条。

后来办了食堂。奶奶把家里的两口锅交上去,从食堂里打饭回来吃。真不赖!白面馒头,大烙饼,卤虾酱炒豆腐、焖茄子,猪头肉[5]!食堂的大师傅穿着白衣服,戴着白帽子,在蒸笼的白蒙蒙的热气中晃来晃去[6],拿铲子敲着锅边,还大声嚷叫。人也胖了,猪也肥了。真不赖!

[5] 这样写,当然比"吃得丰盛,有荤有素"这一类的概述要生动。罗列是讨巧的法子,效果好又不费力。

后来吃得差了,老汪也不概括,也是用"小米面饼子、玉米面饼子"的举例法。

[6] 这是印象派手法。

美术中的印象派,大概的倾向是不追求纤毫毕现像照相机那样的精准复原,而是把人在某一时刻,某一特定的光线之下的视觉感受传递出来。比如看一个在强烈的日光下撑着伞的女人,那一刻就是大体的轮廓、光影的明暗,以及因为高温显得有些变形的空气。那么就把这样的感觉传递给受众就可以了。

相同的理念可以复刻到写作上。汪曾祺这里就是一个典型运用。

鲁迅也擅长这种印象派写法,他在小说《高老夫子》中这样写:

"他不禁向讲台下一看,情形和原先已经很不同:半屋子都是眼睛,还有许多小巧的等边三角形,三角形中都生着两个鼻孔,这些连成一气,宛然是流动而深邃的海,闪烁地汪洋地正冲着他的眼光。但当他瞥见时,却又骤然一闪,变了半屋子蓬蓬松松的头发了。"

这里讲是一个水平有限的老夫子到女校去上课,非常紧张,中途他向台下一瞥之所见。如果我们有过生涩的演讲体验,就知道鲁迅这里可谓神乎其技,因为符合的是主观真实,更深的真实。

后来就不行了。还是小米面饼子,玉米面饼子。

后来小米面饼子里有糠,玉米面饼子里有玉米核磨出的碴子,拉嗓子。人也瘦了,猪也瘦了。[7] 往年,撺个猪可费劲哪。今年,一伸手就把猪后腿攥住了。挺大一个克郎①,一挤它,咕咚就倒了。掺假的饼子不好吃,可是萧胜还是吃得挺香。他饿。[8]

> [7] 和前面的"人也胖了,猪也肥了",是刻意重复,为的是强调或呼应。
>
> 写作一般都是要避免重复的,鲁迅有个绝佳的例子:
>
> "也不必说鸣蝉在树叶里长吟,肥胖的黄蜂伏在菜花上,轻捷的叫天子(云雀)忽然从草间直蹿到云霄里去了"
>
> 这几句,我们去观摩他的手稿,会发现一处改动:原先是"草里",被他改作了"草间"。"里"和"间"意思没区别,为什么要改?就是因为后面仅隔三个字又有个"云霄里"(前面还有个"草里"),"里"来"里"去的读起来语感不好,且显得词汇匮乏,所以作了改动。
>
> 除非刻意的呼应和强调,一般要尽量避免重复。

> [8] 安妮宝贝"连续特短单句"(几个字,一个句号)的标志文体也许是受了汪曾祺的启发。这一篇里的连续特短单句很是不少。不过这最早还应属鲁迅的创造。
>
> 鲁迅《故乡》:我所记得的故乡全不如此。我的故乡好的多了。但要我记得他的美丽,说出他的佳处来,却又没有影像,没有言辞了。仿佛也就如此……
>
> (此处参考了南京大学王彬彬教授的论文。)

奶奶吃得不香。她从食堂打回饭来,掰半块饼子,嚼半天。其余的,都归了萧胜。

奶奶的身体原来就不好。她有个气喘的病。每年冬天都犯。白天

---

① 方言用词,指体形长大但还未上膘的猪。

还好,晚上难熬。萧胜躺在炕上,听奶奶喝喽喝喽地喘。睡醒了,还听她喝喽喝喽。他想,奶奶喝喽了一夜。可是奶奶还是喝喽着起来了,喝喽着给他到食堂去打早饭,[9]打掺了假的小米饼子,玉米饼子。

> [9] 如果把后面这几个"喝喽"改为"喘":
> "奶奶喘了一夜。可是奶奶还是喘着起来了,喘着给他到食堂去打早饭……"
> 意思没变,但效果差多了,用"喝喽"更有场景感,更带动读者情绪。

爸爸去年冬天回来看过奶奶。他每年回来,都是冬天。爸爸带回来半麻袋土豆,一串口蘑,还有两瓶黄油。爸爸说,土豆是他分的;口蘑是他自己采,自己晾的;黄油是"走后门"搞来的。爸爸说,黄油是牛奶炼的,很"营养"[10],叫奶奶抹饼子吃。土豆,奶奶借锅来蒸了,煮了,放在灶火里烤了,给萧胜吃了。口蘑过年时打了一次卤。黄油,奶奶叫爸爸拿回去:"你们吃吧。这么贵重的东西!"爸爸一定要给奶奶留下。奶奶把黄油留下了,可是一直没有吃。奶奶把两瓶黄油放在躺柜上,时不时地拿抹布擦擦。黄油是个啥东西?牛奶炼的?隔着玻璃,看得见它的颜色是嫩黄嫩黄的。去年小三家生了小四,他看见小三他妈给小四用松花粉扑痱子。黄油的颜色就像松花粉。油汪汪的,很好看。[11]奶奶说,这是能吃的。萧胜不想吃。他没有吃过,不馋。[12]

> [10] "走后门"和"营养"是萧胜和奶奶的世界里很陌生的词,

爸爸带过来的，因此加上了引号。作者始终贴合人物来写，未曾松懈。
助教小绿熊仿写：
"小绿哪，说是从'网上'给你买的这许多袜子！"外婆折腰，半身斜插，朝对面半聋的外公喊道，接着大笑起来。
"'网上'买来的哦？"外公抬眉，也微笑了。"'网上'买就是打电话叫人送过来，是伐？是伐？"

[11] 黄油是主题物、线索物，因此在这里给了一个特写。

[12] 没有吃过就不馋，既是准确的洞察，也对后续情节（黄油一直留存到了最后）有解释作用。工巧，匠心。

    奶奶的身体越来越不好。她从前从食堂打回饼子，能一气走到家。现在不行了，走到歪脖柳树那儿就得歇一会。奶奶跟上了年纪的爷爷、奶奶们说："只怕是过得了冬，过不得春呀。"萧胜知道这不是好话。这是一句骂牲口的话。"嗳！看你这乏样儿！过得了冬过不得春！"[13] 果然，春天不好过。村里的老头老太太接二连三地死了。镇上有个木业生产合作社，原来打家具、修犁耙，都停了，改了打棺材。村外添了好些新坟，好些白幡。[14] 奶奶不行了，她浑身都肿。用手指按一按，老大一个坑，半天不起来。她求人写信叫儿子回来。

[13] 特别的语言，带方言俚语特征，值得直接引述。

[14] 经典结构：一句概述事实 + 多句细节展示。
"村里的老头老太太接二连三地死了"是叙述，后面的"镇上有个木业生产合作社，原来打家具、修犁耙，都停了，改

了打棺材"和"村外添了好些新坟,好些白幡"则都属于展示。
尤其"新坟白幡"又特具画面感和氛围感,效果更好了。
同一段前面的"奶奶身体越来越不好"几句,也一样。

爸爸赶回来,奶奶已经咽了气了。

爸爸求木业社把奶奶屋里的躺柜[15]改成一口棺材,把奶奶埋了。晚上,坐在奶奶的炕上流了一夜眼泪。

[15] 躺柜也就是放黄油的地方。
写小说如织网,丝丝入扣,点点关联。

萧胜一生第一次经验什么是"死"。他知道"死"就是"没有"了。他没有奶奶了。他躺在枕头上,枕头上还有奶奶的头发的气味。他哭了。

奶奶给他做了两双鞋。做得了[16],说:"来试试!"——"等会儿!"吱溜,他跑了。萧胜醒来,光着脚把两双鞋都试了试。一双正合脚,一双大一些。他的赤脚接触了搪底布,感觉到奶奶纳的底线,他叫了一声"奶奶!"又哭了一气。

[16] 不说"做好了"而说"做得了",有方言的新鲜感。
学员罗拉仿写(湖南醴陵方言):
初稿——"婆婆快去看谷子哟,小鸟要吃光了谷子哟!"
改稿——"婆婆快去瞧谷子哟,细鸟要吃光了谷子哟!"

爸爸拜望了村里的长辈,把家里的东西收拾收拾,把一些能应用的锅碗瓢盆都装在一个大网篮里。把奶奶给萧胜做的两双鞋也装在网篮里。把两瓶动都没有动过的黄油也装在网篮里。[17]锁了门,就带着萧胜上路了。

> [17] 一般可能会写作:把一些能应用的锅碗瓢盆、奶奶给萧胜做的两双鞋、两瓶动都没有动过的黄油都装在一个大网篮里。汪曾祺这样的处理,让文字的速度节奏与烦琐的收拾过程契合,另外也让读者感觉到萧胜的目光是在追随着爸爸的一举一动。

萧胜跟爸爸不熟。他跟奶奶过惯了。他起先不说话。他想家,想奶奶,想那棵歪脖柳树,想小三家的一对大白鹅,想蜻蜓,想蝈蝈,想挂大扁飞起来格格地响,露出绿色硬翅膀底下的桃红色的翅膜……[18]后来跟爸爸熟了。他是爸爸呀!他们坐了汽车,坐火车,后来又坐汽车。爸爸很好。爸爸老是引他说话,告诉他许多口外的事。他的话越来越多,问这问那。他对"口外"产生了很浓厚的兴趣。

> [18] 想家"想"的是一大串具体人事物,又是罗列手法。

他问爸爸啥叫"口外"。爸爸说"口外"就是张家口以外,又叫"坝上"。"为啥叫坝上?"他以为"坝"是一个水坝。爸爸说到了就知道了。

敢情"坝"是一溜大山。山顶齐齐的,倒像个坝。可是真大!汽车一个劲地往上爬。汽车爬得很累,好像气都喘不过来,不停地哼哼。上了大山,嘿,一片大平地!真是平呀!又平又大。像是擀过的一样。怎么可以这样平呢!汽车一上坝,就撒开欢了。它不哼哼了,"刷——"一直往前开。一上了坝,气候忽然变了。坝下是夏天,一上坝就像秋天。忽然,就凉了。坝上坝下,刀切的一样。真平呀!远远有几个小山包,圆圆的。一棵树也没有。他的家乡有很多树。榆树,柳树,槐树。这是个什么地方!不长一棵树!就是一大片大平地,碧绿的,长满了草。有地。这地块真大。从这个小山包一匹布似的一直扯到了那个小山包。爸爸告诉他:有一个农民牵了一头母牛去犁地,犁了一趟,回来时候母牛带回来一个新下的小牛犊,已经三岁了![19]

> [19] 景色极易写得枯燥。如何避免枯燥?别光描摹景色,还要写景中人的反应。于客观中加入主观,效果就好得多。汪曾祺就是在这一段里加入了萧胜的声音:
> "嘿,一大片平地!真是平呀!""怎么可以这样平呢。""真平呀!""这是个什么地方!不长一棵树!"
> 萧胜兴高采烈、反复称奇,读者受到他情绪的感染,对坝上的独特地貌产生了向往。
> 我就因为这篇小说去了一趟坝上。

汽车到了一个叫沽源的县城,这是他们的最后一站。一辆牛车来接他们。这车的样子真可笑,车轱辘是两个木头饼子,还不怎么圆,骨鲁鲁,骨鲁鲁,往前滚。他仰面躺在牛车上,上面是一个很大的蓝天。[20]牛车真慢,还没有他走得快。他有时下来掐[21]两朵野花,走一截,又爬上车。

> [20] 贴着人物写,就要始终记得人物的视线视角。人物躺着,

那么很自然提一下蓝天;人物在羊群中摔倒了,那么"羊蹄在他眼前掠过"。

《聊斋·聂小倩》里两个老妖月下聊天,正议论聂小倩时,她亮相登场了,作者用了四个字形容——"仿佛艳绝",仿佛特别漂亮。为什么"仿佛"呢?因为作者始终记得这一幕是以宁采臣偷看的视角来写的,天又黑又隔得远,必定看不大真切。

[21] 如我在阿城《溜索》里反复提及的,动词要用得具体准确,具体准确了往往也更为新鲜。

这地方的庄稼跟口里也不一样。没有高粱,也没有老玉米,种莜麦,胡麻。莜麦干净得很,好像用水洗过,梳过。胡麻打着把小蓝伞,秀秀气气,不像是庄稼,倒像是种着看的花。[22]

[22] 汪曾祺的博物学兴趣对他的写作颇有助益。
助教小绿熊仿写:
木槿花拳头大,紫瓣交叠,阳光底下半透明,像泛着柔波。花心每一瓣瓣尖一拇指深紫,是古代女子象征性的一点唇脂。花柱结黄穗,似袖珍玉米。这样的一朵单开在树上,简直像人为别上去的,权做个点缀,过了季就要摘掉的。

喝,这一大片马兰!马兰他们家乡也有,可没有这里的高大。长齐大人的腰那么高,开着巴掌大的蓝蝴蝶一样的花。一眼望不到边。这一大片马兰!他这辈子也忘不了。他像是在一个梦里。[23]

[23] 写景,仍是融入了人物浓烈的主观,有人物惊奇的声音。

【*颜色*】对这一段也有提及。

牛车走着走着。爸爸说：到了！他坐起来一看，一大片马铃薯，都开着花，粉的、浅紫蓝的、白的，一眼望不到边，像是下了一场大雪。花雪随风摇摆着，他有点晕。不远有一排房子，土墙、玻璃窗。这就是爸爸工作的"马铃薯研究站"。土豆——山药蛋——马铃薯。马铃薯是学名，爸说的。

从房子里跑出来一个人。"妈妈——！"他一眼就认出来了！妈妈跑上来，把他一把抱了起来。

萧胜就要住在这里了，跟他的爸爸、妈妈住在一起了。

奶奶要是一起来，多好。[24]

[24] 文章后半段共有四次提及奶奶，工整齐秩，均匀分布，足见匠心。

萧胜的爸爸是学农业的，这几年老是干别的。奶奶问他："为什么总是把你调来调去的？"爸说："我好欺负。"马铃薯研究站别人都不愿来，嫌远。爸愿意。妈是学画画的，前几年老画两个娃娃拉不动的大萝卜啦，上面张个帆可以当做小船的豆荚啦，[25]她也愿意跟爸爸一起来，画"马铃薯图谱"。

[25] 此处着意添加了政治背景。

妈给他们端来饭。真正的玉米面饼子，两大碗粥。妈说这粥是草籽熬的。有点像小米，比小米小。绿盈盈的，挺稠，挺香。还有一大盘鲫鱼，好大。爸说别处的鲫鱼很少有过一斤的，这儿"淖"里的鲫鱼有一斤二两的，鲫鱼吃草籽，长得肥。草籽熟了，风把草籽刮到淖里，鱼就吃草籽。萧胜吃得很饱。

爸说把萧胜接来有三个原因。一是奶奶死了，老家没有人了。二是萧胜该上学了，暑假后就到不远的一个完小去报名。三是这里吃得好一些。口外地广人稀，总好办一些。这里的自留地一个人有五亩！随便刨一块地就能种点东西。爸爸和妈妈就在"研究站"旁边开了一块地，种了山药，南瓜。山药开花了，南瓜长了骨朵了。用不了多久，就能吃了。

马铃薯研究站很清静，一共没有几个人。就是爸爸、妈妈，还有几个工人。工人都有家。站里就是萧胜一家。这地方，真安静。成天听不到声音，除了风吹莜麦穗子，沙沙地像下小雨；有时有小燕吱喳地叫。

爸爸每天戴个草帽下地跟工人一起去干活,锄山药。有时查资料，看书。妈一早起来到地里掐一大把山药花，一大把叶子，回来插在瓶子里，聚精会神地对着它看，一笔一笔地画。画的花和真的花一样！萧胜每天跟妈一同下地去，回来鞋和裤脚沾得都是露水。奶奶做的两双新鞋还没有上脚，妈把鞋和两瓶黄油都锁在柜子里。[26]

---

[26] 很自然地由鞋沾了露水，提到奶奶做的两双新鞋，再提到两瓶黄油。在文章的中段再点一下黄油，就避免了它在结尾高潮处出现显得突兀。

白天没有事，他就到处去玩，去瞎跑。这地方大得很，没遮没挡，跑多远，一回头还能看到研究站的那排房子，迷不了路。他到草地里去看牛、看马、看羊。

他有时也去莳弄莳弄①他家的南瓜、山药地。锄一锄，从机井里打半桶水浇浇。这不是为了玩。萧胜是等着要吃它们。他们家不起火，在大队食堂打饭，食堂里的饭越来越不好。草籽粥没有了，玉米面饼子也没有了。现在吃红高粱饼子，喝甜菜叶子做的汤。再下去大概还要坏。萧胜有点饿怕了。

他学会了采蘑菇。起先是妈妈带着他采了两回，后来，他自己也会了。下了雨，太阳一晒，空气潮乎乎的，闷闷的，蘑菇就出来了。蘑菇这玩意很怪，都长在"蘑菇圈"里。你低下头，侧着眼睛一看，草地上远远的有一圈草，颜色特别深，黑绿黑绿的，隐隐约约看到几个白点，那就是蘑菇圈。溜圆。蘑菇就长在这一圈深颜色的草里。圈里面没有，圈外面也没有。蘑菇圈是固定的。今年长，明年还长。哪里有蘑菇圈，老乡们都知道。[27]

> [27] 汪曾祺的文章里总是点缀着各门各科小知识，是令读者持续兴致盎然的原因之一。
> 汪曾祺是现代作家里的第一大古今中外杂学家，《手把肉》里的一段是很好的例证：
> "吃肉，一般是要喝酒的。蒙古人极爱喝酒，而且几乎每饮必醉。我在呼和浩特听一个土默特旗的汉族干部说'骆驼见了柳，蒙古人见了酒'，意思就走不动了——骆驼爱

---

① 莳 shí 弄：栽种、培育。

吃柳条。我以为这是一句现代俗话。偶读一本宋人笔记，见有'骆驼见柳，蒙古见酒'之说，可见宋代已有此谚语，已经流传几百年了。可惜我把这本笔记的书名忘了。宋朝的蒙古人喝的大概是武松喝的那种煮酒，不会是白酒——蒸馏酒。白酒是元朝的时候才从阿拉伯传进来的。"

有一个蘑菇圈发了疯。它不停地长蘑菇，呼呼地长，三天三夜一个劲地长，好像是有鬼，看着都怕人。附近七八家都来采，用线穿起来，挂在房檐底下。家家都挂了三四串，挺老长的三四串。老乡们说，这个圈明年就不会再长蘑菇了，它死了。萧胜也采了好些。他兴奋极了，心里直跳。"好家伙！好家伙！这么多！这么多！"他发了财了。

他为什么这样兴奋？蘑菇是可以吃的呀！

他一边用线穿蘑菇，一边流出了眼泪。他想起奶奶，他要给奶奶送两串蘑菇去。他现在知道，奶奶是饿死的。人不是一下饿死的，是慢慢地饿死的。[28]

> [28] 因为眼前食物的丰盛想起了饿死的奶奶，既合于情理，也让文势陡峭。

食堂的红高粱饼子越来越不好吃，因为掺了糠。甜菜叶子汤也越来越不好喝，因为一点油也不放了。他恨这种掺糠的红高粱饼子，恨这种不放油的甜菜叶子汤！[29]

> [29] 孩童的世界里第一次出现了"恨"这样的情绪，因为他得知了残酷人间的某些真相。有了这一层恨，才更能激荡出

小说的高潮。

此篇中"正"为亲情,"负"为饥饿。一正一负两个主题相互激荡,是经典的故事模式。安房直子的《狐狸的窗户》也类似,"正"为亲情,"负"为杀戮。

他还是到处去玩,去瞎跑。

大队食堂外面忽然热闹起来。起先是拉了一牛车的羊砖来。他问爸爸这是什么,爸爸说:"羊砖。"——"羊砖是啥?"——"羊粪压紧了,切成一块一块。"——"干啥用?"——"烧。"——"这能烧吗?"——"好烧着呢!火顶旺。"[30]后来盘了个大灶。后来杀了十来只羊。萧胜站在旁边看杀羊。他还没有见过杀羊。嘿,一点血都流不到外面,完完整整就把一张羊皮剥下来了!

[30] 从这里开始对话就多了,因为高潮即将来临,行文需要慢起来了。

这是要干啥呢?
爸爸说,要开三级干部会。
"啥叫三级干部会?"
"等你长大了就知道了!"
三级干部会就是三级干部吃饭。[31]

[31] 从前的开会是干部吃饭,后来的开会是干部旅游。

大队原来有两个食堂,南食堂,北食堂,当中隔一个院子,院子里还搭了个小棚，下雨天也可以两个食堂来回串。原来"社员"们分在两个食堂吃饭。开三级干部会，就都挤到北食堂来。南食堂空出来给开会干部用。

三级干部会开了三天，吃了三天饭。头一天中午，羊肉口蘑臊子蘸莜面。第二天炖肉大米饭。第三天，黄油烙饼。晚饭倒是马马虎虎的。

"社员"和"干部"同时开饭。社员在北食堂，干部在南食堂。北食堂还是红高粱饼子，甜菜叶子汤。北食堂的人闻到南食堂里飘过来的香味，就说："羊肉口蘑臊子蘸莜面，好香好香！""炖肉大米饭，好香好香！""黄油烙饼，好香好香！"[32]

[32] 因那个时代的"公平"而怀旧感伤的人，一定没读过这篇《黄油烙饼》。

萧胜每天去打饭，也闻到南食堂的香味。羊肉、米饭，他倒不稀罕：他见过，也吃过。黄油烙饼他连闻都没闻过。是香，闻着这种香味，真想吃一口。

回家，吃着红高粱饼子，他问爸爸："他们为什么吃黄油烙饼？"

"他们开会。"

"开会干嘛吃黄油烙饼？"

"他们是干部。"

"干部为啥吃黄油烙饼？"

"哎呀！你问得太多了！吃你的红高粱饼子吧！"[33]

[33]　此段对话双方的角力：爸爸不想多说，儿子追着要问。

　　正在咽着红饼子的萧胜的妈忽然站起来，把缸里的一点白面倒出来，又从柜子里取出一瓶奶奶没有动过的黄油，启开瓶盖，挖了一大块，抓了一把白糖，兑点起子，擀了两张黄油发面饼。抓了一把莜麦秸塞进灶火，烙熟了。[34] 黄油烙饼发出香味，和南食堂里的一样。妈把黄油烙饼放在萧胜面前，说：

[34]　又是一段写劳动的耐看文字。

　　"吃吧，儿子，别问了。"
　　萧胜吃了两口，真好吃。他忽然咧开嘴痛哭起来，高叫了一声："奶奶！"[35]

[35]　关于本篇高潮，【收束】有相关论述。

　　妈妈的眼睛里都是泪。
　　爸爸说："别哭了，吃吧。"
　　萧胜一边流着一串一串的眼泪，一边吃黄油烙饼。他的眼泪流进了嘴里。黄油烙饼是甜的，眼泪是咸的。[36]

[36]　一流作家善于发现反差，呈现反差，"黄油烙饼是甜的，眼泪是咸的"，这是当代文学里最令人震动的反差之一。

同类事件的七十二般变化讲述

——关于张爱玲《琉璃瓦》

姚先生有一位多产的太太,生的又都是女儿。亲友们根据着"弄瓦,弄璋"①的话,和姚先生打趣,唤他太太为"瓦窑"。姚先生并不以为忤,只微微一笑道:"我们的瓦,是美丽的瓦,不能和寻常的瓦一概而论。我们的是琉璃瓦。"[1]

[1] 如前所述,引号中的人物语言,要尽力保留口语特征。
张爱玲在此为何不使用更为简练的版本,如"我们的瓦不能和寻常的瓦一概而论,我们的是美丽的琉璃瓦"或者"我们的瓦是美丽的琉璃瓦,不能和寻常的瓦一概而论"?
尝试复盘,姚先生应该是在说着"我们的瓦,是美丽的瓦,不能和寻常的瓦一概而论"这一句时,灵机一动,又想出来的后面这句妙语:"我们的是琉璃瓦。"这样写就很逼真,有口语"话赶话"的趣味。

---

① 出自《诗经》,大意是儿子生下来拿玉璋给他玩,女儿生下来拿瓦锤给她玩。

果然，姚先生大大小小七个女儿，一个比一个美，说也奇怪，社会上流行着古典型的美，姚太太生下的小姐便是鹅蛋脸。鹅蛋脸过了时，俏丽的瓜子脸取而代之，姚太太新添的孩子便是瓜子脸。西方人对于大眼睛，长睫毛的崇拜传入中土，姚太太便用忠实流利的译笔照样给翻制了一下，毫不走样。[2]姚家的模范美人，永远没有落伍的危险。亦步亦趋，适合时代的需要，真是秀气所钟，天人感应。[3]

> [2] 天才的比喻。绝对脑洞大开。好比喻是多个层面上的相像：
> 浅层：
> 翻译是对照着原著创造，姚太太也是依照着西方的审美创造。
> 深层：
> 1.翻译尽管是照着模子脱，毕竟使用的语言材质不同。姚太太尽管按照西方的审美，但生出来的肯定还是东方脸孔，不会是深目高鼻的西洋人种。
> 2.好的翻译要做到忠实且流利，也就是既符合于原著，又能很好地整合成自身的晓畅语言。姚太太生娃也是遵照西方审美，但以东方审美看也是毋庸置疑的美人。
> 张爱玲这个脑洞大开的比喻，在各个层面上都妥帖，无可挑剔。才华惊人。
>
> [3] 语感好，上口。
> 技巧之前已提及，整齐与散落的搭配。整齐，是四字短语和成语多，"模范美人""亦步亦趋""秀气所钟""天人感应"……中间又夹着两个散句："永远没有落伍的危险""适

合时代的需要"。

女儿是家累,是赔钱货,但是美丽的女儿向来不在此例。

姚先生很明白其中的道理;可是要他靠女儿吃饭,他却不是那种人。[4]固然,姚先生手头并不宽裕。祖上丢下一点房产,他在一家印刷所里做广告部主任,薪水只够贴补一部分家用。支持这一个大家庭,实在不是容易的事。然而姚先生对于他的待嫁的千金,并不是一味的急于脱卸责任。关于她们的前途,他有极周到的计划。

> [4] 小说中,提出一个意思再否认,作者绝对别有用心,有所暗示。因为如果真不认同,何必提了再推翻?索性就不提。因此,后面尽管有"他却不是那种人"的断然否认,暧暧昧昧的感觉还是出来了。
> 品位高但技巧不足的小说创作者常常担心自己写得太苍白、太狗血,于是矫枉过正,最后变得隐晦,让人读不明白。不妨学学这里的技巧——提出再否认。

他把第一个女儿玎玎嫁给了印刷所大股东的独生子,这一头亲事玎玎原不是十分满意。她在大学里读了两年书,交游广阔,暂时虽没有一个人是她一心一意喜欢的,有可能性的却不少。自己拣的和父母拣的即使是不相上下的两个人,总是对自己拣的偏心一点。况且姚先生给她找的这一位,非但没有出洋留过学,在学校的班级比她还低。她向姚先生有过很激烈的反对的表示,经姚先生再三敦劝,说得唇敝舌焦[5],又拍着胸脯担保:"以后你有半点不顺心,你找我好了!"玎玎和对方会面过多次,也觉得没有什么地方可挑剔的,只得委委屈屈答应了下来。姚先生依从了她的要求，一切都按照最新式的办法。不替她置嫁妆，把钱折了现。对方既然是那么富有的人家，少了实在拿不出手，姚先生也顾不得心疼那三万元了。

> [5] 不妨记一下，以后可以替代"口干舌燥"。
> 词汇量大的好处：能多次替换后挑选出最有新鲜感、意义最合且语感最佳的。

结婚戒指，衣饰，新房的家具都是琤琤和她的未婚夫亲自选择的，报上登的：

熊致章　　小儿启奎
　　　　为　　　　　结婚启事
姚源甫　　长女琤琤

却是姚先生精心撰制的一段花团锦簇的四六文章。为篇幅所限，他未能畅所欲言，因此又单独登了一条"姚源甫为长女于归山阴熊氏敬告亲友"。启奎嫌他啰嗦，怕他的同学们看见了要见笑。琤琤劝道："你就随他去罢！八十岁以下的人，谁都不注意他那一套。"

三朝回门，[6] 卑卑褪下了青狐大衣，里面穿着泥金缎短袖旗袍。人像金瓶里的一朵栀子花。淡白的鹅蛋脸，虽然是单眼皮，而且眼泡微微的有点肿，却是碧清的一双妙目。[7] 夫妻俩向姚先生姚太太双双磕下头去。姚先生姚太太连忙扶着。

> [6] 最常见的时间词转场。

记住大女儿部分展开描写的这个时间点。

[7] 本篇中三个女儿容貌描写的佳处,【容貌】已有提及。

这一段是很好的仿写题,可以亦步亦趋练习。

第一步,衣服对应花瓶,青色丝质衣服(丝绸缎锦等)可以是青瓷花瓶,白色丝质是白瓷瓶或玉瓶,褐色粗地衣服(比如粗棉麻)是陶瓶,黑色粗地的衣服是铁瓶……

第二步,人的风格与花卉对应。不要过于概括,比如秾艳的似牡丹,清雅的如兰花,而是要细细设计容貌气质多方面,形成一种倾向。

我的仿写:

她穿了件米色的厚棉袄,一米七八的个子,手脸都比别人大,整个人就像粗烧陶瓶里的一朵百合花。卷发完全向后拢,不梳刘海,将青白皮肤上的妍丽五官慷慨展示。

学员李子鲤仿写:

他猛一下推门,大大咧咧就站到我眼前,瘦高的个子,颧骨突出,两寸长的头发一根一根立着,身上套一件超大号颜色艳俗的休闲服,活像根插在廉价塑料杯里的牙刷。

才说了几句话,佣人就来请用午餐。在筵席上,姚太太忙着敬菜,琤琤道:"妈!别管他了。他脾气古怪得很,鱼翅他不爱吃。"

姚太太道:"那么这鸭子……"

琤琤道:"鸭子,红烧的他倒无所谓。"

琤琤站起身来布菜给妹妹们,姚先生道:"你自己吃罢!别尽张罗别人!"

琤琤替自己夹了一只虾子,半路上,启奎伸出筷子来,拦住了,他从她的筷子上接了过去,筷子碰见了筷子,两人相视一笑。竟发了一回呆。琤琤红了脸,轻轻地抱怨道:"无缘无故抢我的东西!"

启奎笑道:"我当你是夹菜给我呢!"

姚先生见她们这如胶如漆的情形,不觉眉开眼笑,只把胳膊去推他太太道:"你瞧这孩子气,你瞧这孩子气!"

旧例新夫妇回门,不能逗留到太阳下山之后。启奎与琤琤,在姚家谈得热闹,也就不去顾忌这些,一直玩到夜里十点钟方才告辞。两人坐了一部三轮车。那时候正在年下,法租界僻静的地段,因为冷,分外的显得洁净。霜浓月薄的银蓝的夜里,惟有一两家店铺点着强烈的电灯,晶亮的玻璃窗里品字式堆着一堆一堆黄肥皂,像童话里金砖砌成的堡垒。[8]

> [8] 论小说还是散文里的景色描写都不宜过长。像这样短短的,适当地在叙事中间调剂、点缀一下就可以了。
> "霜浓月薄的银蓝的夜里",这一句读着觉得很有趣。细分析一下,原来是因为"月""银""夜"都是Y声母,读起来就有点英文的"头韵"修辞的感觉了。所谓"头韵",就是连续几个单词的头一个音都一样,比如《Pride and Prejudice》《傲慢与偏见》或《Sense and Sensibility》《理智与情感》。

启奎吃多了几杯酒,倦了,把十指交叉着,拦在琤琤肩上,又把下巴搁在背上,闲闲地道:"你爸爸同妈妈,对我真是不搭长辈架子!"他一说话,热风吹到琤琤的耳朵底下,有点痒。她含笑把头偏了一偏,并不回答。[9]

[9] 男女之间亲密互动的小动作放在文章里是耐看的。但要写得够细腻，写具体的动作而非笼统的。如果只是"他搂着她，他们亲了亲"就无甚价值。

有人写跳舞：他们气定神凝，姿态步伐精准，夜色沉沉中，男的从容挺拔，女的优雅柔美。这就不怎么吸引人，因为它是刻板印象式的笼统写法，没有个性和细处。

"不搭长辈架子"其实是因为巴结奉承。正是这样的态度加重了女婿的怀疑。张爱玲这里并非闲笔。

启奎又道："玮玮，有人说，你爸爸把你嫁到我家里来，是为了他职业上的发展。"

玮玮诧异道："这是什么话？"

启奎忙道："这话可不是我说的！"

玮玮道："你在哪儿听来的？"

启奎道："你先告诉我……"

玮玮怒道："我有什么可告诉你的？我爸爸即使是老糊涂，我不至于这么糊涂！我爸爸的职业是一时的事，我这可是终身大事。我可会为了他芝麻大的前程牺牲我自己吗？"

启奎把头靠在她肩上，她推开了他，大声道："你想我就死人似地让他把我当礼物送人么？你也太看不起我了！"

启奎笑道："没敢看不起你呀！我以为你是个孝女。"

玮玮啐道："我家里虽然倒运，暂时还用不着我卖身葬父呢！"

启奎连忙掩住她的嘴道："别嚷了——冷风咽到肚子里去，仔细着凉。"

玮玮背过脸去，噗嗤一笑道[10]："叫我别嚷，你自己也用不着嚷呀！"

> [10] 琤琤和启奎互动这一段里，对话的发起语有：忙道，笑道，啐道，恨一声道，柔声道，咬着牙道等。
> 尽管对话里已有语气，对话之外也有描写动作神态的句子作为辅助，但对话的发起语还是完全可以多一些花样的。
> 但作家有各自的行文习惯，刘震云就完全不一样，后文我会细述。

启奎又凑过来问道："那么，你结婚，到底是为了什么？"

琤琤恨一声道："到现在，你还不知道，为来为去是为了谁？"

启奎柔声道："为了我？"

琤琤只管躲着他，半个身子挣到车外去，头向后仰着，一头的鬈发，给风吹得乱飘，差一点卷到车轮上去。启奎伸手挽住了她的头发，道："仔细弄脏了！"琤琤猛把头发一甩，发梢直扫到他眼睛里去，道："要你管！"

启奎嗳唷了一声，揉了揉眼，依旧探过身来，脱去了手套为她理头发。理了一会，把手伸进皮大衣里面去，搁在她脖子后面。琤琤叫道："别！别！冷哪！"

启奎道："给我焐一焐。"

琤琤扭了一会，也就安静下来了。启奎渐渐地把手移到前面，两手扣住了她的咽喉，轻轻地抚弄着她的下颔。琤琤只是不动。启奎把她向这面揽了一下，她就靠在他身上。[11]

[11] 继续工笔细绘。

良久，玥玥问道："你还是不相信我？"

启奎道："不相信。"

玥玥咬着牙道："你往后瞧罢！"

从此玥玥有意和娘家疏远了，除了过年过节，等闲不肯上门。姚太太去看女儿，十次倒有八次叫人回说少奶奶陪老太太出门打牌去了。熊致章几番要替亲家公谋一个较优的位置，却被儿媳妇三言两语拦住了。[12] 姚先生消息灵通，探知其中情形，气得暴跳如雷。不久，印刷所里的广告与营业部合并了，姚先生改了副主任。老太爷赌气就辞了职。

[12] 儿媳妇怎么个三言两语拦住，要是张爱玲展开来写，一定也出彩。但小说有通盘的考虑：这一篇中展开细写的部分，都是父母与女儿（及女婿）之间或者女儿与女婿之间。至于两亲家或儿媳与公婆之间，都未展开。
小说新手笔力不够，容易写得漫无边际，以致无法收拢。阅读时如能观察作家们的详略布局，自己再动手时就会好很多。

经过了这番失望，姚先生对于女儿们的婚事，早就把心灰透了，决定不闻不问，让她们自由处置。他的次女曲曲，更不比玥玥容易控制。曲曲比玥玥高半个头，体态丰艳，方圆脸盘儿，一双宝光璀璨的长方形的大眼睛[13]，美之中带着点犷悍。姚先生自己知道绝对管束不住她，打算因势利导，使她自动地走上正途。这也是做父母的一番苦心。

[13] 不太理解的人可以去搜索一下葫芦娃的图片，几兄弟的眼睛异常符合。

一向反对女子职业的他，竟把曲曲荐到某大机关去做女秘书。那里，除了她的顶头上司是个小小的要人之外，其余的也都是少年新进。曲曲的眼界虽高，在这样的人才济济中，也不难挑出一个乘龙快婿。选择是由她自己选择！[14]

[14] 这一句虽未加引号，但从语序语法上可以看出是口语，是在引用姚先生的话。

然而曲曲不争气，偏看中了王俊业，一个三等书记。两人过从甚密。在这生活程度奇高的时候，随意在咖啡馆舞场里坐坐，数目也就可观了。王俊业是靠薪水吃饭的人，势不能天天带她出去，因此也时常的登门拜访她。姚先生起初不知底细，待他相当的客气。一旦打听明白了，不免冷言冷语，不给他好脸子看。王俊业却一味的做小伏低，曲意逢迎，这一天晚上，他顺着姚先生口气，谈到晚近的文风浇薄。曲曲笑道："我大姊出嫁，我爸爸做的骈文启事，你读过没有？我去找来给你看。"

王俊业道："正要拜读老伯的大作。"

姚先生摇摇头道："算了，算了，登在报上，错字很多，你未必看得懂。"

王俊业道:"那是排字先生与校对的人太没有智识的缘故。现在的一般人,对于纯粹的美文,太缺乏理解力了。"

曲曲霍地站起身来道[15]:"就在隔壁的旧报堆里,我去找。"

> [15] 给曲曲设计的动作与她"犷悍"、不受管束的风格是一致的:"霍地站起身来",以及后文的"耸肩笑道""翩然下楼"……

她一出门,王俊业便夹脚跟了出去。

姚先生端起宜兴紫泥茶壶来,就着壶嘴呷了两口茶。回想到那篇文章,不由的点头播脑地背诵起来。他站起身来,一只手抱着温暖的茶壶,一只手按在口面,悠悠地抚摸着,像农人抱着鸡似的。[16]身上穿着湖色熟罗对襟褂,拖着铁灰排穗裤带,摇摇晃晃在屋里转了几个圈子,口里低低吟哦着。背到末了,却有二句记不清楚。他嘘溜溜吸了一口茶,放下茶壶,就向隔壁的餐室里走来。一面高声问道:"找到了没有??是十二月份的。"一语未完,只听见隔壁的木器砰訇[17]有声,一个人逃,一个人追,笑成一片。姚先生这时候,却不便进去了,只怕撞见了不好看相[18]。急得只用手拍墙。

> [16] 【比喻】中提到这一句的本体喻体风格的反差。另外,这一句也有本体喻体多层的相似:
> 1. 动作神态相似;
> 2. 茶壶是温暖的,鸡也是温暖的。
>
> [17] pēng hōng,拟声词。
> 最早出自汉张衡的《西京赋》,历代诗赋中都有使用,鸟

于空中振翅声、雷声、大水声、暴雨声、金鼓声、车马声、拍门声，都可使用该词拟声。
　　文言词、口语词、方言词甚至外语词汇，都可以无禁忌使用，只要用得准确。

[18] 上海话。
　　适当点缀方言，增加真实感，也增添一点语言上的趣味。
　　另外，普通话很多时候表达力是不够的，需要方言的襄助。这一点【雅俗】里已有提及。

　　那边仿佛是站住了脚。王俊业抱怨道："你搽了什么嘴唇膏！苦的！"

　　曲曲笑道："是香料。我特地为了你这种人，拣了这种胭脂——越苦越有效力！"

　　王俊业道："一点点苦，就吓退了我？"说着，只听见撒啦一声，仿佛是报纸卷打在人身上。

　　姚先生没法子，唤了小女儿瑟瑟[19]过来，嘱咐了几句话，瑟瑟推门进去，只见王俊业面朝外，背着手立在窗前。旧报纸飞了一地，曲曲蹲在地上收拾着，嘴上油汪汪的杏黄①胭脂，腮帮子上也抹了一搭。她穿着乳白冰纹绉的单袍子，粘在身上，像牛奶的薄膜，肩上也染了一点胭脂晕。[20]

[19] 这个名字令人想到"半江瑟瑟半江红"。
　　张爱玲小说中人物名字都起得极佳。字义、字音、字形乃

---

① 杏黄：黄而微红。

至整体的意象联想总有可观处,有时还多层兼备。

[20] 这个比喻也一样有颜色、纹理、质地等多层的相似。此外,喻体比本体更明显有情欲的倾向。
【比喻】中也有提及,喻体的画面常常更为浓重鲜明,更具倾向性,有暗指的功能。
肩上也染了一点胭脂晕——
大片单色上着一小点异色有格外的美感,有点玉石雕刻里"俏色"的感觉。

瑟瑟道:"二姊,妈叫你上楼去给她找五斗橱的钥匙。"曲曲一言不发,上楼去了。

这一去,姚太太便不放她下来。曲曲笑道:"急什么!我又不打算嫁给姓王的。一时高兴,开开玩笑是有的。让你们摇铃打鼓这一闹,外头人知道了,可别怪我!"

姚先生这时也上来了,接口冷笑道:"哦!原来还是我们的错!"

曲曲掉过脸来回他道:"不,不,不,是我的错。玩玩不打紧,我不该挑错了玩伴。若是我陪着上司玩,那又是一说了!"

姚先生道:"你就是陪着皇帝老子,我也要骂你!"

曲曲耸肩笑道:"骂归骂,欢喜归欢喜,发财归发财。我若是发达了,你们做皇亲国戚;我若是把事情弄糟了,那是我自趋下流,败坏你的清白家风。你骂我,比谁都骂在头里!你道我摸不清楚你弯弯扭扭的心肠!"

姚先生气得身子软了半截,倒在藤椅子上,一把揪住他太太颤巍巍说道:"太太你看看你生出这样的东西来,你——你也不管管她！"

姚太太便揪住曲曲道："你看你把你爸爸气成这样！"

曲曲笑道："以后我不许小王上门就是了！免得气坏了爸爸。"

姚太太道："这还像个话！"

曲曲接下去说道："横竖我们在外面，也是一样的玩，丢丑便丢在外面，也不干我事。"

姚先生喝道："你敢出去！"

曲曲从他身背后走过，用鲜红的指甲尖在他耳朵根子上轻轻刮了一刮[21]，笑道："爸爸，你就少管我的事罢！别又让人家议论你用女儿巴结人，又落一个话柄子！"

> [21] 曲曲连指甲都是悍然的鲜红色。
> 用鲜红的指甲尖在他耳朵根子上轻轻刮了一刮——
> 我有时看直播间主播过货，给商品贴标签撕标签，手指尖尖翘翘，又都做着美甲亮闪闪，觉得有说不出的好看，就乐意停留多看一会儿。
> 凡是现实中吸引人的，拓印到文本里也总是耐看的，不用琢磨为什么。

这两个"又"字，直钻到姚先生心里去。他紧涨了脸，一时挣不出话来，眼看着曲曲对着镜子掠了掠鬓发，开柜提取出一件外套，翩然下楼去了。

从那天起，王俊业果然没到姚家来过。可是常常有人告诉姚先生说看见二小姐在咖啡馆里和王俊业握着手，一坐坐上几个钟头。姚先生的人缘素来不错，大家知道他是个守礼君子，另有些不入耳的话,也就略去不提了。然而他一转背,依旧是人言籍籍。到了这个地步,即使曲曲坚持着不愿嫁给王俊业,姚先生为了她底下的五个妹妹的未来的声誉,也不能不强迫她和王俊业结婚。

曲曲倒也改变了口气,声言:"除了王俊业,也没别人拿得住我。钱到底是假的,只有情感是真的——我也看穿了,天下没有十全十美的事。"

她这一清高,抱了恋爱至上主义,别的不要紧,吃亏了姚先生,少不得替她料理一切琐屑的俗事。王俊业手里一个钱也没有攒下来。家里除了母亲还有哥嫂弟妹,分租了人家楼上几间屋子住着,委实再安插不下一位新少奶奶。姚先生只得替曲曲另找一间房子,买了一堂家具,又草草置备了几件衣饰,也就所费不赀了。曲曲嫁了过去,生活费仍旧归姚先生负担。姚先生只求她早日离了眼前,免得教坏了其他的孩子们,也不能计较这些了。

幸喜曲曲底下的几个女儿,年纪都还小[22],只有三小姐心心,已经十八岁了,然而心心柔驯得出奇[23],丝毫没染上时下的习气,恪守闺范,一个男朋友也没有。姚先生过了一阵安静日子。

[22] 这一篇三个并列部分的转场都是议论式转场:因为大女儿嫁得如何于是姚先生对二女儿的婚事如何处置,因为大女儿二女儿嫁得如何,于是姚太太对三女儿的婚事的打算……

[23] 三个女儿外貌风格不一,性情也不一。小说中如有并列部分,设计上须多变化,张爱玲这一篇是典范。

姚太太静极思动,因为前头两个女儿一个嫁得不甚得意;一个得意的又太得意了[24],都于娘家面子有损。一心只想在心心身上争回这口气,成天督促姚先生给心心物色一个出类拔萃的。姚先生深知心心不会自动地挑人,难得这么一个听话的女儿,不能让她受委屈,因此勉强地打起精神,义不容辞地替她留心了一下。

> [24] 前一个"得意"是"合心意"的意思,嫁了有钱人家,后一个"得意"是"扬扬得意"的意思。文字游戏玩得好。
> 助教小绿熊仿写:
> 她知道许掌柜此番前来,说是算账,也为算账。上回她一口伶牙逼得他面皮紫涨,险些下不来台,她知道这王八蛋不会善罢甘休。

做媒的虽多,合格的却少。姚先生远远地注意到一个杭州富室嫡派单传的青年,名唤陈良栋,姚先生有个老同事,和陈良栋的舅父是干亲家,姚先生费了大劲间接和那舅父接洽妥当,由舅父出面请客,给双方一个见面的机会。姚先生预先叮嘱过男方,心心特别的怕难为情,务必要多请几个客,凑成七八个人,免得僵的慌。还有最重要的一点,宴席的坐位,可别把陈良栋排在心心贴隔壁。初次见面,双方多半有些窘,不如让两人对面坐着。看得既清晰,又没有谈话的必要。姚先生顾虑到这一切,无非是体谅他第三个女儿不擅交际酬应,怕她过于羞人答答[25]的,犯了小家子气的嫌疑。并且心心的侧影,因为下颔太尖了,有点单薄相,不如正面美。

> [25] 各种语言材料随手拈来,"羞人答答"是中古近古口语,

元明清戏剧里常出现的词。

这里也是特意避免和前面的"难为情"重复。

到了介绍的那天晚上[26]，姚先生放出手段来：把陈良栋的舅父敷衍得风雨不透，同时匀出一只眼睛来看陈良栋，一只眼睛管住了心心，眼梢里又带住了他太太，唯恐姚太太没见过大阵仗，有失仪的地方。[27]散了席，他不免精疲力尽。一回家便倒在藤椅上，褪去了长衫、衬衣，只剩下一件汗衫背心，还嚷热。

[26] 教授小说结构的久世一老师发现：大女儿女婿之间展开写的一场是结完婚三朝回门，二女儿女婿是两人热恋期间，三女儿女婿则是第一次见面。小说越向后行进，两人详写部分越向前推。这样就形成了一种特殊的时间感。

[27] 我有几个判断顶级文字的标准：
1. 读两三遍能否大致背出来，得逻辑语感双佳的文字才行。《前赤壁赋》就是我站在新华书店的书架前背出的。
2. 生活中再遇到相关情境能否一秒于脑中浮现。读完《琉璃瓦》，社交场上再遇到八面玲珑上下敷衍的人，我就总能想到这一段。
"匀出一只眼睛来看陈良栋，一只眼睛管住了心心"其实和"东市买骏马，西市买鞍鞯，南市买辔头，北市买长鞭"是一种修辞手法：互文。

姚太太不及卸妆，便赶到浴室里逼着问心心："你觉得怎么样？"

心心对着镜子，把头发挑到前面来，漆黑地罩住了脸，左一梳，右一梳，只是不开口。隔着她那藕色镂花纱旗袍，胸脯子上隐隐约约闪着一条绝细的金丝项圈。[28]

> [28] 又是一个耐看的具体动作。这一句好也有语感的原因，3个字—3个字—5个字或者3个字—3个字—7个字的节奏，两个3字句又对称，语感往往很好。
> "隔着她那藕色镂花纱旗袍，胸脯子上隐隐约约闪着一条绝细的金丝项圈。"又是一点俏色。

姚太太发急道："你说呀！有什么不满意的地方，尽管说！"

心心道："我有什么可说的！"

姚先生在那边听见了，撩起裤脚管，一拍膝盖，呵呵笑了起来道："可不是！她有什么可批评的？家道又好，人又老实，人品又大方，打着灯笼都没处找去！"

姚太太望着女儿，乐得不知说什么才好，搭讪着伸出手来，摸摸心心的胳膊，嘴里咕哝道："偏赶着这两天打防疫针！？你瞧，还肿着这么一块！"[29]

> [29] 乐得不知道说什么好，于是就说了一件跟当天的大事只有一毛钱关系的事（但又并非毫无关系），太真实了，太对了。

心心把头发往后一撩，露出她那尖尖的脸来。腮上也不知道是不是胭脂，一直红到鬓角里去。乌浓的笑眼，笑花溅到眼睛底下，凝成一个小酒涡。[30]姚太太见她笑了，越发熬不住要笑。

> [30] 如果你喜欢画画，不妨照着三个女儿亮相的三段文字画出

她们的样子来。会让你对张爱玲的高超笔力有更深一层体会。

心心低声道:"妈,他也喜欢看话剧跟电影;他也不喜欢跳舞。"

姚太太道:"喜欢就喜欢,不喜欢就不喜欢,怎么老是'也'呀'也'的!"

姚先生在那边房里接口道:"人家是志同道合呀!"

心心道:"他不赞成太新式的女人。"

姚太太笑道:"你们倒仿佛是说了不少的话!"[31]

[31] 这一篇中,大女儿女婿之间的互动是直接、正面写,包括席间和三轮车上两个场景。

二女儿女婿之间是侧面写,两人在房间里有些亲密举止,姚先生在外听到了着急。不过,虽侧面写,事件还是当下发生的,属于进行时态。

而三女儿女婿之间就索性就变成事后的转述,过去时态了。相亲局都在写姚先生,心心与程某在席间如何互动完全没写,是通过事后女儿跟父母的谈话透露出来的。

这篇小说的三个并列部分,不仅于人物的容貌、性格和婚恋历程这些浅表的层面绝不重复,在普通读者不大关注到的叙事层面,也是花样繁多。

小说家的匠心令人惊叹。姚先生酒席上的那一段,也是张爱玲写小说时的状态吧!

"他也不喜欢跳舞"表现出来的是不善交际应酬,羞人答答,通常这样的性格确实不喜欢跳舞。最细微处也有勾连,也合情理。

姚先生也笑道:"真的,我倒不知道我们三丫头这么鬼精灵,隔得老远的,眉毛眼睛都会传话!早知道她有这一手儿,我也不那么提心吊胆的——白操了半天心!"

心心放下了桃花赛璐璐梳子[32],掉过身来,倚在脸盆边上,垂着头,向姚太太笑道:"妈,只是有一层,他不久就要回北京去了,我……我……我怪舍不得您的!"

> [32] 这里可以看出张爱玲对《红楼梦》的传承——爱物,不厌其烦地给它们特写镜头。一把打酱油的梳子,也要交代图案和材质。
> 《沉香屑——第一炉香》里有这样的一句:一语未完,门开处,一只朱漆描金折枝梅的玲珑木屐的溜溜地飞了进来,不偏不倚,恰巧打中薇龙的膝盖,痛得薇龙弯了腰直揉腿。飞进来的拖鞋,也就能看个囫囵,薇龙又是被砸痛,大概率顾不上赏鉴,张爱玲却还是交代出拖鞋的颜色、质地、工艺、图案,这就不能不说是爱物之心盖过了其他了。

姚先生在脱汗衫,脱了一半,天灵盖上打了个霹雳,汗衫套在头上,就冲进浴室。叫道:"你见了鬼罢?胡说八道些什么?陈良栋是杭州人,一辈子不在杭州就在上海,他到北京去做什么?"

心心吓怔住了,张口结舌答不出话来。

姚先生从汗衫领口里露出一双眼睛,亮晶晶地盯住他女儿,问道:"你说的,是坐在你对面的姓陈的么?"

心心两手护住了咽喉[33],沙声答道:"姓陈的,可是他坐在我隔壁。"

[33] 仍然是一个具体的耐看的动作。

姚先生下死劲啐了她一口，不想全啐在他汗衫上。他的喉咙也沙了，说道："那是程惠荪。给你介绍的是陈良栋，耳东陈。好不要脸的东西，一厢情愿，居然到北京去定了，舍不得妈起来！我都替你害臊！"

姚太太见他把脖子都气紫了，怕他动手打人，连忙把他往外推。他走了出去，一脚踢在门上，门"蹦"地一声关上了，震得心心索索乱抖，哭了起来。[34]姚太太连忙拍着哄着，又道："认错人了，也是常事，都怪你爸爸没把话说明白了，罚他请客就是了！本来他也应当回请一次。这一趟不要外人，就是我们家里几个和陈家自己人。"

[34] 父母与子女之间也是此消彼长的关系。姚先生对曲曲一定不敢这般凶形恶语。

姚先生在隔壁听得清楚，也觉得这话有理，自己的确莽撞了一点。因又走了回来，推浴室的门推不开，仿佛心心伏在门上呜呜咽咽哭着呢。便从另一扇门绕道进去。他那件汗衫已经从头上扯了下来，可是依旧套在颈上，像草裙舞的花圈。他向心心正色道："别哭了，该歇歇了。我明天回报他们，就说你愿意再进一步，做做朋友。明后天我邀大家看电影吃饭，就算回请。他们少爷那方面，我想绝对没有问题。"

心心哭得越发嘹亮了,索性叫喊起来,道:"把我作弄得还不够!我——我就是木头人,我——我也受不住了哇!"

姚先生姚太太面面相觑。姚太太道:"也许她没有看清楚陈良栋的相貌,不放心。"

心心蹬脚道:"没有看清楚,倒又好了!那个人,椰子似的圆滚滚的头。头发朝后梳,前面就是脸,头发朝前梳,后面就是脸——简直没有分别!"

姚先生指着她骂道:"人家不靠脸子吃饭!人家再丑些,不论走到哪里,一样的有面子!你别以为你长得五官端正些,就有权力挑剔人家面长面短!你大姊枉为生得齐整,若不是我替她从中张罗,指不定嫁到什么人家,你二姊就是个榜样!"

心心双手抓住了门上挂衣服的铜钩子,身体全部的重量都吊在上面,只是嚎啕痛哭。[35]背上的藕色纱衫全汗透了,更兼在门上揉来揉去,揉得稀皱。

> [35] 创作时要想得细。一般人这里大概会写作"心心抵在门背后,只是嚎啕痛哭",张爱玲则会想到门背后(尤其是浴室门背后)通常有钩子,那么抓住钩子身体吊在上面哭,就合情合理且更具体、更有画面感了。

姚太太扯了姚先生一把,耳语道:"看她这样子,还是为了那程惠荪。"

姚先生咬紧了牙关,道:"你要是把她嫁了程惠荪哪!以后你再给我添女儿,养一个我淹死一个!还是乡下人的办法顶彻底!"

程惠荪几次拖了姚先生的熟人,一同上门来谒见,又造了无数的借口,谋与姚家接近,都被姚先生挡住了。心心成天病奄奄的,脸色很不好看,想不到姚先生却赶在她头里,先病倒了。[36]中医诊断说是郁愤伤肝。

> [36] 写完了心心相亲的事,如何转场到小说的高潮,即大女儿在姚先生病中回家哭诉这一场呢?
> 张爱玲的连接是巧妙的:既然姚先生要生病,那么先写心心(因相思而)"病奄奄"的,于是很顺就转过来了。初写小说的人往往只会用"几天后""过了一阵子"这种时间标识语来转场,用多了显得创意匮乏,需要多做练习,掌握这种转场小技巧。

这一天,他发热发得昏昏沉沉,一睁眼看见一个蓬头女子,穿一身大红衣裳,坐在他床沿上。他两眼直瞪瞪望着她,耳朵里嗡嗡乱响,一阵阵的轻飘飘往上浮,差一点昏厥了过去。

姚太太叫道:"怎么连玨玨也不认识了?"

他定眼一看,可不是玨玨!烫鬈的头发,多天没有梳过,蟠结在头上,像破草席子似的。敞着衣领,大襟上钮扣也没有扣严,上面胡乱罩了一件红色绒线衫,双手捧着脸[37],哭道:

> [37] 又是一个动作描写。没有这一句"双手捧着脸",画面感就会弱很多。
> 我们平常可以做做人物动作片段练习。普通的、日常的动作,具体的、细微的动作,平时走路、做事、说话时的身体姿势等。

"爸爸！爸爸！爸爸你得替我做主！你——你若是一撒手去了，叫我怎么好呢？"

姚太太站在床前，听了这话，不由地生气，骂道："多大的人了，怎么这张嘴，一点遮拦也没有！就是我们不嫌忌讳，你也不能好端端地咒你爸爸死！"

珍珍道："妈，你不看我急成这个模样，你还挑我的眼儿！？启奎外头有了人，成天不回家，他一家子一条心，齐打伙儿欺负我。我这一肚子冤，叫我往哪儿诉去！"

姚太太冷笑道："原来你这个时候就记起娘家来了！我只道雀儿拣旺处飞，爬上高枝儿去了，就把我们撇下了。"

珍珍道："什么高枝儿矮枝儿，反正是你们把我送到那儿去的，活活地坑死了我！[38]"

> [38] 珍珍和母亲拌嘴能胜出，关键在于不接对方的话茬，要么釜底抽薪，要么找对方的漏洞攻击。
> 倘若在姚太太指责她不顾家人之后，她去分辨"都是不凑巧我正好出去了""爸爸升迁的事我一概不知"，气焰上就弱了，她的回复是釜底抽薪式的：不管我后来表现如何，当初我是有过激烈的反对的，是你们非要我嫁的。
> 第二个回合胜出，是找到姚太太前后的不一致来攻击。
> 琢磨出吵架技巧，不光于自己吵架有利，以后小说里写对话也能出彩些。

姚太太道："送你去，也要你愿意！难不成'牛不喝水强按头'！

当初的事你自己心里有数。你但凡待你父亲有一二分好处,这会子别说他还没死,就是死了,停在棺材板上,只怕他也会一骨碌坐了起来,挺身出去替你调停!"

琤琤道:"叫我别咒他,这又是谁咒他了!"说着放声大哭起来,扑在姚先生身上道:"呵!爸爸!爸爸!你要有个三长两短,可怜你这苦命的女儿,叫她往哪儿去投奔?我的事,都是爸爸安排的,只怕爸爸九泉之下也放不下这条心!"

姚先生听她们母女俩一递一声拌着嘴,心里只恨他太太窝囊不济事,辩不过琤琤。待要插进嘴去,狠狠地驳琤琤两句,自己又有气没力的,实在费劲。赌气翻身朝里睡了。

琤琤把头枕在他腿上,一面哭,一面唠唠叨叨诉说着,口口声声咬定姚先生当初有过这话:她嫁到熊家去,有半点不顺心,尽管来找爸爸,一切由爸爸负责任。姚先生被她絮聒得五中似沸,也不知有了多少时辰,好容易朦胧睡去。一觉醒来,琤琤不在了,褥单上被她哭湿了一大块,冰凉的,像孩子溺脏了床。[39]问姚太太琤琤哪里去了,姚太太道:"启奎把她接回去了。"

[39]【比喻】中有分析。

姚先生这一场病,幸亏身体底子结实,支撑过去了,渐渐复了原,可是精神大不如前了。病后他发现他太太曾经陪心心和程惠荪一同去看过几次电影,而且程惠荪还到姚家来吃过便饭。姚先生也懒得查问这笔帐了。随他们闹去。

但是第四个女儿纤纤，还有再小一点的端端，籁籁，瑟瑟，都渐渐的长成了——一个比一个美。姚太太肚子又大了起来，想必又是一个女孩子。亲戚们都说："来得好！姚先生明年五十大庆，正好凑一个八仙上寿！"可是姚先生只怕他等不及。

他想他活不长了。[40]

> [40] 结尾又是在呼应开头。开头也是亲友们的打趣。这样就有了明确的收拢感，完结感。提高了小说的"完整度"。
> 形式上是在呼应，但内容则呈现反差：姚先生心态天差地别了。以前人家揶揄，说女儿不值钱是瓦，他还很自信地说自家女儿们是琉璃瓦。现在人家奉承八仙上寿，他却完全没了心气，觉得自己活不长了。

捕捉细之又细的生活现象与感官体验

——关于费滢《鸟》

忽然间刮了一阵大风,这是春天里很常见的事,被填了一嘴沙子的男生们仍在跑步,只不过有几个朝地上吐了唾沫。地是用煤灰铺的,弯道那里的线被踩得很模糊了。[1]他白色球鞋浸染成莫名的灰色,脚掌能感觉到尖利摩擦,[2]身体倾斜,却不至于跌倒。脚踝,小腿,膝盖,大腿,整个人……该怎么数步伐,只能瞧见操场转角几株夹竹桃已预备要开出一树粉色的花,将对着黑色土地倾放毒气。这样吐出来的大概会是肺或者心脏吧,于是他把嘴里粗砺的那些东西[3]都咽下去了。

[1] 这篇《鸟》曾获台湾联合报文学奖短篇小说大奖。评委朱天文曾评价说:
"《鸟》唤起下一代小说是可以这样写的:心很热、眼睛敏感、不放过对周遭的观察,把打动你的描摹下来。这应当是《鸟》得奖的指标意义。"

对细之又细的生活现象的捕捉是这篇文章的魅力源头之一。跑道上弯道处线被踩得模糊，因为那里摩擦力最大嘛。费滢一说我们也认同，也明白原理，但自己写作时能否也出这样的细节呢？

观察凝视很重要，要恢复像孩子那样呆呆地看，入迷地看；勤快的笔头也很重要，一有发现，立刻掏出手机或灵感小本记录，过上一阵子就再翻翻做个回顾。坚持半年，对写作的帮助会令你惊讶。

我翻了翻从前的小本，记了一个细节：饭馆里收拾桌面的阿姨们，如果头上脸上哪里痒了，通常都是用手背去蹭一蹭，而不像一般人那样以手指挠。为什么呢？因为她们一直抓着抹布，手心一面比较脏。

这个细节放小说里应该不错。

[2] 此篇文章的魅力来源之二：在视听之外，大量的味觉、嗅觉、触觉以及体内感觉。

此前已有论述，在文字较难与电影电视等视听艺术抗衡的如今，扬长避短，多写味、嗅、触等感官，是个好办法。

[3] 触觉。

像隔壁菜场里的鸡。处理过的鸡赤裸裸一字排开，嘴张着，年前抹了盐，齐齐挂在窗外的竹竿上，随风飘动。喉咙被割开清理时，从嗓子里流出来一些像小石子的玩意。[4]

[4] 此篇的魅力来源之三：精准复刻儿童的思维和情状。

这一处写的是儿童大脑里常有的古怪联想。我六年级时开始近视，上课时看不清老师的五官，只感觉是几个黑影，于是把他们想象成各种怪物，还起了名。

这种念头一闪而过,对于无聊又辛苦的跑步来说,倒是有趣的消遣。大风渐渐变成小漩涡,多半到了半空就消失不见,煤灰失去支撑,又一次下雨一样落在他们头发里;还有一些也没越过杉树,就附在叶子上。此刻黄昏,太阳被云笼罩成灰黄,却映得杉树叶闪闪发亮像黑羽。[5]

> [5] 写景要有动态才好看,而且,风向上,煤灰向下,又格外有张力。
> 我的案头有一方戈壁滩风凌石,是亿万年被风凌虐得起皱、分层乃至倾斜的石头。它整体向左方倾斜,我于是摆了一只狐狸在石头前,头朝向右方。尽管石头和狐狸都是静置物,这样一组合却颇有了张力,好像只要按下虚空中的开始键,它们就会立刻动起来。
> "此刻黄昏,太阳被云笼罩成灰黄,却映得杉树叶闪闪发亮像黑羽。",较为接近诗的语言,精练,有音乐感。

"嘿嘿,看招。"D君又把会向上喷出的水柱扫向他。

用这种压力式水龙头喝水真是烦死了。不知道学校哪来的经费置办那一套蒸馏水系统,舔舔嘴角的铁锈味[6],骗人的吧,明显是和冲厕所的水来自同一管道嘛。

> [6] 味觉。

D君仍源源不断把水弄到他身上。上一次,他们扭打起来,他猛一抬头,把写着"鸡爪槭"的牌子撞掉了,刮出一脸锈迹,对方把他按在树上力大无比似的要把他嵌进木头里,而他只得用头顶撞回去,脸颊相碰,他觉得D君胡须好扎,不像十四岁的自己,连头发都稀少发黄,额前微卷,没有气概。只得示出利齿,向D君鼻子攻击,对方咬回,乃至于突然松手,四目相对,风把湿衣服吹得更冷,贴在背上好像要脱去又没办法真的摆脱的一层皮。难道才过几天,这家伙就全忘了?这里抱怨也没用,反正全都忘记了,鼻子也不痛了。[7]

> [7] 全段都是儿童情状,小猫式的打闹。
> "他觉得D君胡须好扎"是触觉。
> "风把湿衣服吹得更冷,贴在背上好像要脱去又没办法真的摆脱的一层皮。"是温度、触觉。

一直到鸡爪槭的树干上黏了微小鸟蛋一样的虫茧,夹竹桃开得繁重,他掐下一朵,汁液里一股子苦味,随手就擦在自己肥大的校服上。然后,转眼是虫茧里爬出多刺毛虫的时节,夹竹桃已经谢了,学校正忙着锯树翻新操场,毛虫随枝桠碎片掉下来,在煤灰上缓缓蠕动,被他用石头砸死一条,又从角落里围过来无数。他还是没长高,校服下摆空荡得厉害,没气概,没强壮,笑起来没骨气。D君已成城墙堵在身后,一双手在他背上移动,说是要帮他打通穴道,却弄痒他,两人一起嘿嘿笑到抽。最后,用巨大死去树枝做的弓箭,他小心藏在施工砖后面,原是打算偷袭D君的石头屁股的,也随时间一齐消失也。[8]

[8] 这一段我初读就觉得非常惊艳,因为节奏绝佳。在心中默读时感到有点像开车:先加速启动,然后高速平稳地行驶一阵子,接着减速,"也"字一出,刹车了……一段文字里形成这么一个节奏的闭环。是不是特别棒?
"费了好大力气才琢磨出来这效果是咋个形成的"主要靠"的"字的调节。头和尾都正常有"的",而中间段很多句都没有。显然,有"的",速度就慢,没有就快。
除了以"的"来调节,中段这几句里,很多双音节词都被作者改成了单音节词,很多成分也省略了。比如,"用石头砸死一条,又从角落里围过来无数"就是省略了"无数"后的一个"条"字。只要不影响意义传递,能砍就都砍掉,速度也就提上去了。

回家还不是得坐着爸的自行车吗?十四岁时他的父亲看起来还是开朗年轻人,只不过由于遗传的缘故,鬓角已白了(像故意染白了似的)。妹妹小F仍在乡间,电话来说,天太热了,茅坑里又生蛆啦。他回答曰,长刺爬虫也很讨厌,刺很硬哪。

"西瓜像行星,瓜田是太阳系。"
"讨厌照相机,喜欢军刀与模型。"
"车前草能止血,蚂蟥缩起来变成一个球。"
……
"阿婆买给我只小狗。起了和你一样的名字。"[9]

[9] 确实是儿童的对话。

就这样鬼扯到爸一条手臂伸来抢下电话,"好啦,快去读书,别又耽误你妹吃饭。"

怎么会耽误,她唯一不会忘记的就是吃饭了吧。一只小狗……他突然恨自己活在城里,于是嘟囔着不要读书不要读书。家里乌龟只会默默爬去躲在报纸下面,金鱼通过玻璃缸屡屡顺利直达西方极乐世界。花草在晚风里不开口[10],他又想拨给D君,不过不知道该说什么,似乎除了打打闹闹还有别的可分享,只不过两人都没寻得而已。[11]

> [10] 这里要说的是家里养的三种生物都不如小狗有趣。第一句有画面感,第二句带一点俏皮,第三句又是诗感十足。
>
> [11] 把"如何想念一个人"写得"颗粒度"如此之小。一流作家们呈现人的心理,既不说大白话也不用术语,而是能创造一些巧妙玲珑的说法。

读书读到与作者一个样,岂非很可怕的事。爸每日筛选稿件,修正错字快要疯掉了吧,有时候把完成不了的工作带回家,教他和妈妈一起帮忙看。晚饭后,一堆稿纸摊在桌子上,用铅笔画一条线,延伸出每个字,然后取消一段话,用一个符号代替一个符号。这世界,一头扎下去,就再无法露出脑袋呼吸了,你要嘛变成字虫,要嘛在煤灰操场上突然缩小,被黑色碎片埋进去。[12]

> [12] 又是儿童的古怪联想。

D君不会明白他的。这个只会用汗水脏手污染他衣服的家伙是多么单纯啊,今天照相就站他旁边,一瞬间,接下来,他们就会分别了。

"高中会换个学校吧。"D君如是说。

"在哪里?"

"国外,第一个告诉你的,因为没有确定,所以先别说出去,否则多丢人,不过据说那里美女超多!"

"好的。"

很想问爸一句,有没有死党,在你更年轻时,与你厮打斗狠又情同手足,偶尔互咬嘴上死皮。

"哈,马上就要破了。"

"已经破了,和蒸馏水一样,都带着股锈味。"

"尝到了?"

"嗯,是。"

苦恼是瞬间事,电话没打,这个问题自然没问,睡着就抛到脑后。夜里听到床底响动,趴下打了电筒看,原又是乌龟默默爬。好想要一条狗,这念头一起,D君就飞到九霄云外去。[13]

[13] 又抓了一个儿童特点:忘性大,注意力快速转移。

坐在爸的自行车后面,不似偶尔搭D君的车,爸的背稳而温柔,而D的扭来扭去,大概是要炫技的,会这样大叫:喂,抓好抓好,我要双手脱把啦!

笨蛋哪，我又看不到，有什么值得炫耀的。不过能听到你的狂笑而已。因为这样，倒是没办法观察街边的景致。

坐爸的车，眼睛才得闲有用武之地。头顶太阳从杉树里滚落而下，在眼眶里转来转去，变成莫名的气泡眼泪，很快蒸腾掉了[14]。路过菜场时最为惊险，鸡鸭慌慌张张，肉铺红艳艳一片，鱼虾在狭小水域里翻动好难受！他盯着这一切，到了花鸟市场，植物动物也不能舒展，被买回家，或许才是解放啊。[15]货郎是挑着担子蹿来蹿去的，竹竿好几次快戳到他肩膀，都被他施展神功（与D一起钻研出的）躲开。[16]

[14] 这里也是体内感觉。且是诗化的语言。平庸的写法大概是：阳光热辣，刺得他流泪。

[15] 这一段也使用了印象派的笔法。在一掠而过的短暂时间里，选取最突出印象，如果将毫末都记录，反而不大贴合真实了。

[16] 80后、90后的武侠童年。

这一幕，到他驮着自己小孩的那天，会不会改变？又或者，像D君那样，载着哪一个……真是想远了，一年以后他摔断腿，更没机会学会骑车。

这个午后，他睡过头。一直睡到下午，还是被尿憋醒的。多亏爸妈不在家，否则就得被直拽下床，爸恨不得把他的懒筋抽出来鞭打他一顿[17]。他穿着白棉布短衫短裤，一双瘦腿晃晃荡荡。厕所是公用的，冲水后未进门，就听见电话铃在未消失的水声中好失真。

一般不会有人找他。

> [17] 俗语不过是"把某某的懒筋抽掉",费滢这里大开脑洞,抽出来当成一条鞭子还可以再打他一顿。简直有"迅雷不及掩耳盗铃儿响叮当"之妙了。

看了一会儿诡异的色情武侠。
"少女赤裸睡在龙王的大床上,后来就被杀死了。"(向古龙叔叔致敬。)

他摇摇脑袋,厨房里没吃食,干净且空荡,鱼缸里一层薄灰[18]。他向上看天花板,叫了两声,自然没有人应。淡淡油味飘散[19],一碗大碗豆浆已经放凉了,初夏,树上的知了胆怯齐鸣,好几个破音。[20]他又"噢"一声蹿到客厅,看见桌子上摆零钞,大概是让他自己解决午饭吧。

> [18] 细之又细的生活现象。

> [19] 嗅觉。

> [20] 观察力强,能注意到知了鸣叫的某些特质,而且还给命了个名——"破音"。我倒是也熟悉知了的叫声,但要形容还真是想不到用这个词。

等他晃下楼,白日的那些热气正汇聚形成一天中最使人窒息的时刻[21]。他走过菜场,酱缸里的盐卤味把街道都笼罩住。[22]

［21］ 平常的写法：正是一天中最为闷热的时候。她的语言又如诗。
主干其实是：热气汇聚成时刻。像是病句，但有全篇呈现出的高超文字驾驭力背书，就像诗了。

［22］ 嗅觉。

街口经常与D君一起吃的羊肉串摊还没摆出来，地上散乱的落了些竹签。这景象又和坐在爸自行车后座时不同。一切都缓慢。没了爸在前面絮叨，"啊，这里就是关过周作人的老虎桥监狱。"

"要不要吃腰花呢？是叫你妈妈做凉拌还是我爆炒？"

永无止境，随着眼睛所见的一起铺展看，像小F说的那条屋后河。晚上流动，白天像静止了；冬天结冰，便又觉得它在流动。不知D君以后是不是会变成爸那样的人，白衬衫被汗渍得有些黄了，就耐心用漂白粉让它重回原色——可是那黄色总是隐约显现，背上的肌肉抽动着，是用力载着他。

"喂喂，请让一让。"这是自行车铃坏掉之后的人肉警报。

"你坐稳一点，我要加速了。"

"目标，宇宙尽头。"

就这么想着，他走到花鸟市场。[23] 小猫小狗都在笼子里挤作一堆。有一只抬头望他，嘴巴抿成X字，眼睛好闪亮，[24] 可惜没办法带回家啊。

[23] 一会儿是主人公走路之所见所感,一会儿又切换到坐自行车后之所闻所嗅,随意之下如钟摆运动般有秩序。

[24] 大部分人的笔力可以写到动物的眼睛闪亮,写不到"嘴巴抿成 X 字"。一流作者能写出人人脑中有、笔下无,感受得到、但形容不出的那些细节。

花鸟集市,对他来说,是另一个世界。这些活物让他在心底添了层敬畏,哪怕开口问价都觉得胆怯。最后,摸了摸含羞草的叶子,可那叶子因为热气丧失原本的灵敏,根本不会合起来了。集市里没什么人,摊主们多数摆了长躺椅盖了条脏毛巾假寐,还有的索性坐在地上打牌下棋。每次路过这里,他都求爸买只小鼠或是小鸟送他,好像也问过 D 君。

他们的回答是一样的:"要是养死了,你会伤心的吧。"

神奇的卖鸟人总在集市的另一端,快要尽头时,就看见无数鸟笼堆砌的楼房。画眉、绣眼、金翅、白头翁……超大的鹦鹉呆呆住在属于它们的小格子里。不能叫也不能飞舞的话,那只能靠吃打发时间,各种谷类的壳落了一地,旁边筐子里放满吊死鬼的蛹,这是喂画眉的。

马上 D 就要走了。

抱了这个念头,他靠近楼房。卖鸟人自顾自逗弄着一只雀儿。训练得不错,它已经会飞起来啄食指捏着的小米了。就因为这点,它和卖鸟人看起来格外亲昵。过了好一会儿,那人才像刚发现他似的问道:

"买鸟?"

"随便看看,是什么价钱?"他学爸口气沉沉。[25]

[25] 诗感。歌词感。

"哪一只?"
"你手上这一只。"
"十五。"

这一只脚上扣了线,没办法飞走,只是展展翅膀,然后歪头看他。这和他在以前于十五秒内就擦肩而过的动物们不一样,眼神碰在一起,又分开,而不仅是匆匆闪过的一瞬。

他曾发梦一则:他与小F以及D君一起到乡下,天气炎热,三人跋涉过一片芦苇地,来到与城里相似的一个动植物集市,人人都戴了面具,兔子笼堆得几层楼一般高,众兔子眼神定定,齐齐望向他,小F大哭起来,而D则是慌神走来走去。世界突然摇摇晃晃,天边处晚霞要落下,好似一条火舌。渐渐,大家发现自己是被关在笼子里,被提着不知走向哪儿。[26]

[26] 这个梦,当然是有隐喻的功能在的;但最为出彩的并非这一点,而是文字的感觉与梦境的破碎无逻辑高度契合:全都是呈现画面,而且一帧帧切换,基本不使用关联承转词。所以想要写梦像梦,一个好学的技巧就是:去掉关联承转词。这也是为什么想要文章逻辑分明、秩序井然,那就必须擅长用关联承转词了。
学员为一杯幸福仿写:
我和少年时的挚友闯入山谷,遍地蓝色花,杂以粉白,单瓣的、罄口的，暗蓝的天覆盖下来，蝴蝶纷飞。我伤心欲绝，痛哭不已。走近一架落叶散布的白色钢琴，掀着盖子，薄灰覆盖琴键，突然意识到挚友胆怯地爱我。他消失不见。

身上带的钱不够，他把脖子上那块小玉牌取下去一并交给卖鸟人，才换得雀儿与小树枝。他拿近了瞧，鸟的眼睛像一枚细小的黑钮扣，看不见瞳孔的，眼圈那里带出点机灵与俏皮，嘴部一层嫩壳还没剥落，翅膀那儿的绒毛也未褪去。[27]

[27] 这里就不是印象派了，而是素描基本功。

酱缸味儿扩散得越来越大[28]，他平举树枝，快步走回家，嘴里还学着自行车铃铛叮呤叮呤。鸟儿在枝子上的每次跳动都传到手心里，催化着从指尖到耳后的一阵酸涩感。糖蒜、辣白菜、咸青菜轮番于胃中滚动。[29]奇异的，孤单的感觉。

[28] 嗅觉。

[29] 体内感觉。

"你会和我做朋友吧。"他对鸟耳语。[30]

[30] 此篇写少年的孤独令人动容。我小时候一大家子吵吵嚷嚷，从没体会过什么孤独。但有费滢的这一篇在腹，后来听几位身为城市独生子女的朋友讲述，就有很深的"理解之同

情"了。

上楼时又听见电话铃,他不确定是不是从自己家里传来的。楼梯里只剩模糊的回声,无人下楼时遇见他,[31]他打开门,欢迎新客人。

> [31] 架着个鸟自然是不想遇到人的。因为有人喜欢逗弄、有人害怕避之不及,都麻烦。又是一个极细处。

"请便啦,这是我的房间。"(连D君也未曾来过的。)

他把树枝压在一本厚书下,让鸟可以站在书桌边,桌脚那儿垫了块手帕处理鸟粪。不知道爸妈什么时候回来,要怎么与他们说呢?他正犹豫着,这次电话是真响了。

"喂,你下午都在哪儿啊!"是D君。

"我是来道别的。"

"确定了吗?"

"是啊。"

"美女是不是的确很多?"

"不知道啊,反正是要走了。"

"那就先说再见了。"

挂了电话,才发现天色已经暗了,平地刮起一股旋风,吹得胸腔和窗户都在砰砰直响[32]。他便又转头去,望向鸟儿。此时拿小米逗弄它也无用,它吃饱了。手帕已经弄脏了。最后的一些光线投射在墙上的海报中,他坐在床边,垂头不知该想什么好。

[32] 人在疾风中，胸膛是最大的受力面，被风撞击的声音经身体组织的传导放大，因此才会感到砰砰直响，周围人是听不到砰砰声的。
这一句之所以妙，有诗感，就是因为胸腔的砰砰其实是身体感觉，而窗户的砰砰是听觉。

他是想有一天，这鸟儿能在他用力蹬车时站在他肩膀上的，十四岁的他因为这个念头出了层薄汗。等到天光大亮，我们一起出游吧，他喃喃说。又明知不可能，总归会被线拴住脚，没了自由[33]。他开始找剪刀想把鸟腿上的那根绳子弄掉，却到处搜不得。

[33] 这里是同情，后面又施虐。任性无端，儿童情状。

慢慢把结解开吧，在爸妈回来前，当这些都没发生。
他感到一阵无奈的愤怒，鸟看他接近，往后躲了躲，却被他温柔握住。
"不要动。"
纽扣般的细眼毫无痛感，他解绳解得烦躁，不小心拇指用力，末尾的那一瞬光线就这么淹没在了微弱的鸣叫中。[34]

[34] 鸟挣扎着叫唤但最后还是被捏死的诗意写法：末尾的那一瞬光线就这么淹没在了微弱的鸣叫中……主干是"光线淹没在鸣叫中"。
作为极致动物保护主义者，我读到这里很生气的，但还是得承认写得好。

像梦境一般，空中传来尖锐的哨声，夜晚正式的、沉沉的降落，他处理一段未知之友谊，如正在消失中的一段生命气息。夜晚的嘶鸣永不停止，他在煤渣弯道处听见鞋底与地面的摩擦，也一齐混入其中，嘴里的那股子锈味，好像从未散去一般。[35]

[35] 我通篇都在赞叹"诗感"，到结尾的一段尤甚。试着给这段加上回车键：
像梦境一般
空中传来尖锐的哨声
夜晚正式的、沉沉的降落
他处理一段未知之友谊
如正在消失中的一段生命气息
夜晚的嘶鸣永不停止
他在煤渣弯道处听见鞋底与地面的摩擦
也一齐混入其中
嘴里的那股子锈味
好像从未散去一般
难道不是一首乐感极佳的诗？
"夜晚的嘶鸣"，这个相同信息再次给出，除非刻意重复，否则要加变化。第二次提及空中尖锐的哨声，就变化成"夜晚的嘶鸣"。
"他在煤渣弯道处听见鞋底与地面的摩擦，也一齐混入其中，嘴里的那股子锈味，好像从未散去一般。"这样的用法，《风筝》《溜索》《琉璃瓦》都是以呼应开头的方式收尾，费滢这一篇也如此，相信大家已经能意识到这是经典好用的手法。

主角的丰富层层展现，配角的鲜明始终如一

——关于刘震云《一句顶一万句》①

老汪大号汪梦溪，字子美。老汪他爹是县城一个箍盆箍桶的箍桶匠，外加焊洋铁壶。汪家箍桶铺子西边，挨着一个当铺叫"天和号"。"天和号"的掌柜姓熊。老熊他爷是山西人，五十年前，一路要饭来到延津。一开始在县城卖菜，后来在街头钉鞋；顾住家小之后，仍改不了要饭的习惯；过年时，家里包饺子，仍打发几个孩子出去要饭。节俭自有节俭的好处，到了老熊他爹，开了一家当铺。这时就不要饭了。一开始当个衣衫帽子，灯台瓦罐，但山西人会做生意，到老熊手上，大多是当房子、当地的主顾，每天能有几十两银子的流水。[1]老熊想扩大门面，老汪的箍桶铺子，正好在老熊家前后院的东北角，使老熊家的院落成了刀把形，前窄后阔；老熊便去与老汪他爹商量，如老汪他爹把箍桶的铺面让出来，他情愿另买一处地方，给老汪他

---

① 刘震云《一句顶一万句》节选，此篇观点、整理为助教牧棠与作者共同完成。

爹新盖个铺面。原来的门面有三间,他情愿盖五间。门面大了,可以接着箍桶,也可以做别的生意。这事对于老汪家也合算,但老汪他爹却打死不愿意,宁肯在现有的三间屋里箍桶,不愿去新盖的五间屋里做别的生意。不让铺面不是跟老熊家有啥过节,而是老汪他爹处事与人不同,同样一件事情,对自己有利没利他不管,看到对别人有利,他就觉得吃了亏。[2]老熊见老汪他爹一句话封了口,没个商量处,也就作罢。

[1] 我的仿写:
一开始就是裁个罩衫围裙,窗帘被单,但小佳子聪明勤快,一年之后,被乡服装厂聘去,这时候就大多是定制全毛中山装、羊毛呢大衣的客户了,每个月过他手裁剪的布料就值上万元。
我喜欢没事随便找上大作家的一段话仿写一下,利于提升文笔。

[2] 人从来不是经济学所假设的"理性人",而大作家们最擅长呈现人心种种不可理喻之处。
另举个例子,张爱玲在《茉莉香片》里写到主角传庆憎恶在家里唯一一对他好的女佣刘妈和在学校里唯一一对他友善的同学言丹朱:
在家里,他憎厌刘妈,正如同在学校里他憎厌言丹朱一般。寒天里,人冻得木木的,倒也罢了。一点点的微温,更使他觉得冷的彻骨酸心。

老汪的箍桶铺面的东边,是一家粮栈"隆昌号","隆昌号"的掌柜叫老廉。这年秋天,汪家修屋顶,房檐出得长些;下雨时,雨顺着房檐，滴洒在廉家的西墙上；但廉家的房檐也不短，已滴洒了汪家东墙十几年。但世上西北风多，东南风少[3]，廉家就觉得吃了亏。为房檐滴雨，两家吵了一架。"隆昌号"的掌柜老廉，不同于"天和号"的掌柜老熊，老熊性子温和，遇事可商可量，老廉性子躁，遇事吃不得亏，两家吵架的当天晚上，他指使自己的伙计，爬到汪家房顶，不但拆了汪家的房檐，还揭了汪家半间瓦。两家从此打起了官司。老汪他爹不知打官司的深浅，也是与老廉赌着一口气；官司一打两年，老汪他爹也顾不上箍桶。老廉上下使钱[4]，老汪他爹也跟着上下使钱。但汪家的家底，哪里随得上廉家？廉家的粮栈"隆昌号"，每天有几十石粮食的进出。延津的县官老胡又是个糊涂人，两年官司打下来，也没打出个所以然，老汪他爹已经把三间铺子折了进去。

    [3] 原本是干瘪的地理知识，但多了"世上"二字，就多一分说故事的腔调。

          张大春在《小说稗类》里谈到："腔调的确常可以被取材和修辞决定，不过，它也可以是一种语言策略"。小说创作者不妨记下这句话，有意识地尝试，替换，最终找出最佳腔调。腔调没找对，往往写一段就删，写一段就删，怎么着都不对劲，而一旦找准了则可能势如破竹，两三天就写好一篇。

    [4] 话本小说的常用语，也是为了贴合那个腔调。全篇例子不胜枚举。

"天和号"的掌柜老熊，又花钱从别人手上把三间铺子买了过来。老汪他爹在县城东关另租一间小屋，重新箍桶。这时他不恨跟自己打官司的"隆昌号"的掌柜老廉，单恨买自己铺子的"天和号"的掌柜老熊。他认为表面上是与廉家打官司，廉家背后，肯定有熊家的指使。但这时再与老熊家理论，也无理论处，老汪他爹另做主张，那年老汪十二岁，便把老汪送到开封读书，希冀老汪十年寒窗能做官，一放官放到延津，那时再与熊家和廉家理论。也是君子报仇，十年不晚的意思。但种一绺麦子，从撒种到收割，也得经秋、冬、春、夏四个季节，待老汪长大成人，又成才做官，更得耐得住性子。性子老汪他爹倒耐得住，但一个箍桶匠，每天箍几个盆桶，哪里供得起一个学生在学府的花销？硬撑了七年，终于把老汪他爹累吐了血，桶也箍不成了。在病床上躺了三个月，眼看快不行了，正准备打发人去开封叫老汪，老汪自己背着铺盖卷从开封回来了。老汪回来不是听说爹病了，而是他在开封被人打了。而且打得不轻，回到延津还鼻青脸肿，拖着半条腿。问谁打了他，为啥打他，他也不说。只说宁肯在家里箍桶，再也不去开封上学了。老汪他爹见老汪这个样子，连病带气，三天就没了。临死时叹了一口气：

"事情从根上起就坏了。"

老汪知道他爹说的不是他挨打的事，而是和熊家廉家的事，问："当初不该打官司？"

老汪他爹看着鼻青脸肿的老汪：

"当初不该让你上学，该让你去当杀人放火的强盗，一来你也不挨打了，二来家里的仇早报了。"[5]

[5] 全篇于老汪他爹着墨虽少，但令人印象深刻，性格中有突

> 出一面,在各事件中的反应指向一致。
> 好的小说,通常主角丰富立体,配角鲜明生动。这篇里不光汪爹,后面的银瓶、老范都如此。

说这话已经晚了。但老汪能在开封上七年学,在延津也算有学问了。在县衙门口写诉状的老曹,也只上过六年学。老汪他爹死后,老汪倒没有箍盆箍桶,开始流落乡间,以教书为生。这一教就是十几年。老汪瘦,留个分头,穿上长衫,像个读书人;但老汪嘴笨,又有些结巴,并不适合教书。也许他肚子里有东西,但像茶壶里煮饺子一样,倒不出来。头几年教私塾,每到一家,教不到三个月,就被人辞退了。人问:

"老汪,你有学问吗?"

老汪红着脸:

"拿纸笔来,我给你做一篇述论。"

人:

"有,咋说不出来呢?"

老汪叹息:

"我跟你说不清楚,躁人之辞多,吉人之辞寡。"[6]

> [6] 张爱玲发起对话,一般用"道"字,啐一口道,怒道,耸肩道……
> 鲁迅在《离婚》中先写人物语言,后面接上某某道,某某说。
> 刘震云则根本不用"道""说"这样的发起字,直接人物后面加冒号,并且所说的话另起一行。

但不管辞之多寡，在学堂上，《论语》中"四海困穷，天禄永终"一句，哪有翻来覆去讲十天还讲不清楚的道理？自己讲不清楚，动不动还跟学生急：

"啥叫朽木不可雕呢？圣人指的就是你们。"[7]

> [7] 自己讲不清楚，动不动还跟学生急：
> "啥叫朽木不可雕呢？圣人指的就是你们。"，这里的另起一行就很合适，因为人在着急发火之前就是要停顿一下的。
> 一分段，就有了憋了一下后发作出来的感觉。
> 另举个刘震云的例子：
> "杨百顺一海碗烩面吃下去，吃得满头大汗。这时鸡叫了，杨百顺哭了，泪落在空碗里：
> '叔。'"
> 人要哭的时候，是会先停顿一下的。这样一个分段，竟使话语带有呜咽之感。比用"顿了一顿"这种词先进了太多。

四处流落七八年，老汪终于在镇上东家老范家落下了脚。这时老汪已经娶妻生子，人也发胖了。东家老范请老汪时，人皆说他请错了先生；除了老汪，别的流落乡间的识字人也有，如乐家庄的老乐，陈家庄的老陈，嘴都比老汪利落。但老范不请老乐和老陈，单请老汪。大家认为老范犯了迷糊，其实老范不迷糊，因为他有个小儿子叫范钦臣，脑子有些慢，说傻也不傻，说灵光也不灵光；吃饭时有人说一笑话，别人笑了，他没笑；饭吃完了，他突然笑了。老汪嘴笨，范钦臣脑子慢，脑与嘴恰好能跟上，于是请了老汪。[8]

[8] 配角老范的性格特质：睿智包容。

老汪的私塾，设在东家老范的牛屋。学堂过去是牛屋，放几张桌子进去，就成了学堂。老汪亲题了一块匾，叫"种桃书屋"，挂在牛屋的门楣上。匾很厚，拆了马槽一块槽帮。[9]范钦臣虽然脑子慢，但喜欢热闹，一个学生对一个先生，他觉得寂寞，死活不读这书。老范又想出一个办法，自家设私塾，允许别家的孩子来随听。随听的人不用交束脩，单自带干粮就行了。十里八乡，便有许多孩子来随听。杨家庄卖豆腐的老杨，本不打算让儿子们识字，但听说去范家的私塾不用出学费，只带干粮，觉得是个便宜，便一口气送来两个儿子[10]：二儿子杨百顺，三儿子杨百利。本来想将大儿子杨百业也送来，只是因为他年龄太大了，十五岁了，又要帮着自己磨豆腐，这才作罢。由于老汪讲文讲不清楚，徒儿们十有八个与他作对。何况随听的人，十有八个本也没想听学，只是借此躲开家中活计，图个安逸罢了。如杨百顺和李占奇，身在学堂，整天想着哪里死人，好去听罗长礼喊丧。但老汪是个认真的人。他对《论语》理解之深，与徒儿们对《论语》理解之浅形成对比，使老汪又平添了许多烦恼。往往讲着讲着就不讲了，说：

[9] 貌似这是顶级作家共通的一点，雅之后总得来点俗来煞一煞（此处应配捂脸"笑哭"表情）。

[10] 平常的写法：觉得是个便宜，便送了两个儿子过来。刘震云的写法有个"一…二…"的文字游戏趣味在。

"我讲你们也不懂。"

如讲到"有朋自远方来,不亦乐乎?"徒儿们以为远道来了朋友,孔子高兴,而老汪说高兴个啥呀,恰恰是圣人伤了心,如果身边有朋友,心里的话都说完了,远道来个人,不是添堵吗?恰恰是身边没朋友,才把这个远道来的人当朋友呢;这个远道来的人,是不是朋友,还两说着呢;只不过借着这话儿,拐着弯骂人罢了。徒儿们都说孔子不是东西,老汪一个人伤心地流下了眼泪。[11] 由于双方互不懂,学生们的流失和变换非常频繁。退学是因为不懂,又来上学的人还是因为不懂。由于学生变换频繁,十里八乡,各个村庄都有老汪的学生。或叔侄同窗,或兄弟数人,几年下来,倒显得老汪桃李满天下。

[11] 该片段在故事里是有明确的功用的,不只是单在写老汪和学生之间。读到后文会知道。

老汪教学之余,有一个癖好,每个月两次,阴历十五和阴历三十,中午时分,爱一个人四处乱走。拽[12]开大步,一路走去,见人也不打招呼。有时顺着大路,有时在野地里。野地里本来没路,也让他走出来一条路。夏天走出一头汗,冬天也走出一头汗。大家一开始觉得他是乱走,但月月如此,年年如此,也就不是乱走了。十五或三十,偶尔刮大风下大雨不能走了,老汪会被憋得满头青筋。东家老范初看他乱走没在意,几年下来就有些在意了。一天中午,老范从各村起租子回来,老汪身披褂子正要出门,两人在门口碰上了;老范从马上跳下来,想起今天是阴历十五,老汪又要乱走,便拦住老汪问:

　　[12] 有力量感,比起"迈"字更有点不管不顾的感觉,也新鲜。

"老汪,这一年一年的,到底走个啥呢?"
老汪:
"东家,没法给你说,说也说不清。"
没法说老范也就不再问。这年端午节,老范招待老汪吃饭,吃着吃着,旧事重提,又说到走上,老汪喝多了,趴到桌角上哭着说:
"总想一个人。半个月积得憋得慌,走走散散,也就好了。"
这下老范明白了,问:
"活人还是死人?怕不是你爹吧,当年供你上学不容易。"
老汪哭着摇头:
"不会是他。是他我也不走了。"
老范:
"如果是活着的人,想谁,找谁一趟不就完了?"
老汪摇头:
"找不得,找不得,当年就是因为个找[13],我差点儿丢了命。"

　　[13] 注意这个"找"字。

老范心里一惊，不再问了，只是说：

"我只是担心，大中午的，野地里不干净，别碰着无常。"

老汪摇头：

"缘溪行，忘路之远近。"[14]

> [14]《论老汪的孔乙己属性》——书呆子转文，本来是有喜感的，可"忘路之远近"，又有很深的悲凉。艺术效果错综多层。

又说：

"碰到无常我也不怕，他要让我走，我就跟他走了。"

明显是喝醉了，老范摇摇头，不再说话。但老汪走也不是白走，走过的路全记得，还查着步数。如问从镇上到小铺多少里，他答一千八百五十二步；从镇上到胡家庄多少里，他答一万六千三十六步；从镇上到冯班枣多少里，他答十二万四千二十二步……[15]

> [15] 第一层妙，用确数而非概数，这手法相信很多人都熟悉，《甄嬛传》里的"砖妃"诉说深宫寂寞：
> 我宫里一共有三百二十六块砖石，可是这每一块，我都抚摸过无数遍了，其中还有三十一块已经出现了细碎的裂纹……
> 第二层妙，逐步变长、变大的数字，仿佛老汪的抑郁孤独也绵绵延展……

老汪的老婆叫银瓶。银瓶不识字，但跟老汪一起张罗着私塾，每天查查学生的人头，发发笔墨纸砚。老汪嘴笨，银瓶嘴却能说。

但她说的不是学堂的事,尽是些东邻西舍的闲话。她在学堂也存不住身,老汪一上讲堂,她就出去串门,见到人,嘴像刮风似的,想起什么说什么。来镇上两个月,镇上的人被她说了个遍;来镇上三个月,镇上一多半人被她得罪了。人劝老汪:

"老汪,你是个有学问的人,你老婆那个嘴,你也劝劝她。"

老汪一声叹息:

"一个人说正经话,说得不对可以劝他;一个人在胡言乱语,何劝之有?"

对仗

倒对银瓶不管不问,任她说去。平日在家里,银瓶说什么,老汪不听,也不答。两人各干各的,倒也相安无事。银瓶除了嘴能说,与人共事,还爱占人便宜。占了便宜正好,不占便宜就觉得吃亏[16]。逛一趟集市,买人几棵葱,非拿人两头蒜;买人二尺布,非搭两绺线。[17]夏秋两季,还爱到地里拾庄稼。拾庄稼应到收过庄稼的地亩,但她碰到谁家还没收的庄稼,也顺手牵羊捋上两把,塞到裤裆里[18]。从学堂出南门离东家老范的地亩最近,所以捋[19]拿老范的庄稼最多。一次老范到后院新盖的牲口棚看牲口,管家老季跟了过来,在驴马之间说:

[16] 和开头的"同样一件事情,对自己有利没利他不管,看到对别人有利,他就觉得吃了亏"有异曲同工之妙。

[17] 手法让句子有音乐性,读起来不乏味。
虚指的手法,"两头""二尺""两绺"都不是真正的数量。取朗朗上口的数量词运用即可。

[18] 把我在【社会】里关于细节的论述再补充全面一些吧，写作中可贵的细节主要是两种类型：
一种就是像费滢《鸟》里的细之又细的那种——弯道处地面的模糊、知了的破音、鱼缸水面的一层薄灰……跟读者的日常经验"咯嗒"一声对上了，就制造出十足的愉悦。
第二种就是像"偷了东西塞到裤裆里"这一类的细节，【社会】中着重谈到的，即，读者如果没有相似经历、不在同类处境中，绝难以想象到、编造出的细节。此类细节的摄取可拓展对于社会和人性的认知，因此也价值非凡。

[19] 字典释义：用手顺着长条状物向一端抹过去。（使物体干净或顺溜）
稻穗麦穗用"捋"字，大概是最准确的了。

"东家，把老汪辞了吧。"

老范：

"为啥？"

老季：

"老汪教书，娃儿们都听不懂。"

老范：

"不懂才教，懂还教个啥？"

老季：

"不为老汪。"

老范：

"为啥？"

老季：

"为他老婆,爱偷庄稼,是个贼。"

老范挥挥手:

"娘们儿家,有啥正性。"

又说:

"贼就贼吧,我五十顷地,还养不起一个贼?[20]"

[20] 老范:我主打就是一个大度、包容。

这话被喂牲口的老宋听到了。喂牲口的老宋也有一个娃跟着老汪学《论语》,老宋便把这话又学给了老汪。没想到老汪潸然泪下:

"啥叫有朋自远方来呢?这就叫有朋自远方来。"

但杨百顺学《论语》到十五岁,老汪离开了老范家,私塾也停了。老汪离开私塾并不是老范辞了他,或是徒儿们一批批不懂,老汪烦了,或是老汪的老婆偷东西败坏了他的名声,待不下去了,而是因为老汪的孩子出了事。[21]老汪和银瓶共生了四个孩子,三个男孩,一个女孩。老汪有学问,但给孩子起的都是俗名,大儿子叫大货,二儿子叫二货,三儿子叫三货,一个小女儿叫灯盏[22]。大货二货三货都生性老实,唯一个灯盏调皮过人。别的孩子调皮是扒房上树,灯盏不扒房,也不上树,一个女娃家,爱玩畜牲。而且不玩小猫小狗,一上手就是大牲口;一个六岁的孩子,爱跟骡子马打交道。喂牲口的老宋不怕别人,就怕这个灯盏。晚上他正铡草或淘草,突然回头,发现灯盏骑在牲口圈里的马背上,边骑边打牲口:

[21] 把后面发生的事情提到前面来说,一般是为了加悬念,免得文势太平。
另,杨百顺在这篇里完全不重要,只是因为书中前后篇的关联,这篇才采用了"杨百顺纪年"。

[22] 就是暗夜里的光亮所在啊。

"驾哟,带你去姥姥家找你妈[23]!"

[23] 全篇灯盏有两句台词,一句是"带你去姥姥家找你妈",一句是"爹,天凉了,我给你披披被窝"。后者更自然,前者略怪。但因为小孩子本来就胡言乱语,所以交代得过去。我倾向于认为是刘震云的一个小设计,刻意再提一次"找"字。

马在圈里嘶叫着踢蹬,她也不怕。大货二货三货没让老汪费什么心,大不了跟别人一样,课堂上听不懂《论语》,一个女娃却让老汪大伤脑筋。为灯盏玩牲口,老宋三天两头向老汪告状,老汪:

"老宋,不说了,你就当她也是头小牲口。"

这年阴历八月,喂牲口的老宋淘草时不小心,挑钢叉用力过猛,将淘草缸给打破了。这个淘草缸用了十五年,也该破了。老宋如实向东家讲了,老范也没埋怨老宋[24],又让他买了一口新缸。范家新添了几头牲口,这淘草缸便买得大,一丈见圆[25]。新缸买回来,灯盏看到缸新缸大,又来玩缸。溜边溜沿的水,她踩着缸沿支叉着双手[26]在转圈。老宋被她气惯了,摇头叹息,不再理她,套上牲口到地里耙地。等他傍晚收工,发现灯盏掉进水缸里,水缸里的水溜边溜沿,灯盏在上边漂着。等把灯盏捞出来,她肚子已经撑圆,死了。[27]老宋抄起钢叉,又将新缸打破,坐到驴墩上哭了[28]。老汪银瓶闻讯赶来,银瓶看了看孩子,没说别的,抄起叉子就要扎老宋[29]。老汪拉住老婆,看着地上的死孩子,说了句公平话:

[24] 继续宽容。配角的特性一以贯之。

[25] 继续旧白话,说书人腔调。

[26] 简单的五个字增加了好许画面感。

[27] 灯盏的死虽是重大事件,但不是高潮事件,所以作者没有降下速度来细写,只用了极简的语言勾勒出触目惊心的画面。而后文老汪发呆、找东西等,虽完全不是要紧事,但因为高潮即刻到来,所以写得格外细,节奏格外慢。

[28] 用行为表现强烈的情绪,一句"将新缸打破",胜过千言万语。

[29] 符合此篇中银瓶的主打性格特质。
叉子:这一场我很忙。
刘震云:我们一流作家就是擅长逮着一个道具薅,用尽用巧。

"不怪老宋,怪孩子。"
又说:
"家里数她淘,烦死了,死了正好。"

杨百顺十五岁的时候,各家孩子都多,死个孩子不算什么。银瓶又跟老宋闹了两天,老宋赔了她两斗米,这件事也就过去了。一个月过去,赶上天下雨,老汪有二十多个学生,这天只来了五六个,老汪打住新课,让徒儿们自己作文章开篇,题目是"不患人之不己知,患不知人也",自己对着窗外的雨丝发呆[30]。又想着下午不能让徒儿们再开篇了,也不能开新课,应该描红;出去找银瓶,银瓶不在,不知又跑到哪里说闲话去了,便自己回家去拿红模子。红模子找着了,在银瓶的针线筐下压着;拿到红模子,又去窗台上拿自己的砚台,想趁徒儿们描红的时候,自己默写一段司马长卿的《长门赋》。[31]老汪喜欢《长门赋》中的两句话:"日黄昏而望绝兮,怅独托于空堂。"去窗台上拿砚台时,突然发现窗台上有一块剩下的月饼,还是一个月前,阴历八月十五,死去的灯盏吃剩的。月饼上,留着她小口的牙痕。[32]这月饼是老汪去县城进课本,捎带买来的;同样的价钱,县城的月饼,比镇上的月饼青红丝多;当时刚买回,灯盏就来偷吃,被老汪逮住,打了一顿。灯盏死时老汪没有伤心,现在看到这一牙月饼,不禁悲从中来,心里像刀剜一样疼。放下砚台[33],信步走向牲口棚。喂牲口的老宋,戴着斗笠在雨中铡草[34]。一个月过去,老宋也把灯盏给忘了,以为老汪是来说他孩子在学堂捣蛋的事。老宋的孩子叫狗剩,在学堂也属不可雕的朽木。谁知老汪没说狗剩,来到再一次新换的水缸前[35],突然大放悲声。一哭起来没收住,整整哭了三个时辰,把所有的伙计和东家老范都惊动了。[36]

[30] 本篇选文含有铺天盖地的叙述性语言,这是少有的关于人

物神态的描述性语言。因此一出现就引人注意。埋下伏笔,后文定有高潮。

[31] 将拿东西的过程写得很长,为的是铺垫最终的情绪。在最后一刻到来时,借《长门赋》的典故暗示老汪即将到来的悲痛心情。

高潮来临前将节奏放缓是经典手法。《黄油烙饼》结尾处萧胜和爸爸不厌其烦的对话、妈妈详细的烙饼过程,正是起的放缓节奏的功用。《杜十娘怒沉百宝箱》为什么百宝箱要有三层抽屉供十娘一层层抽出来展示,每抽一层众人还要惊呼,李甲孙富还要懊憾?仍然是个放缓节奏。

[32] 最深沉又最精微的细节,隽永到可入诗词。

事实上诗词里原本就有:

"出林杏子落金盘,齿软怕尝酸。可惜半残青紫,犹有小唇丹。"——周邦彦

不知刘震云是否读过。

[33] 拿起的砚台,还记得叫人物放下。

[34] 既然是下雨天,老宋铡草就得戴个斗笠。大作家心细如发丝。

[35] 新旧更替,物是人非。水缸安好,仿佛一切没发生过,更勾起人物的悲恸之情。

[36] 读到这里也就都知道老汪前面的那句"家里数她淘,烦死了,死了正好",不过是掩耳盗铃。

不同人物对灾难事件的反应大不一样。银瓶怪老宋,老宋怪大缸,老汪却是人和物他都没迁怒,却说了句"死了正好"

的狠话。

说出大狠话的是他,到后来,哭出半缸泪的也是他。
《儒林外史》里写一个腐儒父亲鼓励女儿做烈女,女儿绝食断气了他仰天大笑"死得好!死得好"!直到几个月后牌位入了祠,门首建了坊,通县官员、乡绅、儒士祭吊结束,大家坐定吃席,他被遮蔽的正常人性才探了点儿尖儿出来,"转觉心伤",不去吃席。
吴敬梓的抑扬转化写爹法和刘震云写老汪类似,但腐儒爹太可恨,不稀得同情他。

哭过之后,老汪又像往常一样,该在学堂讲《论语》,还在学堂讲《论语》;该回家吃饭,还回家吃饭;该默写《长门赋》,还默写《长门赋》;只是从此话更少了。徒儿们读书时,他一个人望着窗外,眼睛容易发直。[37] 三个月后,天下雪了。雪停这天晚上,老汪去找东家老范。老范正在屋里洗脚,看老汪进来,神色有些不对,忙问:

[37] 生活依旧,只是内心崩塌了。
这里的刻意重复,制造的是一种缓慢的镜头感,把老汪的悲剧人生又回顾了一遍。

"老汪,咋了?"
老汪:
"东家,想走。"
老范吃了一惊,忙将洗了一半的脚从盆里拔出来:
"要走?啥不合适?"
老汪:

"啥都合适,就是我不合适,想灯盏。"

老范明白了,劝他:

"算了,都过去小半年了。"

老汪:

"东家,我也想算了,可心不由人呀。娃在时我也烦她,打她,现在她不在了,天天想她,光想见她。白天见不着,夜里天天梦她。梦里娃不淘了,站在床前,老说:'爹,天冷了,我给你掖掖被窝。'"

老范明白了,又劝:

"老汪,再忍忍。"

老汪:

"我也想忍,可不行啊东家,心里像火燎一样,再忍就疯了。"

老范:

"再到牲口棚哭一场。"

老汪:

"我偷偷试过了,哭不出来。"

老范突然想起什么:

"到野地里走走。走走散散,也就好了。"

老汪:

"走过。过去半个月走一次,现在天天走,没用。"

老范点头明白,又叹息一声:

"可你去哪儿呢?早年你爹打官司,也没给你留个房屋,这里就是你的家呀。这么多年,我没拿你当外人。"

老汪:

"东家,我也拿这当家。可三个月了,我老想死。"

老范吃了一惊,不再拦老汪:

"走也行啊,可我替你发愁,拖家带口的,你去哪儿呀?"

老汪:

"梦里娃告诉我,让我往西。"

老范:

"往西你也找不到娃呀。"

老汪:

"不为找娃,走到哪儿不想娃,就在哪儿落脚。"

第二天一早,老汪带着银瓶和三个孩子,离开了老范家。三个月没哭了,走时看到东家老范家门口有两株榆树,六年前来时,还是两棵小苗,现在已经碗口粗了,看着这树,老汪哭了。[38]

> [38] 想写时光的流逝,写人物感慨唏嘘于时光的流逝,记得喊亲爱的树来帮忙。
> 另举一例:
> "庭有枇杷树,吾妻死之年所手植也,今已亭亭如盖矣。——"归有光《项脊轩志》

杨百顺听人说,老汪离开老范家,带着妻小,一直往西走。走走停停,到了一个地方,感到伤心,再走。从延津到新乡,从新乡到焦作,从焦作到洛阳,从洛阳到三门峡,还是伤心。三个月后,出了河南界,沿着陇海线到了陕西宝鸡,突然心情开朗,不伤心了,便在宝鸡落下脚。[39] 在宝鸡不再教书,也没人让他教书;老汪也没有拾起他爹的手艺给人箍盆箍碗,而在街上给人吹糖人。老汪教书嘴笨,吹糖人嘴不笨,糖人吹得惟妙惟肖。吹公鸡像公鸡,吹老鼠像老鼠,有时天好,没风没火,还拉开架势,能吹出个花果山。花果山上都是猴子,有张臂上树够果子的,有挥拳打架的,有扳过别人的头捉虱子的,还有伸手向人讨吃的。如果哪天老汪喝醉了,还会吹人。一口气下去,能吹出一个花容月貌的女孩。这女孩十八九岁,瘦身,大胸,但没笑,似低头在哭。人逗老汪:

[39] 少年时找恋人,中年时找娃,找一个不再伤心想娃的容身地。

"老汪,这人是个姑娘吧?"
老汪摇头:
"不,是个小媳妇。"
人逗老汪:
"哪儿的小媳妇?"
老汪:
"开封。"
人:
"这人咋不笑呢,好像在哭,有点儿晦气。"
老汪:
"她是得哭呀,不哭也憋死了。"
明显是醉了。老汪这时身胖不说,头也开始秃顶。不过老汪不常喝酒，一辈子没吹几次人。但满宝鸡的人，皆知骡马市朱雀门的河南老汪，会吹"开封小媳妇"。[40]

> [40] 离谱的爹带来的童年不幸已将老汪的人生塑造成一个悲剧的形状。
>
> 少年时在开封与有夫之妇相恋遭虐打被迫分离，成年后生计婚姻双双捉襟见肘，经久的抑郁与孤独如同二十年的陈液，贮在他悲剧的瓦罐里。
>
> 于是我们今天就品尝到了特级酿作师刘震云为我们奉上的这一盏浓郁、辛辣、酸涩的命运酒了。

天真散文里也有世故的匠心

——关于琦君《香菇蒂》

我和小花并排儿坐在青石台阶上,猜着豆子拳(乡下孩子的一种游戏)。小花是赌徒阿兴的女儿,已经七岁了,却长得好小好矮,大家都说她只有三块豆腐干那么高。她细眉细眼的,小鼻子、小嘴巴,皮肤细嫩得跟糯米捏出来似的[1],跟她妈妈一模一样,说话口齿又清楚,我好喜欢她,她也常常跑来跟我玩[2]。

[1] 好的容貌描写往往能明确地呈现出一种长相类型(或曰风格倾向)。这一段读完,我头脑中立刻就浮现出周冬雨。

[2] 《香菇蒂》这一篇是中年琦君回忆童年事写就的。《风筝》也一样,但鲁迅的腔调"精深苍老"(陈丹青语),《香菇蒂》里则是天真烂漫的小女孩在说话。琦君是用小说的笔法,直接在童年的空间里展开故事,因此和《黄油烙饼》更相似。大家写童年事也可以试试两种不同的文法。或者可以做个练笔游戏,用《风筝》的腔调来改写《香菇蒂》,会是个什

么样子?

类似的练笔游戏极有助益。再举个例子,鲁迅的《伤逝》是男方涓生在讲述,如果换成女方子君讲述呢?

天井里晒着一簟①香菇,五叔婆不时迈着小脚走过去,用竹筷子搅拌几下[3],让太阳晒得均匀些。香菇的香味一阵阵被风吹来。小花用鼻子闻了几下;就跑过去拣起一朵,往嘴里送。[4]我连忙说:

[3] 不辞啰唆地再强调一下,写作要具体,要有细节。五叔婆是"迈着小脚"走过去的、用的是"竹"筷子,不过多了五个字,画面感却可以翻倍,文字效率是极高的。

[4] 将小花写得像小动物一样,抽动小鼻子,在空气中分辨出食物的气息,就跑过去吃。可爱极了。

"不行,这是烧菜用的,不能生吃呀。"
小花说:"那么给我两个好不好?妈妈会烧菜给我吃。"
"你妈妈……"我还没问下去,她就抢着说:
"我妈妈常常回来看我,爸爸都不在家,妈妈还背了弟弟来,她烧饭洗衣服,我抱弟弟。"[5]

[5] 琦君的文章其实不大好批注,因为主打的就是一个"纯然无痕",不作夺目的修辞,不给人叹赏的机会。但她在文章结撰方面绝非没有工巧的匠心。
小花的妈妈经常回去看她,这也许是琦君早已获悉的事实,

---

① 簟:diàn,竹席。

> 小花未必正巧是在讨要香菇时才告诉大姐姐。但出于结构和节奏的考量，八成是作了艺术化的处理。
> 如果说汪曾祺写的是"散文化小说"，那琦君就是"小说化散文"。

"你抱得动呀？"

"抱得动，妈妈说我两斤半的狐狸衔着三斤半的鸡[6]。妈妈边做事边看着我们笑，我们好开心啊！"

> [6] 写作者不妨多搜集俚语俗谚，口语方言里的生动表达，很能为文章增色。
> 《西游记》里有趣的俗语颇多，记得有一句是"吃了磨刀水的——秀气在内"，再次阅读时可多加关注。

我紧紧地拥着这个小人儿，只觉心里好疼她。但一想起赌徒阿兴就生气。[7]他赌钱输得精光，把老婆都卖掉了，卖给村子里一个半老头儿，才一年就给他生了个白白胖胖的儿子[8]。半老头儿好高兴她给接了香火，倒也答应她时常带点米和鸡蛋给小花吃。有一次，她送绣花丝线给我母亲，母亲问她为甚么不索性把小花也带过去。她淌着眼泪说："老头儿不要我女儿，阿兴也不肯呀。太太，你有慈悲心，多多照顾我小花吧。人人都说，在你们家做鸡做狗，也比穷人家孩子吃蕃薯丝[9]享福呢。"

> [7] 疼小花 & 气阿兴，"相反承接"，一种经典的承接方法。
> 《琉璃瓦》的"心心成天病奄奄的，脸色很不好看，想不到

姚先生却赶在她头里，先病倒了"则属"相似承接"。

[8]　典妻和童养媳，旧时代的两大毒瘤，下一篇《萧萧》写的就是童养媳。

[9]　前一篇《一句顶一万句》批注里我提到两类细节，一类是一般人写不到那么细的，一类是一般人编不出那么真的。
　　番薯如今是健康粗粮，各种小蜜薯卖得可不便宜。不从饥馑年代走来，不大能知道番薯是穷人食品呢？可见"穷人家孩子吃番薯丝"属于第二类的细节。刘震云的一段精彩小品也提供了佐证：
　　"五更鸡叫，祖上便推着盐车走了，在人家村子里吆喝：'卖小盐啦！'傍晚，姥爷们便蹲到门槛上，眼巴巴望着大路的尽头，等爹回来。祖上终于回来，哥四个像扒头小燕一样喊：
　　'爹，发市了吗？'
　　大路尽头一个苍老的声音：'换回来一布袋红薯！'
　　举家欢喜，祖姥娘便去灶间点火。很快，屋顶升起炊烟。
　　'爹，发市了吗？'
　　大路尽头不见回答，只是一个阴沉的脸，大家不再说什么，回屋用小苕帚扫脚，上炕睡觉。"
　　睡前不洗脚而是用小苕帚扫脚，这也属第二类的细节。

　　母亲深深地叹了口气，摇摇头说："没有的事。有钱没钱都不要紧，要紧的是亲骨肉总要在一起才好。"
　　可是阿兴却把小花母女活生生给拆开了。[10]小花抬头望着我问："大姐姐，你在想甚么？"

[10]　又是一处相反承接，切回到"我"与小花的对话。

"小花,你究竟愿意跟爸爸还是跟妈妈?"我问她。

"都要跟,不过爸爸赌输了回来就用脚踢我。"

"你为甚么不叫妈妈带你去。"我听了好替她难过。

"我不去,我要陪爸爸,妈妈也要我陪爸爸。"

我把小花搂得更紧些,就像是自己妹妹。

五叔婆又去搅拌香菇了,小花喊道:"婆婆,给我两朵香菇好不好?"她把两个小指头一伸[11]。五叔婆朝她看一眼,把嘴瘪了一下,却大方地给她四朵,拣了小小的四朵。小花高兴地喊:"那么多呀。"她的手太小,一只手两朵都捏不下,就双手捧着[12],急急跑回家去。

[11] 始终把人物的外形特征带着,读者刚要忘,又被提醒一次。

[12] 小时候的我读这几句还搞得挺紧张的:
嘴瘪了一下(不给吗?)
大方地给了四朵(哇!)
拣了小小的四朵(还是小气)
手太小,一只手两朵都捏不下,就双手捧着(哈,原来满载而归了!)
又是文势的起伏,《风筝》里已提到过的。

过了两天,她一来,我就问她:"小花,你妈妈来过没有?香菇吃了没有?"

"吃了。"她回答,眼睛眯眯[13]地望着我,过了一晌,她又说:

"大姐姐,你再给我两朵香菇好吗?我还没有吃到呢。"

> [13] 仍旧是叙事中不忘带一笔外貌特征,就像鲁迅在《范爱农》中几次写到范的三白眼。
> 当然,未必是刻意,也许是因为小花眯眯眼的可爱耐看令琦君很自然地又想提一次。但不大老练的作者于此大概会费点踟蹰,不确定相同信息有没有必要再给一次。可参考琦君的操作。

"你刚才不是说吃了吗?"

"四朵香菇,妈妈带走两朵,回去烧给弟弟的爸爸吃。说他年纪大了,要吃补品,还有两朵,炒了米粉丝给我爸爸下酒,妈妈叫我等爸爸回来一同吃,妈妈把香菇蒂摘下来熬了汤给我喝,好香啊。妈妈说香菇蒂跟香菇一样补。"

"你没有吃香菇炒米粉丝吗?"

"爸爸回来,一面用拳头捶桌子,一面喝酒,一面大口大口吃粉丝。他连看也没看我,我不敢走过去。他一会儿就吃光了。我就用香菇蒂汤泡饭吃。"[14]

> [14] 我带着中学生潘之原读此篇,他对这一段提出了疑问:为什么有营养的东西不先给明显发育不良的小孩子吃?况且香菇还是孩子自己拿回来的!这个妈妈怎么回事?
> 可不是嘛,老头虽老又不是吃不起,小花爹青壮年补什么?果然社会在进步,年青一代对儿童权益的敏感度高了许多。我小时候读只觉得小花娘俩可怜,小花爹可恨,没意识到小花妈妈在可怜之外也有可恨,她是把两个男人都奉在七

岁的女儿之先的。

"小花,你不要回去,就住在我家,我们都很疼你,你妈妈也会来看你的。"

"我不要,我还是要陪爸爸。爸爸有时也抱我,亲我,还买米花糖给我吃。妈妈说爸爸一个人很冷清。要人作伴,我一定要陪他,他是我爸爸啊。"

我眼里涌上泪水,但小花的眯眯眼[15]仍然在笑。停了一下,她说:"妈妈说等弟弟长大点,她要出来帮工,把爸爸的赌债还清,就只怕弟弟的爸爸不肯。"

[15] 第三次出现。

我把小花的话告诉母亲[16],母亲叹口气说:"小花的娘真痴心,阿兴的赌债这一辈子也还不清的。她真是前世该他的。世上的夫妻,有的是缘份,有的是孽。"

[16] 全篇三个场景:
1. 我和小花在天井里游戏说话,五叔婆给了小花香菇;
2. 两天后小花回来,告诉我吃到了香菇蒂;
3. 五叔婆又做了香菇炒米粉丝,我要了一大碗给小花。
1和2的转场是自然的时间标识词转场。
2和3则略做了点设计,小花告诉我妈妈想出来帮工,我将小花的话告诉母亲。无痕连接。
全篇很短,才1700多字,两处如果都是时间词转场,会显得创意匮乏。

五叔婆接口道:"我就不相信有缘份,夫妻都是前世的冤孽。"她一副咬牙切齿的样子,使我想起去南美洲经商的五叔公,十多年不回来,回来时却带了个巴西女人,不到半年,就被五叔婆赶走了。五叔公一气,又出了远门,没有再回来。五叔婆一天到晚都是气鼓鼓的,骂儿子,骂女儿,有时连我也骂,所以我最最不喜欢她。她只有对我母亲是和和气气的,因为除了母亲,没有人愿意跟她在一起。[17]

[17] 琦君在创作中刻意滤去了攻击性,永远都是爱怜体恤、隐忍宽容。

她的另一篇散文《吃大菜》中有这样的两段:

"我默默走向自己的房间,却看见母亲在后廊下,就着傍晚微弱的阳光,眯着眼睛,专心地用眉毛钳子夹去燕窝上的绒毛。燕窝已经用水发开,大大的一碗,这样夹绒毛要夹多久啊!那是给爸爸晚上喝了进补的。

回头正看见父亲笑盈盈地走来,对我说:'小春,爸爸和二妈带你去吃大菜,湖滨大饭店,新开幕的。'"

这里的二妈是父亲的小妾。母亲一向受到父亲的忽略冷落,两幅画面对比之下,琦君更为母亲不平,生父亲的气。但她最终的表达极为含蓄。蜻蜓点水般地一掠,就将话头岔过去了:

"我看了一下低头专心工作的母亲说:'爸爸,我不去好不好,我头很痛,今天化学题做不出来,老师让我明天再做一遍。'

父亲没有作声,在粉红色的斜阳里,父亲的满脸笑容,使我只想上前拥抱他,但我没有那样做,因为我不想去吃大菜。父亲没有勉强我,就自顾回书房去了。我心里有点失望,有点抱歉,却又莫名其妙的生气,生谁的气呢?是生自己的气吧!谁叫我那么笨,化学方程式背不出来,在课堂上丢了面子。"

《香菇蒂》里,小花爹极其可恶,赌博、典妻(买卖婚姻)、家暴,人皆得而恨之,但琦君出于一向的"文设"不能充分表达,只能借由对婚姻和男性切齿痛恨的五叔婆来平衡文章的整体褒贬基调。

有一点狡黠。但在我暗黑的青春期,多亏有琦君的童年系列散文,治愈良多。稚嫩的少年人,需要被文学里的这一份偏颇的温柔,轻轻覆盖。

我看了五叔婆一眼,悄悄跟母亲说:"让小花的妈到我们家来帮工好不好?"母亲说:"她现在的丈夫年纪大了,家里又不是没饭吃,他不会肯让她出来帮工的。但愿阿兴醒过来,戒了赌就是个好好的男子汉,要不的话,小花就好可怜。"

五叔婆一边拿起锅铲,一边咕哝:"她也是前世不修。"她打开锅盖,一阵香喷喷,原来锅子里也是香菇炒米粉丝。我连忙从碗橱里拿出一个大饭碗,递给五叔婆:

"给我盛满满一碗,要多点香菇。"

"你真是肚小眼孔饥[18],吃得下一大碗吗?"

[18] 又是一个有趣的俗语表达。

"吃得下。"我说,向母亲做个鬼脸。

母亲朝我一笑,递给我一双筷子,我捧着碗,急匆匆奔到后院,因为小花还在后院为我们赶鸭子回窝,我把炒米粉丝递给她说:"快吃，里面好多香菇啊，全是香菇，不是香菇蒂。"

"香菇蒂呢？"她呆愣愣地问。[19]

> [19] 小花只吃过香菇蒂，所以对香菇倒不如对香菇蒂敏感。意料之外、情理之中，令人动容。琦君抓了这一动容时刻，将它制作成文学标本。
> 我让学生做同类联想（极好的思维训练法）：还有什么食物，人们吃一部分，弃一部分，但弃掉的部分其实也可以吃？
> 成功找到这个食物，这篇散文是不是就可以仿写了？
> 有个学生大概是吃货，一秒就举出好些例子，常被扔掉但其实可吃的有西瓜皮、莴苣叶、鸡肠和鱼肠……这些也就莴苣较廉价不适合，其他都可用。

"五叔婆都给扔啦，我们都不吃香菇蒂的。"

"好可惜啊！"

我笑笑说："你快吃吧。"

"我要拿回家跟爸爸一同吃。"她捧着碗要回去，我就陪她一同走向她家。她把鼻子尖凑在碗边闻闻，十分认真地说："大姐姐，下回有香菇蒂，统统给我好吗？"

"好，一定都给你，明天再要我妈妈给你一大把香菇，好让你妈妈烧给你吃，也烧给你弟弟吃。"

"大姐姐，你真好。"

我们一路走着，我一直帮小花扶着那碗香菇炒米粉丝。[20]

> [20] 这一篇结尾法不是呼应开头，而是用了一幅隽永的画面。

我虽然是一个灵魂画师,画技令人咋舌,但也数次冲动要将它画出来。

同样让我有这个冲动的,是汪曾祺的小说《鸡毛》中的一段:"隔多半个月,文嫂就挎了半篮鸡蛋,领着女儿,上市去卖。蛋大,也红润好看,卖得很快。回来时,带了盐巴、辣子,有时还用马兰草提着一块够一个猫吃的肉。"

使用高超的暧昧笔法为读者造梦

——关于沈从文《萧萧》

乡下人吹唢呐接媳妇,到了十二月是成天会有的事情。

唢呐后面一顶花轿,两个伕子平平稳稳的抬着,轿中人被铜锁锁在里面,虽穿了平时没上过身的体面红绿衣裳,也仍然得荷荷大哭。在这些小女人心中,做新娘子,从母亲身边离开,且准备作他人的母亲,从此必然将有许多新事情等待发生。像做梦一样,将同一个陌生男子汉在一个床上睡觉,做着承宗接祖的事情。这些事想起来,当然有些害怕,所以照例觉得要哭哭,于是就哭了。[1]

> [1] 我此前提到,沈从文有一种以理想扭曲现实的强悍心力,执拗地要把湘西小城写得纯美,如梦似幻。这番心力再配合高超的笔法,他的确成功了。
> 从前我读这一篇,被湘西桃花源深深吸引,铃心不忘。
> 近些年再读这一篇,则渐渐看出了端倪,辨别出他扭曲现实的具体操作:桃花源成立的前提是将乡土中国的一行罪

行隐没——寂结罪行。女性往往是其承受者。沈从文正是以一种暧昧的笔法，在处处的行文里，对女性苦难作了淡化和修饰。

像这一处，轿中十多岁的女童，被父母抛弃，难道不是真的伤心？要去另外的人家生活，一切未卜，难道不是真的恐惧？这些且不论，单是被铜锁锁在轿子里，幽闭空间恐惧，也都要崩溃大哭了吧。怎么在沈从文写来就变成小女孩子们"照例要哭哭"了？

也有做媳妇不哭的人。萧萧做媳妇就不哭。这小女子没有母亲，从小寄养到伯父种田的庄子上，终日提个小竹兜箩，在路旁田坎捡狗屎挑野菜。出嫁只是从这家转到那家。因此到那一天，这女人还只是笑。她又不害羞，又不怕。她是什么事也不知道，就做了人家的新媳妇了。[2]

[2] 语感很棒。

萧萧做媳妇时年纪十二岁，有一个小丈夫，年纪还不到三岁。丈夫比她年少九岁，还不曾断奶[3]。按地方规矩，过了门，她喊他做弟弟。她每天应做的事是抱弟弟到村前柳树下去玩，到溪边去玩。饿了，喂东西吃；哭了，就哄他，摘南瓜花或狗尾草戴到小丈夫头上，或者亲嘴，一面说："弟弟，哪，啵。再来，啵。"在那肮脏的小脸上亲了又亲，孩子于是便笑了。孩子一欢喜兴奋，行动粗野起来，会用短短的小手乱抓萧萧的头发。那是平时不大能收拾蓬蓬松松在头上的黄发。有时候，垂到脑后那条小辫儿被拉得太久，把红绒线结也弄松了,生了气,就挞那弟弟几下,弟弟自然哇的哭出声来。萧萧于是也装成要哭的样子,用手指着弟弟的哭脸,说:"哪,人不讲理,可不行!"[4]

[3] 前面《琉璃瓦》脚注中有《诗经·小雅·斯干》的片段。男女从一出生待遇的天差地别,这里又是一个例证。生而为男,在母亲怀中吃奶就吃到三岁,紧接着又给他买来一个专属的女奴。

[4] 这一段萧萧和弟弟间的互动,跟翠翠和狗之间的那段互动很像:
"眼见到那只陌生的狗上小山去了,也必跟着追去。或者向狗主人轻轻吠着,或者逐着那陌生的狗,必得翠翠带点儿嗔恼的嚷着:'狗,狗,你狂什么?还有事情做,你就跑呀!'于是这黄狗赶快跑回船上来,且依然满船闻嗅不已。翠翠说:'这算什么轻狂举动!跟谁学得的!还不好好蹲到那边去!'狗俨然极其懂事,便即刻到它自己原来地方去,只间或又象想起什么似的,轻轻的吠几声。"
萧萧和翠翠都一本正经地跟对方说话,但以对方的心智其实完全不会懂吧,却莫名地击人心。契诃夫小说《苦恼》的结尾,便是人对着马儿说话,令读者动容。写人与动物的互动记得用上这一点。

天晴落雨[5]日子混下去,每日抱抱丈夫,也帮同家中做点杂事,能动手的就动手。又时常到溪沟里去洗衣,搓尿片,一面还捡拾有花纹的田螺给坐在身边的小丈夫玩。到了夜里睡觉,便常常做这种年龄人所做的梦,梦到后门角落或别的什么地方捡得大把大把铜钱,吃好东西，爬树，自己变成鱼到水中各处溜。或一时仿佛身子很小很轻，飞到天上众星中，没有一个人，只是一片白，一片金光，[6]于是大喊"妈！"人就吓醒了。醒来心还只是跳。吵了隔壁的人，不免骂着："疯子，你想什么！白天玩得疯，晚上就做梦！"萧萧听着却不做声，只是咕咕的笑[7]。也有很好很爽快的梦，为丈夫哭醒的事情。那丈夫本来晚上在自己母亲身边睡，吃奶方便。有时吃多了奶，或因另外情形，半夜大哭，起来放水拉稀是常有的事。丈夫哭到婆婆无可奈何，于是萧萧轻脚轻手爬起床来，睡眼迷蒙，走到床边，把人抱起，给他看月光，看星光；或者仍然啵啵的亲嘴，互相觑着，孩子气的"嗨嗨，看猫呵！"那样喊着哄着，于是丈夫笑了。[8]玩一会会，困倦起来，慢慢的合上眼。人[9]睡定后，放上床，站在床边看着，听远处一传一递的鸡叫，知道天快到什么时候了，于是仍然蜷到小床上睡去。天亮后，虽不做梦，却可以无意中闭眼开眼，看一阵在面前空中变幻无端的黄边紫心葵花[10]，那是一种真正的享受[11]。

[5] 比"下雨"更新鲜些。

[6] 写梦要点：画面切换，少用连接词。

[7] 拟声词用得准确，闭着嘴笑是这样的声音。前面的"荷荷"也准确，张着嘴大哭。

[8] 哄孩子这段写得准确到位。
小婴儿喜欢的不就是屋外的一切，以及与主要抚养者的皮肤接触和眼神交流吗？前者提供新鲜感，后者提供安全感。

[9] 丈夫的代词有时用的是"人",避免重复影响语感。一个小小的技巧。

[10] 一类细节描写,细中之细。

[11] 大家都曾是儿童,都知道儿童的睡眠有多么酣甜,困意有多么浓重。安抚夜啼的婴儿是令成年人都崩溃的事情,身为儿童的萧萧被剥夺了夜间睡眠,天亮后却靠着眯眯眼就能得到"真正的享受"。此为沈氏暧昧笔触之二。
可以与契诃夫的《渴睡》对照阅读。

萧萧嫁过了门,做了拳头大丈夫的小媳妇,一切并不比先前受苦,这只看她一年来身体发育就可明白。风里雨里过日子,像一株长在园角落不为人注意的蓖麻,大叶大枝,日增茂盛。这小女人简直是全不为丈夫设想那么似的,一天比一天长大起来了。夏夜光景说来如做梦。[12]大家饭后坐到院中心歇凉,挥摇蒲扇,看天上的星同屋角的萤,听南瓜棚上纺织娘咯咯咯拖长声音纺车,远近声音繁密如落雨,禾花风翛翛吹到脸上,正是让人在各种方便中说笑话的时候。[13]

[12] 之前介绍了几个转场方法,除了时间标识语转场外,还有相反承接和相似承接等。这里又可以学到一种新的方法。
要素有:
1.上一部分的结尾,收拢放慢。(总结萧萧嫁过门后的境况,最后一句"一天比一天长大起来了",有一种时日悠悠感,节奏是慢的。)

2.下一部分的开头,明晰利落。("夏夜光景说来如做梦",语辞着意减、省,但节奏是快的。)

张爱玲在《红玫瑰与白玫瑰》里也有相似转场法,上一部分的结尾是:

"振保由窗子里往外看,蓝天白云,天井里开着夹竹桃,街上的笛子还在吹,尖锐扭捏的下等女人的嗓子。笛子不好,声音有点破,微觉刺耳。

是和美的春天的下午,振保看着他手造的世界,他没有法子毁了它。

寂静的楼房里晒满了太阳。楼下无线电有个男子侃侃发言,一直说下去,没有完。"

像电影那样把镜头拉远,慢悠悠的。接下来,就切换到了下一部分的利落叙事。

[13] 如梦似幻的桃花源景象,我承认我曾深深地受这一段的蛊惑。

"夏夜光景说来如做梦、远近声音繁密如落雨"用的是歌谣般的醉人语言。

萧萧好高,一个人常常爬到草料堆上去,抱了已经熟睡的丈夫在怀里,轻轻的轻轻的随意唱着自编的四句头山歌。唱来唱去却把自己也催眠起来,快要睡去了。

在院坝中,公公婆婆,祖父祖母,另外还有帮工汉子两个,散乱的坐在小板凳上,摆龙门阵①学古,轮流下去打发上半夜。

祖父身边有个烟包,在黑暗中放光。[14] 这用艾蒿做成的烟包,

---

① 摆龙门阵:打麻将。

是驱逐长脚蚊得力东西,蜷在祖父脚边,犹如一条乌梢蛇。间或又拿起来晃那么几下。

[14] 暗中一点亮,写出来必定耐看。还记得《琉璃瓦》里心心的细金链子吗?

想起白天场上的事情,祖父开口说话:
"我听三金说,前天又有女学生过身。"
大家就哄然笑了起来。

这笑的意义何在?只因为在大家印象中,都知道女学生没有辫子,留下个鹌鹑尾巴,像个尼姑,又不完全像。[15]穿的衣服像洋人,又不是洋人。吃的,用的,……总而言之,事事不同,一想起来就觉得怪可笑!

[15] 本篇中写女学生的众多文字都极有趣。主要使用了一种核心笔法,我给起了个名字,叫作"结界突破",意思是两个空间原本完全隔绝,但有一天结界(或曰"次元壁")被打破,一方的人物闯到了另一方的空间里。互相之间怎么看,怎么描述?也只能用己方空间里熟悉的事物去做类比了,于是就有反差,幽默由此生成。
结界突破很经典的一个例子是《红楼梦》中刘姥姥初次到王熙凤处打量西洋钟的片段。此外高晓声《陈奂生上城》里老农民住上高级旅馆的片段,也令人忍俊不禁、过目难忘。

萧萧不大明白,她不笑。所以老祖父又说话了。他说:
"萧萧,你长大了,将来也会做女学生!"

大家于是更哄然大笑起来。

萧萧为人并不愚蠢,觉得这一定是不利于己的一件事情,所以接口便说:

"爷爷,我不做女学生。"

"你像个女学生,不做可不行。"

"我不做。"

众人有意取笑,异口同声的说:"萧萧,爷爷说得对,你非做女学生不行!"

萧萧急得无可如何,"做就做,我不怕。"其实做女学生有什么不好,萧萧全不知道。

女学生这东西,在本乡的确永远是奇闻。每年一到六月天,据说放"水假"日子一到,照例便有三三五五女学生,由一个荒谬不经的热闹地方来,到另一个远地方去,取道从本地过身[16]。从乡下人眼中看来,这些人都近于另一世界中活下的人,装扮奇奇怪怪,行为更不可思议。这种女学生过身时,使一村人都可以说一整天的笑话。

[16] 一般人会写作"经过",但"过身"采撷自方言,更有新鲜感。

祖父是当地一个人物,因为想起所知道的女学生在大城中的生活情形,所以说笑话要萧萧也去作女学生。一面听到这话,就感觉一种打哈哈趣味,一面还有那被说的萧萧感觉一种惶恐,说这话不为无意义了。

女学生由祖父方面所知道的是这样一种人：她们穿衣服不管天气冷热，吃东西不问饥饱，晚上交到子时才睡觉，白天正经事全不做，只知唱歌打球，读洋书。她们都会花钱，一年用的钱可以买十六只水牛。她们在省里京里想往什么地方去时，不必走路，只要钻进一个大匣子中，那匣子就可以带她到地。城市中还有各种各样的大小不同匣子，都用机器开动。她们在学校，男女在一处上课读书，人熟了，就随意同那男子睡觉，也不要媒人，也不要财礼，名叫"自由"。她们也做做州县官，带家眷上任，男子仍然喊作"老爷"，小孩子叫"少爷"。她们自己不养牛，却吃牛奶羊奶，如小牛小羊；买那奶时是用铁罐子盛的。她们无事时到一个唱戏地方去，那地方完全像个大庙，从衣袋中取出一块洋钱来（那洋钱在乡下可买五只母鸡），买了一小方纸片儿，拿了那纸片到里面去，就可以坐下看洋人扮演的影子戏。她们被冤了，不赌咒，不哭。她们年纪有老到二十四岁还不肯嫁人的，有老到三十四十居然还好意思嫁人的。她们不怕男子，男子不能使她们受委屈，一受委屈就上衙门打官司，要官罚男子的款，这笔钱她有时独占自己花用，有时和官平分。她们不洗衣煮饭，也不养猪喂鸡；有了小孩子，也只花五块钱或十块钱一月，雇个人专管小孩，自己仍然整天看戏打牌，或者读那些没有用处的闲书。……[17]

[17] 大篇幅的结界突破，满工满绘，将乡下人对于城里女学生的种种揶揄写得十分出彩。

不过，再细想，之所以女学生成了桃花源中议论的靶子，难道不是因为本该卑贱的女身女命，却享有了自由和尊严吗？

之所以幽默效果如此好，难道不是因为这正与桃花源男尊女卑的主旋律极为冲突？

总而言之，说来事事都希奇古怪，和庄稼人不同，有的简直还可说岂有此理。这时经祖父一说明，听过这话的萧萧，心中却忽然有了一种模模糊糊的愿望，以为倘若她也是个女学生，她是不是照祖父说的女学生一个样子去做那些事情？不管好歹，女学生并不可怕，因此一来，却已为这乡下姑娘初次体念到了。

因为听祖父说起女学生是怎样的人物，到后萧萧独自笑得特别久。笑够了时，她说：

"爷爷，明天有女学生过路，你喊我，我要看看。"

"你看，她们捉你去作丫头。"

"我不怕她们。"

"她们读洋书念经你也不怕？"

"念观音菩萨消灾经，念紧箍咒，我都不怕。"

"她们咬人，和做官的一样，专吃乡下人，吃人骨头渣渣也不吐，你不怕？"

萧萧肯定的回答说："也不怕。"

可是这时节萧萧手上所抱的丈夫，不知为甚么，在睡梦中哭了，媳妇于是用作母亲的声势，半哄半吓的说：

"弟弟，弟弟，不许哭，不许哭，女学生咬人来了。"[18]

[18] 传统长幼互动模式——恫吓。

丈夫还仍然哭着,得抱起各处走走。萧萧抱着丈夫离开了祖父,祖父同人说另外一样古话去了。

萧萧从此以后心中有个"女学生"。做梦也便常常梦到女学生,且梦到同这些人并排走路。仿佛也坐过那种自己会走路的匣子,她又觉得这匣子并不比自己跑路更快。在梦中那匣子的形体同谷仓差不多,里面还有小小灰色老鼠,眼珠子红红的,各处乱跑,有时钻到门缝里去,把个小尾巴露在外边。[19]

> [19] 梦境的设计很妙。记得我小时候不懂什么叫"刮胎",梦里就是小孩坐在旋转的大锅中,有大人拿着铲在锅沿刮着。儿童的懵懂和梦境的荒唐重叠。沈从文这两重都顾到了。

因为有这样一段经过,祖父从此喊萧萧不喊"小丫头",不喊"萧萧",却唤作"女学生"。在不经意中萧萧答应得很好。

乡下的日子也如世界上一般日子,时时不同。世界上人把日子糟蹋,和萧萧一类人家把日子吝惜是同样的,各有所得,各属分定。许多城市中文明人,把一个夏天完全消磨到软绸衣服、精美饮料以及种种好事情上面。萧萧的一家,因为一个夏天的劳作,却得了十多斤细麻,二三十担瓜。[20]

> [20] 沈从文擅长将桃花源和外部世界对照着写,暗暗透出褒贬。"乡下的日子也如世界上一般日子"——如果是一般的写法,"乡下"对应的是"城里",沈从文这里让"乡下"对应"世界上",就有一种"乡下"是"世外"的暗示了。

作小媳妇的萧萧,一个夏天中,一面照料丈夫,一面还绩了细麻四斤。到秋八月工人摘瓜,在瓜间玩[21],看硕大如盆、上面满是灰粉的大南瓜,成排成堆摆到地上,很有趣味。时间到摘瓜,秋天真的已来了,院子中各处有从屋后林子里树上吹来的大红大黄木叶。萧萧在瓜旁站定,手拿木叶一束,为丈夫编小小笠帽玩。

> [21] 因南瓜硕大,且儿童低矮,所以有"瓜间"的措辞。比起"在瓜地里玩"更有画面感。

工人中有个名叫花狗,年纪二十三岁,抱了萧萧的丈夫到枣树下去打枣子。小小竹竿打在枣树上,落枣满地。

"花狗大①,莫打了,太多了吃不完。"

虽这样喊,还不动身。到后,仿佛完全因为丈夫要枣子,花狗才不听话。萧萧于是又警告她那小丈夫:

"弟弟,弟弟,来,不许捡了。吃多了生东西肚子痛!"

丈夫听话,兜了大堆枣子向萧萧身边走来,请萧萧吃枣子。

"姐姐吃,这是大的。"

"我不吃。"

"要吃一颗!"

她两手哪里有空!木叶帽正在制边,工夫要紧,还正要个人帮忙!

---

① 花狗大:这里的"大"是大哥的意思。

"弟弟,把枣子喂我口里。"

丈夫照她的命令做事,做完了觉得有趣,哈哈大笑。[22]

[22] 和费滢一样,沈从文也颇熟稔且善于展示儿童情状。

她要他放下枣子帮忙捏紧帽边,便于添加新木叶。

丈夫照她吩咐做事,但老是顽皮的摇动,口中唱歌。这孩子原来像一只猫,欢喜时就得捣乱。

"弟弟,你唱的是什么?"

"我唱花狗大告我的山歌。"

"好好的唱一个给我听。"

丈夫于是帮忙拉着帽边,一面就唱下去,照所记到的歌唱:

天上起云云起花,
包谷林里种豆荚,
豆荚缠坏包谷树,
娇妹缠坏后生家。

天上起云云重云,
地下埋坟坟重坟,
娇妹洗碗碗重碗,
娇妹床上人重人。

歌中意义丈夫全不明白,唱完了就问萧萧好不好。萧萧说好,并且问跟谁学来的,她知道是花狗教他的,却故意盘问他。

"花狗大告我,他说还有好多歌,长大了再教我唱。"

听说花狗会唱歌,萧萧说:

"花狗大,花狗大,你唱一个好听的歌我听听。"

那花狗,面如其心,生长得不很正气,知道萧萧要听歌,人也快到听歌的年龄了[23],就给她唱"十岁娘子一岁夫"。那故事说的是妻年大,可以随便到外面做一点不规矩事情;夫年小,只知吃奶,让他吃奶。这歌丈夫完全不懂,懂到一点儿的是萧萧。把歌听过后,萧萧装成"我全明白"那种神气,她用生气的样子,对花狗说:[24]

[23] 同一个词,两次使用:前文取字面义,后文取引申义。张爱玲《琉璃瓦》中有相似:
"姚太太静极思动,因为前头两个女儿一个嫁得不甚得意;一个得意的又太得意了,都于娘家面子有损。"

[24] 费滢《鸟》里又有相似:
"'买鸟?'
'随便看看,是什么价钱?'他学爸口气沉沉。"

"花狗大,这个不行,这是骂人的歌!"

花狗分辩说:"不是骂人的歌。"

"我明白,是骂人的歌。"

花狗难得说多话,歌已经唱过了,错了赔礼,只有不再唱。他看她已经有点懂事了,怕她回头告祖父,会挨顿臭骂,就把话支吾开,扯到"女学生"上头去。他问萧萧,看不看过女学生习体操唱洋歌的事情。

若不是花狗提起,萧萧几乎已忘却了这事情。这时又提到女学生,她问花狗近来有没有女学生过路,她想看看。

花狗一面把南瓜从棚架边抱到墙角去,告她女学生唱歌的事情,这些事的来源还是萧萧的那个祖父。他在萧萧面前说了点大话,说他曾经到官路上见过四个女学生,她们都拿得有旗子,走长路流汗喘气之中仍然唱歌,同军人所唱的一模一样。不消说,这自然完全是胡诌的笑话。可是那故事把萧萧可乐坏了。因为花狗说这个就叫做"自由"。

花狗是起眼动眉毛、一打两头翘[25]、会说会笑的一个人。听萧萧带着歆羡[26]口气说"花狗大,你膀子真大",他就说:"我不止膀子大。"

[25] 生动的俗语。形容一个人表情生动、反应敏捷、心思活络。

[26] 记住这个词,可用来替代羡慕。

"你身个子也大。"
"我全身无处不大。"[27]

[27] 写小说时,直接呈现人物语言和对话都是要有原因的。无充足原因应该改作叙述。
这一段对话好在:"话赶话"很有趣,完美呈现了一方奸猾、处心积虑引诱,另一方懵然无知的态势。

萧萧还不大懂得这个话的意思,只觉得憨而好笑。

到萧萧抱了她的丈夫走去以后,同花狗在一起摘瓜,取名字叫哑巴的,开了平时不常开的口。

"花狗,你少坏点。人家是十三岁黄花女,还要等十年才圆房!"

花狗不做声,打了那伙计一巴掌,走到枣树下捡落地枣去了。

到摘瓜的秋天,日子计算起来,萧萧过丈夫家有一年半了。

几次降霜落雪,几次清明谷雨,一家中人都说萧萧是大人了。天保佑,喝冷水,吃粗粝饭,四季无疾病,倒发育得这样快。婆婆虽生来像一把剪子,把凡是给萧萧暴长的机会都剪去了,但乡下的日头同空气都帮助人长大,却不是折磨可以阻拦得住。[28]

[28] 虽被虐待但没影响,沈氏暧昧笔触之三。

萧萧十五岁时已高如成人,心却还是一颗糊糊涂涂的心。

人大了一点,家中做的事也多了一点。绩麻、纺车、洗衣、照料丈夫以外,打猪草推磨一些事情也要做,还有浆纱织布。凡事都学,学学就会了。乡下习惯凡是行有余力的都可从劳作中攒点本分私房,两三年来仅仅萧萧个人份上所聚集的粗细麻和纺就的棉纱,也够萧萧坐到土机上抛三个月的梭子了。[29]

[29] 普通的写法大概会摆出重量或体积等,类似于"聚集的粗细麻和纺就的棉纱,也有一二十斤"这样子。沈从文的写法妙在既让人知道攒得不少,还顺带把下一步的工序也给

介绍了。

丈夫早断了奶。婆婆有了新儿子,这五岁儿子就像归萧萧独有了。不论做什么,走到什么地方去,丈夫总跟在身边。丈夫有些方面很怕她,当她如母亲,不敢多事。他们俩实在感情不坏。

地方稍稍进步,祖父的笑话转到"萧萧你也把辫子剪去好自由"那一类事上去了。听着这话的萧萧,某个夏天也看过了一次女学生,虽不把祖父笑话认真,可是每一次在祖父说过这笑话以后,她到水边去,必不自觉的用手捏着辫子末梢,设想没有辫子的人那种神气,那点趣味。[30]

> [30] 萧萧对女学生的朦胧向往,既然要再呈现一次,必得出新花样。
> 前面是写她做梦,以及祖父喊她女学生她不经意中答应得很好。这里则在辫子上做文章。
> 新写法仍旧十分出彩,和《香菇蒂》的结尾一样,让人想把它画出来。

打猪草,带丈夫上螺蛳山的山阴是常有的事。

小孩子不知事故,听别人唱歌也唱歌。一开腔唱歌,就把花狗引来了。

花狗对萧萧生了另外一种心,萧萧有点明白了,常常觉得惶恐不安。但花狗是男子,凡是男子的美德恶德都不缺少,劳动力强,手脚勤快,又会玩会说,所以一面使萧萧的丈夫非常欢喜同他玩,一面一有机会即缠在萧萧身边,且总是想方设法把萧萧那点惶恐减去。[31]

> [31] 沈从文喜欢在形式上搞点凹凸古怪。"所以"后面跟的那一大串，整体是"一面……一面……"的并列结构，第二个"一面"里面既有并列句，又有条件句。"套娃式"的结构，可以充当汉语等级考试题目了。
> 鲁迅、沈从文喜欢做这样的语言实验，张爱玲、汪曾祺等作家则偏好稳定、平顺的语序语法。

山大人小，到处是树林蒙茸[32]，平时不知道萧萧所在，花狗就站在高处唱歌逗萧萧身边的丈夫；丈夫小口一开，花狗穿山越岭就来到萧萧面前了。

> [32] 古汉语词：
> 树木蒙茸，藤萝翳郁。
> 万山叠翠，草木蒙茸。

见了花狗，小孩子只有欢喜，不知其他。他原要花狗为他编草虫玩，做竹箫哨子玩，花狗想方法支使他到一个远处去找材料，便坐到萧萧身边来，要萧萧听他唱那使人开心红脸的歌。她有时觉得害怕，不许丈夫走开；有时又像有了花狗在身边，打发丈夫走去反倒好一点。终于有一天，萧萧就这样给花狗把心窍子唱开，变成个妇人了。[33]

> [33] 措辞云淡风轻，其实惊心动魄。反差。

那时节，丈夫走到山下采刺莓去了，花狗唱了许多歌，到后却向萧萧唱：

娇家门前一重坡，
别人走少郎走多，
铁打草鞋穿烂了，
不是为你为哪个？

末了却向萧萧说："我为你睡不着觉。"他又说他赌咒不把这事情告给人。听了这些话仍然不懂什么的萧萧，眼睛只注意到他那一对粗粗的手膀子，耳朵只注意到他最后一句话。末了花狗大便又唱了许多歌给她听。她心里乱了。她要他当真对天赌咒，赌过了咒，一切好像有了保障，她就一切尽他了。到丈夫返身时，手被毛毛虫螫伤，肿了一大片，走到萧萧身边。萧萧捏紧这一只小手，且用口去呵它，吮它，想起刚才的糊涂，才仿佛明白自己做了一点不大好的糊涂事。[34]

[34] 注意观察沈从文怎么写萧萧的懵懂：
1. 眼睛只注意到……耳朵只注意到……
2. 一切"好像"有了保障；才"仿佛"明白自己……
3. 做了"一点不大好的"糊涂事。
"到丈夫返身时，手被毛毛虫螫伤，肿了一大片，走到萧萧身边。萧萧捏紧这一只小手，且用口去呵它，吮它"，这段情节不属于主干情节（即环环相扣的、缺一环故事就进行不下去的那种情节），但匠心独运，有极高的创意浓度。

实际上文学作品里为人所津津乐道的，往往是这一种。比如《红楼梦》里的黛玉葬花、晴雯撕扇、湘云醉眠，哪一个又是主干情节呢？

花狗诱她做坏事情是麦黄四月，到六月，李子熟了，她欢喜吃生李子。她觉得身体有点特别，在山上碰到花狗，就将这事情告给他，问他怎么办。

讨论了多久，花狗全无主意。虽以前自己当天赌得有咒，也仍然无主意。原来这家伙个子大，胆量小。个子大容易做错事，胆量小做了错事就想不出办法。

到后，萧萧捏着自己那条乌梢蛇似的大辫子，想起城里了，她说：

"花狗大，我们到城里去自由，帮帮人过日子，不好么？"

"那怎么行？到城里去做什么？"

"我肚子大了。"

"我们找药去。场上有郎中卖药。"

"你赶快找药来，我想……"

"你想逃到城里去自由，不成的。人生面不熟，讨饭也有规矩，不能随便！"

"你这没有良心的，你害了我，我想死！"

"我赌咒不辜负你。"

"负不负我有什么用，帮我个忙，赶快拿去肚子里这块肉吧。我害怕！"[35]

---

[35] 这段对话写出了双方主动和被动的态势。

萧萧是没法作出"享受自由"这样的语言组合的,只会这样生硬使用,很准确。

花狗不再做声,过了一会,便走开了。不久丈夫从他处拿了大把山里红果子回来,见萧萧一个人坐在草地上眼睛红红的,丈夫心中纳罕。看了一会,问萧萧:

"姐姐,为甚么哭?"

"不为甚么,灰尘落到眼睛窝里,痛。"

"我吹吹吧。"

"不要吹。"

"你瞧我,得这些这些。"

他把手中拿的和从溪中捡来放在衣口袋里的小蚌、小石头全部陈列到萧萧面前,萧萧泪眼婆娑看了一会,勉强笑着说:"弟弟,我们要好,我哭你莫告家中。告家中我可要生气![36]"到后这事情家中当真就无人知道。

[36] 萧萧同弟弟讲话带有旋律感,也可说是歌谣味,全篇多处如此。

过了半个月,花狗不辞而行,把自己所有的衣裤都拿去了。祖父问同住的长工哑巴,知不知道他为什么走路,走哪儿去?是上山落草,还是作薛仁贵投军?哑巴只是摇头,说花狗还欠了他两百钱,临走时话都不留一句,为人少良心。哑巴说他自己的话,并没有把花狗走的理由说明。因此这一家希奇一整天,谈论一整天。不过这工人既不偷走物件，又不拐带别的，这事情过后不久，自然也就把他忘掉了。

萧萧仍然是往日的萧萧。她能够忘记花狗就好了，但是肚子真有些不同了，肚中东西总在动，使她常常一个人干着急，尽做怪梦。

她脾气坏了一点，这坏处只有丈夫知道，因为她对丈夫似乎严厉苛刻了好些。

仍然每天同丈夫在一处，她的心，想到的事自己也不十分明白。她常想，我现在死了，什么都好了。可是为什么要死？她还很高兴活下去，愿意活下去。

家中人不拘谁在无意中提起关于丈夫弟弟的话，提起小孩子，提起花狗，都像使这话如拳头，在萧萧胸口上重重一击。

到九月，她担心人知道更多了，引丈夫庙里去玩，就私自许愿，吃了一大把香灰。吃香灰被她丈夫看见了，丈夫问这是做甚么，萧萧就说肚痛，应当吃这个。虽说求菩萨保佑，菩萨当然没有如她的希望，肚子中的东西依旧在慢慢的长大。

她又常常往溪里去喝冷水，给丈夫看见时，丈夫问她，她就说口渴。

一切她所想到的方法都没有能够使她同自己不欢喜的东西分开。大肚子只有丈夫一人知道，他却不敢告这件事给父母晓得。因为时间长久，年龄不同，丈夫有些时候对于萧萧的怕同爱，比对于父母还深切。

她还记得花狗赌咒那一天里的事情，如同记着其他事情一样。到秋天，屋前屋后毛毛虫都结茧，成了各种好看蝶蛾，丈夫像故意折磨她一样,常常提起几个月前被毛毛虫螫手的旧话,使萧萧心里难过。她因此极恨毛毛虫,见了那小虫就想用脚去踹。[37]

> [37] 前面毛毛虫细节已经足够出彩,这里竟然还可以再翻出一层花样。

有一天,又听人说有好些女学生过路,听过这话的萧萧,睁了眼做过一阵梦,愣愣的对日头出处痴了半天。

萧萧步花狗后尘,也想逃走,收拾一点东西预备跟了女学生走的那条路上城去。[38] 但没有动身,就被家里人发觉了。这种打算照乡下人说来是一件大事,于是把她两手捆了起来,丢在灶屋边,饿了一天。

> [38] 花狗逃走之后,沈从文没有让萧萧紧接着也收拾东西逃走,而是以大篇幅文字写萧萧的心理和情绪变化,以及她尝试的各种堕胎方法。
> 这么写,有小说结构和节奏的考量在。萧萧的事情一旦败露,小说就迎来了高潮。高潮之前,通常要将速度降一些。

家中追究这逃走的根源,才明白这个十年后预备给小丈夫生儿子继香火的萧萧肚子已被另一个人抢先下了种。这在一家人生活中真是了不得的一件大事!一家人的平静生活,为这件新事全弄乱了。生气的生气,流泪的流泪,骂人的骂人,各按本分乱下去。悬梁,投水,吃毒药,被禁困着的萧萧,诸事漫无边际的全想到了,究竟是年纪太小,舍不得死,却不曾做。于是祖父从现实出发,想出个聪明主意,把萧萧关在房里，派人好好看守着，请萧萧本族的人来说话，照规矩，看是"沉潭"还是"发卖"？萧萧家中人要面子，就沉潭淹死了她；舍不得死就发卖。萧萧只有一个伯父，在近处庄子里为人种田，去请他时先还以为是吃酒，到了才知是这样丢脸事情，弄得这老实忠厚的家长手足无措。[39]

> [39] 卖侄女一次，又同意再卖一次；侄女被人拘禁着，拉他的衣角哭，他一句话不说就走了。这样狠硬心肠的人，竟然是"老实忠厚"呢！
> 沈氏淡化女性苦难的暧昧笔触之四。

大肚子作证，什么也没有可说。照习惯，沉潭多是读过"子曰"的族长爱面子才做出的蠢事。伯父不读"子曰"，不忍把萧萧当牺牲，萧萧当然应当嫁人作"二路亲"了。

这也是一种处罚，好像极其自然，照习惯受损失的是丈夫家里，然而却可以在发卖上收回一笔钱，当作为损失赔偿。那伯父把这事情告给了萧萧，就要走路。萧萧拉着伯父衣角不放，只是幽幽的哭。伯父摇了一会头，一句话不说，仍然走了。

一时没有相当的人家来要萧萧，送到远处去也得有人，因此暂时就仍然在丈夫家中住下。这件事情既经说明白，照乡下规矩，倒又像不甚么要紧，只等待处分，大家反而释然了。先是小丈夫不能再同萧萧在一处，到后又仍然如月前情形，姐弟一般有说有笑的过日子了。

丈夫知道了萧萧肚子中有儿子的事情，又知道因为这样萧萧才应当嫁到远处去。但是丈夫并不愿意萧萧去,萧萧自己也不愿意去。大家全莫名其妙,只是照规矩像逼到要这样做,不得不做。[40] 究竟是谁定的规矩,是周公还是周婆。也没有人说得清楚。

> [40] 原来是莫名其妙被逼不得不卖萧萧。看来《祝福》里那家人也是莫名其妙被逼不得不阻止祥林嫂参与祭祀事宜。沈氏淡化女性苦难的暧昧笔触之五。三分真,七分假,具有极强迷惑性。

在等候主顾来看人,等到十二月,还没有人来,萧萧只好在这人家过年。

萧萧次年二月间,十月满足,坐草生了一个儿子,团头大眼,声响洪壮。大家把母子二人照料得好好的,照规矩吃蒸鸡同江米酒补血,烧纸谢神。一家人都欢喜那儿子。

生下的既是儿子,萧萧不嫁别处了。

到萧萧正式同丈夫拜堂圆房时,儿子已经年纪十岁,有了半劳动力,能看牛割草,成为家中生产者一员了。平时喊萧萧丈夫做大叔,大叔也答应,从不生气。[41]

> [41] 沈从文在这里写得欢喜溢出纸面,任谁读了都忍不住嘴角上扬为萧萧高兴了,同时感到这家人的天真可爱:没有宗族亲缘观念,不是自己家的血脉也愿意养,对女性也没有严苛的贞洁要求,桃花源里的伦理道德可不就是如此质朴淳厚得自成一体,令人称奇嘛!
> 然而,读者们,尤其是女性读者可千万别被沈从文带偏啦!

如果生了女儿呢?这家人又会是什么面孔?不仅萧萧要被再次卖掉——结"二路亲",只能流落到更穷的人家,而且那个女婴呢?难道会容许萧萧带着?难道买方会接纳?自然是要丢弃或溺毙了!

在乡土中国的种种残酷恶行里,这件不过是沧海一粟。

"团头大眼,声响洪壮",新鲜的方言表达。

这儿子名叫牛儿。牛儿十二岁时也接了亲,媳妇年长六岁。媳妇年纪大,才能诸事作帮手,对家中有帮助。唢呐吹到门前时,新娘在轿中呜呜的哭着,忙坏了那个祖父、曾祖父。

这一天,萧萧抱了自己新生的毛毛,在屋前榆蜡树篱笆间看热闹,同十年前抱丈夫一个样子。

小毛毛哭了,唱歌一般地哄着他:"哪,毛毛,看,花轿来了。看,新娘子穿花衣,好体面!不许闹,不讲道理不成的!不讲理我要生气的!看看,女学生也来了!明天长大了,我们也讨个女学生媳妇!"[42]

[42]【收束】中提到,这个结尾是后添加的,妙在精心结撰,一气增加了三层的呼应。

1929年作

(原载《小说月报》二十一卷一号)

1957年2月校改字句

本篇1930年1月10日发表于《小说月报》第21卷第1号,署名沈从文。后经作者修改,1936年7月1日重新发表于《文季月刊》

第 1 卷第 2 期。收入《新与旧》(上海良友图书印刷公司 1936 年 11 月版)、《沈从文小说选集》(人民文学出版社 1957 年 10 月版),上述各版出版前,作者均作了修改。据良友版收入《沈从文全集》第 8 卷《新与旧》(集)。

经典故事模式:双线交叉叙述,高潮次第来临

——关于白先勇《孤恋花》

从前[1]每天我和娟娟在五月花下了班,总是两个人一块儿回家的。有时候夏天夜晚,我们便叫一辆三轮车,慢慢荡回我们金华街[2]那间小公寓去。现在不同了,现在我常常一个人先回去,在家里弄好消夜,等着娟娟,有时候一等便等到天亮。

[1] "从前"这个词以及句尾"的"字,明确了一个忆往昔的沧桑腔调。
我翻了翻自己的一篇故事,同样使用忆往昔腔调,开头也相似:
你们可别在我跟前提到我弟弟啊,一提到,我就会掉眼泪的。

[2] 我查了小说里的几条街道名,都确有其地。
写小说最好给出具体的城市、真实的地名。不要总是语焉不详地说"这座小城",或者编造个什么"江海市"出来。
有具体的城市和方位,很多画面也就自动匹配出来了,其

实是更讨巧的写法。

赵雷的歌曲《成都》,要是改成《那座阴雨的小城》,未必能火。

　　金华街这间小公寓是我花了一生的积蓄买下来的。从前在上海万春楼的时候,我曾经攒过几文钱,我比五宝她们资格都老,五宝还是我一手带出头的;可是一场难逃下来,什么都光了,只剩下一对翡翠镯子,却[3]还一直戴在手上。那对翠镯,是五宝的遗物,经过多少风险,我都没肯脱下来。

> [3] 这是《红楼梦》的用法,"却"为承接,并非转折。"十年的功夫就这样攒了下去"研究《红楼梦》的张爱玲,她也喜欢这样用。而白先勇则是有"张派大弟子"之称的。从这一个字"却"就能看出文脉。

　　到五月花去,并不是出于我的心愿。初来台湾,我原搭着俞大块头①他们几个黑道中的人,一并跑单帮。哪晓得在基隆码头接连出了几次事故,俞大块头自己一点老本搞干不算,连我的首饰也统统赔了进去。俞大块头最后还要来剥[4]我手上那对翠镯,我抓起一把长剪刀便指着他喝道:你敢碰一碰我手上这对东西!他朝我脸上吐了一泡口水,下狠劲啐道:婊子!婊子!做了一辈子的生意浪,我就是听不得这两个字,男人嘴里骂出来的,愈更腥臢。[5]

---

① 大块头:较多简体版本是"大傀头"。"大傀头"一词讲不通,也非闽南语用法;考虑到"块"的繁体为"塊",与"傀"字形相似,"大傀头"应为讹误。本篇闽南语相关考证,感谢台湾朋友 Atonny 帮助。

[4] 好狠的动词!
第一反应写法大概是用"抢"字。
"俞大块头最后还要来抢我手上那对翠镯",大家体会一下,是不是差了很多?
剥皮多么残忍! 被剥多么痛苦! 而那对翠镯于我而言是身体器官,又足见珍而重之。
这里应该是借鉴了吴语、上海话。

[5] 老歌《舞女泪》中有句歌词是"一步踏错终生错",但舞女(以及歌女、酒女)们的人生悲剧并非始于她们自己"踏错",绝大多数是被推入火坑的。后文中对五宝和娟娟身世来历的交代就可印证这一点,五宝是人贩子拐出来卖到万花楼的,而娟娟可能是她父亲卖的。
白先勇在此篇中显示出的女性主义意识,弥足珍贵。

酒家的生意并不好做,五月花的老板看中了我资格老,善应付,又会点子京戏,才专派我去侍候那些从大陆来的老爷们,唱几段戏给他们听。有时候碰见从前上海的老客人,他们还只管叫我云芳老六。有一次撞见卢根荣卢九,他一看见我便直跺脚,好像惋惜什么似的[6]:

[6] 是啊,你都来做嫖客还替酒女惋惜? 就好像一边戴着象牙饰品一边看大象被猎杀的视频哭。

"阿六,你怎么又落到这种地方来了?"
我对他笑着答道:
"九爷,那也是各人的命吧?"

其实凭我一个外省人,在五月花和那起小查某[7]混在一块儿,这些年能够攒下一笔钱,就算我本事大得很了。后来我泥[8]①着我们老板,终究捞到一个经理职位,看管那些女孩儿。五月花的女经理只有我和胡阿花两个人,其余都是些流氓头。我倒并不在乎,我是在男人堆子里混出来的,我和他们拼惯了。客人们都称我做"总司令",他们说海陆空的大将——像丽君、心梅——我手下都占齐了。当经理,只有拿干薪,那些小查某的皮肉钱,我又不忍多刮,手头比从前紧多了,最后我把外面放账的钱,一并提了回来,算了又算,数了又数,终于把手腕上那对翡翠镯子也卸了下来,才拼凑着买下了金华街这栋小公寓。[9]我买这栋小公寓,完全是为了娟娟。

[7] 应该是闽南语里的常用词"肖查某",意为"疯女人",与后文情节暗合。闽南语极少将"小"字(读作"修")与"查某"连用。
白先勇是外省人,学用闽南语难免不准确。
当然,也可以理解成"我"是外省人,闽南语也说得半熟不溜。

[8] 这里又换吴方言登场了。
吴方言里"泥"和"黏"同音。

[9] 这种苦心积攒谋划要去做一件正事的片段,往往耐看动人。
写作者不妨于此留心,善加刻绘。
汪曾祺在《羊舍一夕》里有更细的一段:
"另外一样,是嫁接刀。他想明年自己就先去练习削树码子,练得熟熟的,像大老刘一样!也不用公家的刀,自己买。

---

① 本篇中吴方言的相关批注,得到上海朋友朝俊、吉意、木子、骏坤的帮助。

用惯了,顺手。
他合计好了:把那把双箭牌塑料把的小刀卖去,已经说好了,猪倌小白要。打一个八折。原价一块六,六八四十八,八得八,二块二毛八。再贴一块钱,就可以买一把上等的角柄嫁接刀!"
"终于把手腕上那对翡翠镯子也卸了下来",精心结撰,小说道具物尽其用。
有关这对镯子,前面设计的一幕已经相当出彩,外部之风刀霜剑与主角之深情刚勇,都到位了。而这里,"算了又算,数了又数"之后终于卸下了镯子,固然不舍,但读者也更可体会到主角终于卸下了沉痛的过往,能再与一人携手望向光明了。作者于此安排得极工巧。
其实就算达不到白先勇这样的工巧程度,创作时能捎带上一笔,也可以给读者相当不错的阅读体验。助教牧棠曾提到刘震云《一地鸡毛》中一个"一笔巧"例子。
主角夫妻为调动工作买了箱可乐送礼,没送出去,只能扛回家。读者知道送礼失败就够了,可乐的去处完全可以不提。但刘震云带了一笔巧,让女主灵机一动有了好主意,隔两天开一罐叫孩子拿到院子里喝给人看。
这就关联到了小说的另外一条情节线——和邻居家的攀比纠葛,完成了另外的一项任务——让小林家的气势稍稍抬升了一点。不是什么了不得的事,但故事终归又精彩了那么一丢丢。
"那些小查某的皮肉钱,我又不忍多刮",此女有侠气。

娟娟原来是老鼠仔手下的人,在五月花的日子很浅,平常打过几个照面,我也并未十分在意。其实五月花那些女孩儿搽胭抹粉打扮起来,个个看着都差不多。一年多以前,那个冬天的晚上,我到三楼三一三去查番。一推门进去,却[10]瞥见娟娟站在那里唱台湾小调。房里一桌有半桌是日本狎客,他们正在和丽君、心梅那几个红酒女搂腰的搂腰，摸奶的摸奶，喧闹得了不得。一房子的烟，一房子的酒气和男人臭，谁也没在认真听娟娟唱。娟娟立在房间的一角，她穿着一件黑色的缎子旗袍，披着件小白褂子，一头垂肩的长发，腰肢扎得还有一捻。[11] 她背后围着三个乐师，为首的是那个林三郎，眨巴着他那一双烂得快要瞎了的眼睛，拉起他那架十分破旧、十分凄哑的手风琴，[12] 在替娟娟伴奏。娟娟是在唱那支《孤恋花》。她歪着头，仰起面，闭上眼睛，眉头蹙得紧紧的，头发统统跌[13]到了一边肩上去，用着细颤颤的声音在唱，也不知是在唱给谁听：

[10]　却——
　　　一样是承接。

[11]　娟娟的外形特征，长发、细腰、三角脸、蝌蚪眸、胎记，声音上的特征，空洞。注意看她的出场，每次都少不了再提其中一二点。经典手法。
　　　以头发为例，全文检索"长发"二字就有六处，再加上"长头发""头发"等，共计不下十处。所以，放心大胆地用这方法吧，不必提上个三五次就觉得过了。
　　　"腰肢扎得还有一捻"是夸张修辞。"捻"既是名词也是动词，就可以这么用。再比如：
　　　"暑假过得只有一闪。"

[12]　配角也给安排了一个外貌特征，方便读者脑中有个画面，也将全篇的悲剧色调又加重了一层。破旧的手风琴、凄哑的乐音，也是一样的作用。

[13]　白先勇相当重视动词的拣择，喜欢使用新鲜而有力感的字

眼。

当然这个字也带有一点不祥感、沮丧意、悲剧味。

月斜西月斜西　真情思君君不知——
青春欉①谁人爱　变成落叶相思栽——[14]

> [14] 这里两句歌词看着普通，白先勇难道写不出更好的？非不能也，是不为也。
> 小说里的诗词曲赋重要的是符合于人物和情境，在这个层面上见笔力。红楼梦里香菱学诗，三首咏月，一首极浅，一首偏题，第三首则有点意趣了。真就是个聪慧的初学者蹒跚了两步开始走稳的样子。蹒跚的也好，进步的也像。

这首小调，是林三郎自己谱的曲。他在日据时代，是个小有名气的乐师，自己会写歌。他们说，他爱上了一个蓬莱阁叫白玉楼的酒女，那个酒女发羊癫风跌到淡水河里淹死了[15]，他就为她写下了这首《孤恋花》。他抱着他那架磨得油黄的手风琴，眨着他那双愈烂愈红的眼睛，天天奏，天天拉，我在五月花里，不知听过多少酒女唱过这支歌了。可是没有一个能唱得像娟娟那般悲苦，一声声，竟好像是在诉冤似的。不知怎的，[16]看着娟娟那副形相，我突然想起五宝来[17]。其实娟娟和五宝长得并不十分像，五宝要比娟娟端秀些，可是五宝唱起戏来，也是那一种悲苦的神情。从前我们一道出堂差，总爱配一出《再生缘》，我唱孟丽君，五宝唱苏映雪，她也是爱那样

---

① 欉："丛"的古字，闽南语常用字，"一欉花"即"一束花"，"一欉树"即"一棵树"。

把双眉头蹙成一堆,一段二黄,满腔的怨情都给唱尽了似的。她们两个人都是三角脸、短下巴、高高的颧骨、眼塘子微微下坑,两个人都长着那么一副飘落的薄命相。

[15] 这一篇里横死的酒女有多少?罗列出来触目惊心。而几十年后的如今,世界的角角落落,仍然每天都在发生同样的事……

[16] 有点多余,删去更好。
看着娟娟想起五宝的原因不是很明显吗,因为两人唱戏一样悲苦,以及都是薄命相。
白先勇行文偶尔会冒出点生涩不老练。如张大春在《小说稗类》里所言,他做不到张爱玲那样通篇"冷冽老辣"。
"不知怎的""下意识"等词要慎用。即使使用上帝视角,"他下意识觉得……"这种说法也还是很怪,字面上冲突。

[17] 本篇是双线结构,娟娟为主,五宝为副。主线连贯行进,副线穿插隐现,常常以"一晃神儿"的手法实现。

娟娟一唱完,便让一个矮胖秃头的日本狎客拦腰揪[18]走了,他把她搊[19]在膝盖上,先灌了她一盅酒,灌完又替她斟,直推着她跟邻座一个客人斗酒。娟娟并不推拒,举起酒杯,又咕嘟咕嘟一口气饮尽了。喝完她用手背揩去嘴角边淌流下来的酒汁,然后望着那个客人笑了一下。我看见她那苍白的小三角脸上浮起来的那一抹笑容,竟比哭泣还要凄凉。我从来没有见过那么容易让客人摆布的酒女。像我手下的丽君、心梅,灌她们一盅酒,那得要看狎客的本事。

可是娟娟却让那几个日本人穿梭一般,来回地猛灌,她不拒绝,连声也不吭,喝完一杯,咂咂嘴,便对他们凄苦地笑一下。一番当下来,娟娟总灌了七八杯绍兴酒[20]下去,脸都有点泛青了。她临走时,立起身来,还对那几个灌她酒的狎客点着头说了声对不起,脸上又浮起她那个十分僵硬、十分凄凉的笑容来。

[18] 有力道。

[19] 吴方言惯用词。

[20] 民国的宴饮酒一般是黄酒;烈性白酒的流行与长征有关,红军过西南湿热地带,向当地劳动人民学会了喝烈酒。

那天晚上,我收拾妥当,临离开时,走进三楼的洗手间去,一开门,却赫然看见娟娟在里头,醉倒在地上,朝天卧着。她一脸发了灰,一件黑缎子旗袍上,斑斑点点,洒满了酒汁。洗面缸的龙头开了没关,水溢到地上来,浸得娟娟一头长发湿淋淋的。我赶忙把她扶了起来,脱下自己的大衣裹在她身上。[21]那晚,我便把娟娟带回到我的寓所里去,那时我还一个人住在宁波西街。

[21] 受限于第一人称,白先勇虽未对"我"有容貌神态的描摹,但性情塑造极成功。刚勇侠义的一面令人钦佩,温存深情的一面使人动容。

我替娟娟换洗了一番,服侍她睡到我床上去,她却一直昏醉不醒,两个肩膀犹自冷得打哆嗦。我拿出一条厚棉被来，盖到她身上，将被头拉起，塞到她的下巴底下，盖得严严的。[22]我突然发觉，我有好多年没有做这种动作了。从前五宝同我睡一房的时候，半夜里我常常起来替她盖被。五宝只有两杯酒量，出外陪酒，跑回来常常醉得人事不知。睡觉的时候，酒性一燥，便把被窝踢得精光。[23]我总是拿条被单把她紧紧地裹起来。有时候她让华三那个老龟公打伤了，晚上睡不安，我一夜还得起来好几次，我一劝她，她就从被窝里伸出她的膀子来，摔[24]到我脸上，冷笑道：

[22] 披被子，多么经典的戏码。还记得《一句顶一万句》里老汪梦到灯盏吗？娃就是总站在床前对他说："爹，天冷了，我给你披披被窝。"
下次有人给你披被窝，一定要调用高帧感官记录仪将一切都记录下来！以后写作用得上。
白先勇使用这个戏码还有一层目的，是要转到五宝那条线上。

[23] 五宝酒醉后燥热踢被窝，娟娟则是冷得打哆嗦；
我劝她们，五宝摔膀子到我脸上冷笑回复，娟娟则是凄凉地笑一下，无奈回复；
五宝不堪凌辱后吞鸦片自杀，娟娟却是爆发，用熨斗砸死了对方。
创作者在主线和副线的大情节十分相近的前提下，细节层面尽力多作变化后形成的一种秩序。后两项也十分符合性格逻辑。

[24] 又是个新颖的动词。

"这是命,阿姊。"

她那雪白的胳臂上印着一排铜钱大的焦火泡子,是华三那杆烟枪子烙的。[25] 我看她痛得厉害,总是躺在她身边,替她揉搓着,陪她到大天亮。

> [25] 性服务行业中的女性,在疾病之外,也很难幸免于暴力和毒品。

我摸了摸娟娟的额头,冰凉的,一直在冒冷汗,娟娟真的醉狠了,翻腾了一夜,睡得非常不安稳。

第二天,矇矇亮的时候,娟娟就醒了过来。她的脸色很难看,睁着一双炯炯的眸子[26],她说她的头痛得裂开了。我起来熬了一碗红糖姜汤,拿到床边去喂她。她坐起身子,我替她披上了一件棉袄。她喝了一半便不喝了,俯下头去,两手拼命在搓揉她的太阳穴,她的长头发披挂到前面来,把她的脸遮住了。半晌,她突然低着头说道:

> [26] 怀疑是化用了周邦彦的词。因为这里的炯炯不是我们常用的"炯炯有神"中的意思。而是说一夜睡不好,天不亮就瞪着个大眼。
> 周邦彦的词中情境一致:
> "月皎惊乌栖不定。更漏将残,辘轳牵金井。唤起两眸清炯炯。泪花落枕红绵冷。"

"我又梦见我妈了。"娟娟说话的声音很奇怪,空空洞洞,不带尾音的。[27]

[27] 精神障碍者说话就是这种感觉，作者在为后文情节做暗示铺垫。

"她在哪里？"我在她的身边坐了下来。

"不知道，"她抬起头来，摇动着一头长发，"也许还在我们苏州乡下——她是一个疯子。"

"哦——"我伸出手去。替她拭去额上冒出来一颗一颗的冷汗珠子。我发觉娟娟的眼睛也非常奇特，又深又黑，发愣的时候，目光还是那么惊慌，一双眸子好像两只黑蝌蚪，一径在乱窜着。[28]

[28] 重度精神障碍患者，眼神常常是那样惊慌不定的。
蝌蚪比喻很出彩，有多层相似：
1. 黑；
2. 质感相似，都是带水的软体；
3. 乱窜不定。

"我爸用根铁链子套在她的颈脖上[29]，把她锁在猪栏里。小时候,我一直不知道她是我妈妈。我爸从来不告诉我。也不准我走近她。我去喂猪的时候，常看见附近的小孩子拿石头去砸她，一砸中，她就张起两只手爪[30]，磨着牙齿吼起来。那些小孩子笑了，我也跟着笑——"娟娟说着嘿嘿地干笑了几声，她那短短苍白的三角脸微微扭曲着："有一天，你看——"

[29] 文学中多少疯女人，农村多少铁链女。

[30] 写这一幕时,作者头脑里的画面非常具体细微,他可以想象到那手已经是"爪"的样子(黑脏嶙峋指甲长)。
还记得《琉璃瓦》中一个相似的例子吗?心心抵在门背后哭,张爱玲能够想象到浴室的门背后常常是有挂钩的,因此索性用上,写心心抓着铜钩子,身子的重量全部吊在上面,号啕大哭。这就比仅仅抵在门背后要出彩。
别以为这些日常的情境自己熟悉得不能再熟悉了。每个人大脑中都有那幅图,但像素有高低,文字效果也就有差距。如果不很自信,建议还是勤快一些,打算写什么场景,不妨跑去再看一看。

她拉开了衣领,指着她咽喉的下端,有一条手指粗,像蚯蚓般鲜亮的红疤,横在那里。

"有一天,我阿姨来了,她带我到猪栏边,边哭边说道:'伊就是你阿母呵!'[31],那天晚上,我偷偷拿了一碗菜饭,爬进猪栏里去,递给我妈。我妈接过饭去,瞅了我半天,咧开嘴笑了。我走过去,用手去摸她的脸,我一碰到她,她突然惨叫了起来,把饭碗砸到地上,伸出她的手爪子,一把将我捞[32]住,我还没叫出声音来,她的牙齿已经咬到我喉咙上来了——"

[31] 吴地方言。

[32] 新鲜的动词。

娟娟说着又干笑了起来,两只黑蝌蚪似的眸子在迸跳着。我搂住她的肩膀,用手抚摩着她颈子上那条疤痕,我突然觉得[33]那条蚯蚓似的红疤,滑溜溜的,蠕动了起来一般。

> [33] "我突然觉得"这几个字删掉更好些。
> 改成:
> "我搂住她的肩膀,用手抚摩着她颈子上那条疤痕。蚯蚓似的红疤,滑溜溜的,蠕动了起来一般。"

从前我和五宝两人许下一个心愿:日后攒够了钱,我们买一栋房子住在一块儿,成一个家,我们还说去赎一个小清倌人①回来养。五宝是人牙贩子从扬州乡下拐出来的,卖到万春楼,才十四岁,穿了一身花布棉袄棉裤,裤脚扎得紧紧的,剪着一个娃娃头,头上还夹着只铜蝴蝶,[34]我问她:

> [34] 不愧大家,寥寥几笔就把那个时代吴地乡下小女孩的样子写得鲜活了。
> 大家可以做个仿写,把这个时代、你自己老家的乡下,典型的小女孩的样子,也试着用简洁的几笔写出来。
> "裤脚扎得紧紧的",也许是她害怕受到人贩子侵害,扎紧了裤腰和裤脚。女性在被拐卖途中遭人贩子强奸是大概率事件。

"你的娘呢,五宝?"
"我没得娘。"她笑道。

---

① 清倌人:旧时对身处性服务行业但"不接客"的女性的称呼。两种情况,一种是存在某些协定可以只作表演和陪伴,一种是因为年纪尚小。后一种情况较多。

"寿头①,"我骂她,"你没得娘？谁生你出来的？"

"不记得了。"她甩动着一头短发,笑嘻嘻地咧开嘴。我把她兜[35]入怀里,揪住她的腮,亲了她两下,从那时起,我便对她生出了一股母性的疼怜来。

[35] "揽入怀里"比较缠绵,"兜入怀里"更有力道。这里的情境,用后者更好。

"娟娟,这便是我们的家了。"

我和娟娟搬进我们金华街那栋小公寓时,我搂住她的肩膀对她说道。五宝死得早,我们那桩心愿一直没能实现,漂泊了半辈子,碰到娟娟,我才又起了成家的念头。一向懒散惯了,洗衣烧饭的家务事是搞不来的,不过我总觉得娟娟体弱,不准她多操劳,天天她睡到下午,我也不忍去叫醒她。尤其是她在外陪宿了回来,一身憔悴,我对她格外地怜惜。我知道,男人上了床,什么下流的事都干得出来。有一次,一个老杀胚用双手死揪住我的颈子,揪得我差不多噎了气,气呼呼地问我：你为什么不喘气？你为什么不喘气？五宝点大蜡烛的那晚,梳拢她的是一个军人,壮得像只大牯牛②。第二天早上,五宝爬到我床上,滚进我怀里,眼睛哭出了血来。她那双小小的奶子上,青青红红尽是牙齿印。[36]

---

① 寿头：指昧于人情世故,易受愚弄欺骗的人。吴方言。
② 牯牛：公牛。

[36] 很多女性对性服务行业也有浪漫化的错误想象，以为那是专业谈恋爱，施展性魅力的地方；实际更多是承受性暴力。"杀胚"属于比较老的吴语，最著名的吴语小说《海上花列传》里就有。两层意思，一是该杀的人，二是横蛮暴力的人。用在这里，两层意思都对得上，妙极！

"是谁开你的苞的，娟娟。"有一天，娟娟陪宿回来，起身得特别晚，我替她梳头，问她道。

"我爸。"娟娟答道。

我站在她身后，双手一直篦着她那一头长发，没有做声。[37]

[37] 听到过于惊悚的事以沉默回应。真实。

"我爸一喝醉了就跑到我房中来，"娟娟嘴里叼着根香烟，满面倦容，"那时我才十五岁，头一晚，害怕，我咬他。他揪起我的头在床上磕了几下，磕得我昏昏沉沉的，什么事都不知道了。以后每次他都从宜兰带点胭脂口红回来，哄着我陪他——"娟娟嘿嘿地干笑了两声，她嘴上叼着那根香烟，一上一下地抖动着。[38]

[38] 讲述自己最沉痛羞辱的过往，也非得带点不在乎才行，否则绝难承受。所以娟娟会嘿嘿干笑抖香烟，这也十分真实。

"我有了肚子，我爸便天天把我抓到大门口，当着隔壁邻舍的人，指到我脸上骂：'偷人！偷人！'我摸着我那鼓鼓的肚子，害怕得哭了起来。我爸弄了一撮苦药，塞到我嘴里，那晚，我屙下了一摊血块来——"娟娟说着又笑了起来。她那张小三角脸,扭曲得眉眼不分。我轻轻地摩着她那瘦棱棱[39]的背脊,我觉得好像在抚弄着一只让人丢到垃圾堆上,奄奄一息的小病猫一般。

> [39] 古白话词。文人不时也将其入词入曲:
> 【宋】陈著《江城子·元宵书怀》
> 残生消不尽斋荃。瘦棱棱。困腾腾。扶起眉间,杯酒酹寒檠。

娟娟穿戴好,我们便一块儿走了出去,到五月花去上班,走在街上,我看见她那一头长发在晚风里乱飞起来,她那一捻细腰左右摇曳得随时都会断折一般,街头迎面一个大落日,从染缸里滚出来似的,染得她那张苍白的三角脸好像溅满了血[40],我暗暗感到,娟娟这副相长得实在不祥,这个摇曳着的单薄身子到底载着多少的罪孽呢?[41]

> [40] 这里写的是夕阳好景,但以"摇曳得随时都会折断"的措辞以及"好像溅满了血"的比喻契合了负面的情境,暗示了情节的负面走向。
> 很多人喜欢用阴沉天或暴雨雷电等恶劣天做悲剧的作料。但天地不仁,才不屑于以阴晴来配合人间悲喜。比较起来,以好景或普通景致中的负面措辞与隐喻来指向悲剧更自然些,不显刻意。
> 我的故事里有这样的一段:
> 那天,太阳一大早就升得老高,等到了中午,万里无云,天蓝得简直邪乎,头顶上一轮亮光四射的大太阳,照得我都睁不开眼睛。
> 虽然是蓝天白云大太阳的好天,但我以"天蓝得简直邪乎""亮光四射睁不开眼"这样的不祥措辞和不适感觉暗

示后文情节。

［41］ 这一句的暗示似乎有点过了。也许删掉更好。

娟娟经常一夜不归,是最近的事情。有一天晚上,一个闷热的六月天,我躺在床上,等着娟娟,一夜也没有合过眼,望着窗外渐渐发了白,背上都睡湿了^[42]。娟娟早上七八点才回来,左摇右摆,好像还在醉酒似的,一脸倦得发了白,她勾画过的眉毛和眼眶,都让汗水溶化了,散开成两个大黑圈,好像眉毛眼睛都烂掉了^[43]。她走进房来,一声不响踢落了一双高跟鞋,挣扎着脱去了旗袍,身子便往床上一倒,闭上眼睛,一动也不动了。我坐到她身边,替她卸去奶罩,她那两只奶头给咬破了,肿了起来,像两枚熟烂了的牛血李,在淌着黏液。我仔细一看,她的颈脖子上也有一转淤青的牙齿印,衬得她喉头上那条蚯蚓似的红疤愈更鲜明了,我拿起她的手臂来,赫然发觉她的手弯上一排四五个青黑的针孔。

［42］ 细节描写。

［43］ 措辞统一向着不好的方向倾斜。

"娟娟！"我叫道。

"柯老雄——"娟娟闭着眼睛,微弱地答道。说着,偏过头,便昏睡过去了。

我守在娟娟身旁,前夜在五月花的事情,猛地又兜上了心头来[44]。那晚柯老雄来到五月花,我派过丽君和心梅去,他都不要,还遭他骂了几句"干伊娘①",偏偏他却看上了娟娟。柯老雄三年前是五月花的常客,他是跑单帮的,聚赌吸毒,无所不来,是个有名的黑窝主。那时他出手大,耍过几个酒女,有一个叫凤娟的,和他姘上不到一个月,便暴毙了。我们五月花的人都噪起说,是他整死的,因此才敛迹了几年。这次回来,看着愈更骠悍了。娟娟当番的时分,他已喝到了七八成,伙着一帮赌徒,个个嘴里都不干不净地吆喝着。柯老雄脱去了上衣,光着两只赤黑的粗膀子,胳肢窝下露出大丛黑毛来,他的裤头带也松开了,裤上的拉链,掉下了一半。他剃着个小平头,一只偌大的头颅后脑刮得青光光的,顶上却耸着一撮根根倒竖猪鬃似的硬发。他的脑后见腮,两片牙巴骨,像鲤鱼腮,往外撑张,一对猪眼睛,眼泡子肿起,满布着血丝,乌黑的厚嘴唇,翻翘着,闪着一口金牙齿。一头的汗,一身的汗,还没走近他,我已经闻到一阵带鱼腥的狐臭了。[45]

[44] 这里也不用说"猛地",也许去掉更好。

[45] 白先勇想要丑化这个人的心情太迫切了,以至于buff(游戏名词,原意是增益)叠太多,让人无法在脑中形成一个画面了。

娟娟走到他眼前,他翻起对猪眼睛,下狠劲朝娟娟身上打量了一下,陡地伸出了他那赤黑的粗膀子,一把捉住[46]娟娟的手,便往怀里猛一带,露出他一嘴的金牙嘻笑了起来。娟娟脚下一滑,便

---

① 干伊娘:闽南语,骂人的话。

跌坐到他大腿上去了。他那赤黑的粗膀子将娟娟的细腰夹得紧紧的，先灌了她一杯酒，她还没喝完，他却又把酒杯抢了去咂嘴舐唇地把剩酒喝光，尖起鼻子便在娟娟的颈脖上嗅了一轮，一双手在她胸上摩挲起来。忽然间，他把娟娟一只手臂往外拿开，伸出舌头便在她腋下舐了几下，娟娟禁不住尖笑起来，两脚拼命蹬踢，柯老雄扣住她紧紧不放，抓住她的手，便往她腹下摸去。[47]

[46] 用"捉"写柯老雄的一个动作，把娟娟的躲闪也带到了。

[47] 柯老雄色坯赖样写得传神，比外形的一段出彩。

"你怕不怕？"

他涎着脸①，问道。一桌子的狎客都笑出了怪声来，娟娟拼命挣扎，她那把细腰，夹在柯老雄粗黑的臂弯里，扭得折成了两截。我看见她苍白脸上那双黑蝌蚪似的眼珠子，惊惶得跳了出来。

不知娟娟命中到底冲犯了什么，招来这个魔头。自从她让柯老雄缠上以后，魂魄都好像遭他摄走了一般；他到五月花去找她，她便乖乖地让他带出去，一去回来，全身便是七痨五伤，两只膀子上尽扎着针孔子。我狠狠地劝阻她，告诉她这种黑道中人物的厉害，娟娟总是愣愣地瞅着我，恍恍惚惚的。

"懂不懂，娟娟？"我有时候发了急，揪住她的肩膀死摇她几下，喝问她，她才摇摇头，凄凉地笑一下，十分无奈地说道：

---

① 涎着脸：作出涎皮赖脸的样子。

"没法子哟,总司令——"[48]

> [48] "我"关心情切,明知华三、柯老雄这样的嫖客是不可能摆脱得掉的,还是忍不住要劝。这种劝,其实是对弱者的一种不公正。
> 五宝还知道表达抗议,把膀子摔到"我"脸上。而娟娟则顺服至极,连这一点点的反对都不会有。
> 但正因为顺服至极,才会将愤怒层层积压,最终喷涌而出,做出震惊所有人的举动。

说完她一丝不挂只兜着个奶罩便坐到窗台上去,佝起背,缩起一只脚,拿着瓶紫红的蔻丹涂起她的脚趾甲来;嘴里还在有一搭没一搭地哼着《思想起》《三声无奈》,一些凄酸的哭调。她的声音空空洞洞的[49],好像寡妇哭丧一般,哼不了几句,她便用叠草纸擤一下鼻涕,她已经渐渐地染上了吗啡瘾了。

> [49] 再次提及声音特点。所以不要怕重复啦!《孤恋花》全篇才六千多字,很多特征都重复了不少遍。

有一次,柯老雄带娟娟去开旅馆,娟娟让警察逮了去,当她是野鸡。我花了许多钱,才把娟娟从牢里赎了出来。从那次起,我要娟娟把柯老雄带回家里来,我想至少在我眼底看着,柯老雄还不敢对娟娟逞凶,我总害怕,有一天娟娟的命会丧在那个阎王的手里。我拿娟娟的生辰八字去批过几次,都说是犯了大凶。[50]

[50] 人到最无力处，大都去算命。

每次他们回来，我便让到厨房里去，我看不得柯老雄那一口金牙，看见他，我便想起华三，华三一打五宝，便龇起一嘴巴金牙齿喝骂：打杀你这个臭婊子！我在厨房里，替娟娟熬着当归鸡做消夜，总是竖起耳朵在听：听柯老雄的淫笑，他的叱喝，听娟娟那一声声病猫似的哀吟，一直到柯老雄离开，我才预备好洗澡水，到房中去看娟娟。有一次我进去，娟娟坐在床上，赤裸裸的，手里擎着一叠一百元的新钞票，数过来，数过去，从头又数[51]，好像小孩子在玩公仔图一般。我走近她，看见她那苍白的小三角脸上，嘴角边黏着一枚指甲大殷红的干血块[52]。

[51] 钱是这一切的补偿。但补偿得了吗？数过来，数过去，算不清楚。

[52] 读者从这里能意识到暴力升级了。

七月十五，中元节这天，终于发生了事故。

那晚柯老雄把娟娟带出去，到三重镇去吃拜拜，我回家比平日早些，买了元宝蜡烛，做了四色奠菜，到厨房后头的天台上，去祭五宝。那晚热得人发昏，天好像让火烧过了一般，一个大月亮也是泛红的。[53]我在天台上烧完几串元宝，已经熏出了一头汗来，两腿都发烧了，平时不觉得，算了一算，五宝竟死了十五年了。我一想起她，总还像是眼前的事情，她倒毙在华三的烟榻上，嘴巴糊满了鸦片膏子，眼睛瞪得老大，那副凄厉的样子，我一闭眼便看见了。五宝口口声声都对我说：我要变鬼去找寻他！

> [53] 和之前提及的手法一样，也是好景加了不祥的措辞和不适的感觉，渲染，暗示。

差不多半夜里，柯老雄才夹着娟娟回来，他们两人都喝得七颠八倒了。柯老雄一脸紫胀，一进门，一行吐口水，一行咒着：干伊娘！干伊娘！把娟娟脚不沾地地便拖进了房中去。我坐在厨房里，好像火烧心一般，心神怎么也定不下来。柯老雄的吆喝声分外地粗暴，间或还有厮打的声音。突然[54]我想起了五宝自杀前的那一幕来：五宝跌坐在华三房中，华三揪住她的头，像推磨似的在打转子，手上一根铜烟枪劈下去，打得金光乱窜，我看见她的两只手在空中乱抓乱捞，她拼命地喊了一声：阿姊——我使足了力气，两拳打在窗上，窗玻璃把我的手割出了血来——一声穿耳的惨叫，我惊跳了起来，抓起案上一把菜刀，便往房中跑去。[55]一冲开门，赫然看见娟娟赤条条地骑在柯老雄的身上，柯老雄倒卧在地板上，也是赤精大条的。娟娟双手举着一只黑铁熨斗，向着柯老雄的头颅，猛捶下去，咚、咚、咚，一下紧接一下。娟娟一头的长发都飞张了起来，她的嘴巴张得老大，像一只发了狂的野猫在尖叫着。柯老雄的天灵盖给敲开了，豆腐渣似灰白的脑浆洒得一地，那片裂开的天灵盖上，还黏着他那一撮猪鬃似的硬发，他那两根赤黑的粗膀子，犹自伸张在空中打着颤，娟娟那两只青白的奶子，七上八下地甩动着，溅满了斑斑点点的鲜血。

她那瘦白的身子，骑在柯老雄壮硕的赤黑尸体上，突然好像暴涨了几倍似的。[56] 我感到一阵头晕，手里的菜刀跌落到地板上。

[54] 白先勇的"突然"都用得不很好，这里的也可以删去。

[55] 双线结构的故事，副线在主线行进时穿插隐现，想要完成度高，还必须：
1. 主副线各有高潮，两个高潮递接来临，靠得很近；
2. 小一点的高潮先来，作为大高潮的铺垫；白先勇这里仍然是通过"一晃神儿"，把副线的高潮（五宝遭华三虐打）插到了主线高潮（娟娟遭柯老雄虐打及反抗）之前；
3. 主线的高潮未必是更大的那个。电影《蓝色茉莉》，主线是女主搬到妹妹家后的际遇，副线是和丈夫的往昔。但往昔这条线的高潮更大更震撼，所以放在了后面。

[56] 高潮部分要将节奏放缓，实现的方式一是前面提过的分步骤，如杜十娘分三步怒沉百宝箱；方式二是像白先勇这样写得极细。
新手的写作箱里往往没有详备这把工具。凭本能写，要么情节该推进时却控制不住细节蔓延到铺天盖地，把自己缠死在里头了；要么高潮紧要处反而就一把枯柴，点不出啥旺火。

娟娟的案子没有开庭，因为她完全疯掉了[57]。他们把她押到新竹海边一个疯人院去。我申请了两个多月，他们才准我去探望她，林三郎跟我做伴去的。娟娟在五月花的时候，林三郎很喜欢她，教了她许多台湾小调，他自己写的那首《孤恋花》就是他教她唱的。

[57] 小说中的事件顺序：

1. 五宝的死——高潮的引子;
2. 五宝遭虐打,"我"企图营救——小高潮;
3. 娟娟遭虐打并反制——大高潮;
4. 娟娟的疯——高潮导致的结局。

按照现实中的顺序,五宝是先遭虐打再自杀而亡的。小说中之所以要调换顺序,主要的考量是:五宝遭虐打的情节跟高潮的情节相似,可以通过"一晃神"的方式顺利切换。

我们在新竹疯人院里看到了娟娟。她们给她上了手铐,说她会咬人[58]。娟娟的头发给剪短了,发尾子齐着耳根翘了起来[59],看着像个十五六岁的小女孩。她穿了一件灰布袍子,领子开得低低的,喉咙上那条蚯蚓似的红疤,完全露了出来。她不认识我们了,我叫了她好几声,她才笑了一下,她那张小小的三角脸,显得愈更苍白削瘦,可是奇怪得很[60],她的笑容却没有了从前那股凄凉意味,反而带着一丝疯傻的憨稚。我们坐了一阵子,没有什么话说,我把一篮苹果留了下来,林三郎也买了两盒掬水轩的饼干给娟娟。两个男护士把娟娟架了进去[61],我知道,他们再也不会放她出来了。

[58] 悲剧的轮回。

[59] 半长不长的头发本来就最容易翘,以娟娟的状态,谈不上梳洗,自然是翘的。作家心思缜密。

[60] 可以去掉这一小句。人傻了之后没了凄凉忧愁,好像不是那么太奇怪的事情,符合一般的认知。

[61] 被男人逼疯了的女性还是由男人来押守。

我和林三郎走出疯人院,已是黄昏,海风把路上的沙刮了起来,让落日映得黄濛濛的。去乘公共汽车,要走一大段路,林三郎走得很慢,他的眼睛差不多完全瞎掉了。他戴着一副眼镜,挂着一根拐杖,我扶着他的手臂,两个人在那条漫长的黄泥路上一步一步地行着。路上没有人,两旁一片连着一片稻田。秋收过了。干裂的田里竖着一丛丛枯残的稻梗子。走了半天,我突然[62]觉得有点寂寞起来,我对林三郎说:

> [62] "走了半天,我觉得有点寂寞起来……"这样不就挺好的?
> 白先勇的"突然"症结……

"三郎,唱你那支《孤恋花》来听。"
"好的,总司令。"
林三郎清了一清喉咙,尖起他的假嗓子,学着那些酒家女,细细地哼起他那首《孤恋花》来:[63]

> [63] 这个结尾稍显刻意,虽然呼应前文,提高完成度,并再次渲染出一些悲剧感,但带了点套路味。
> 不过,瑕不掩瑜,这一篇《孤恋花》毋庸置疑属顶尖文学作品。

青春欉谁人爱
变成落叶相思栽——

后记
文字，不只是一小部分人的爱好

以前我并不知道很多人对于文笔这回事有着深沉的执念。我以为关注此事的大约只有中小学生以及他们的家长——要过高考独木桥嘛，直到有个旧日同窗写了一封邮件给我，倾诉他因文笔不佳而产生的种种纠结烦恼。起初我不以为意，心想他一介政治学博士候选人，文章只需有理有据逻辑分明就好，要那些个花哨玩意作甚？依此思路我回复了邮件，劝他放下心中执念，发展真正的长处以成就自己云云。之后的一阵子，出于无事不探求、时时爱分析的作风，和各色朋友聊天时我都会提到这一话题：你希望自己有很出色的文笔吗？你曾经因为文笔平平而体验过很深的挫败感吗？

答案各式各样，但有一致的走向，那就是：这事比我想象中的更是个事。尤其几位素来不大有文艺气息的朋友，在诚挚交流之下竟纷纷摇头叹息，沧桑地说起年少时为写好作文很是下了些不为人知的力气。可惜收效甚微，愈挫愈颓，最终失望放弃，关上一扇门不再打开。

　　这些交谈震到了我。我本以为对文字的重量、质感与明暗的讲究，只是很小一撮人的爱好，那性质跟北京爷们玩核桃论"质、形、色、个"也不差太多：非关经济不涉民生，玩儿几把切莫当真。这些天的小范围调查让我意识到自己错了。想想古时候写了字的纸张都不可轻慢，得一齐拿到孔庙中烧化；仓颉作书，天雨粟、鬼夜哭。文字所能承载的，说到底，核桃怎么能够比拟？

　　不过，且先不管文字能不能通上灵，它能通往人类的心灵则是毫无疑问的。通过和诸多朋友的交谈，我深深领受到自我表达是每个人心底根深蒂固的渴求，它一点也不亚于对食与色的追逐。口头表达有局限之处，要是能够轻松驾驭文字，精确传神地写出自己的所感所思，那自然是极好的。相反，有苦乐而难诉诸文字，心中欢腾喧嚣笔下却一片死寂，该有多么的憋屈。自幼写作顺溜常被师长教唆"将来当个作家"的我，还真是没太体贴过这一群人的心理。要不然也不会在别人郑重其事来讨教的时候，说出"文笔不好就随他去，发展自己真正的长处"这样的话来。这就好比心理咨询师说出"婚姻不好就随他去，埋头专注事业吧"或者"拖延症就随他去，散漫一点的人生何尝不好"之类的屁话来。亏得我同学有涵养，没有跟我认真计较。

其实，我太应该理解他的心境了。我难道没有体验过和他一样求之不得的痛苦彷徨吗？将时光拉回三年多前，那时我还是个中重度拖延者，明明万般渴望妥善安排各项事宜，却架不住屡屡拖延，将生活过得滞重不已。我不知道是哪里出了问题，只能绝望久了就挣扎一下子，挣扎完了再绝望一阵子。本以为将在这样的轮回中耗尽光阴，谁知误入豆瓣的战拖小组，学到些番茄工作法之类的小技巧，一试之下，效果竟然好得惊人。于是在战拖的正道上就一路狂奔、所向披靡了，一面读书译书丰富理论，打通心理的任督二脉，一面积极应用各样技巧各色软件……到今天俨然战拖达人了，时不时发个文章放送下战拖心得，动不动解答下新一代拖友的战拖疑虑。在应付人生重要事项时，我已基本根绝了拖延旧习，生活开始呈现一些月朗风清的眉目了。

这个世界上有天生行事利落，对时间的感觉精准，轻轻松松就能有条不紊安排生活的人，也有很多始终在一片混乱中延挨度日的人。你本以为两者之间隔着不可逾越的深沟巨壑，到最后却发现相隔的只是番茄工作法、晨间日记、Do it 软件以及一周三次跑步而已。同样的道理，这世上有"文章如万斛泉水不择地而出"的苏东坡，有斗酒诗百篇的李白，也有从来提笔就犯难、挠破头皮多少回的芸芸大众，我们斗胆猜想一下，其间相隔的大概也不会是吓死人的天堑吧？一定有某些技巧和窍门能够帮助他们架起桥梁，只是目前在这一领域开拓的人还寥寥无几罢了。现有关于写作技法的书多是教人编织故事，关注的是如何构思情节人物，如何熟谙大众心理、运用编剧理论缀以流行元素写出一部受欢迎的小说或剧本。专注于提升文笔，探讨如何增加文字的密度，以丰富的词汇和句式织造出锦绣文章的，目前我还没看到。而依据常识以及与朋友们的交谈，大多数人其实并不有志有闲于写小说或剧本，他们只是想使写下的日记和游记更流畅生动，富有趣味，使书面呈现的感慨或议论足以匹配他们思想和灵魂的深度。

写到这里，我要引用闻一多先生的诗了：

> 我来了，因为我听见你叫我：
> 鞭着时间的罡风，擎一把火！

深深受益于互联网分享文化的我，想到终于也可以有一些东西拿出来分享给他人，简直欢喜雀跃。但愿我根据多年经验整理出的这套文章精读术能和番茄工作法一样有奇效。当然，战拖经验提醒我，凡事不可开头设想得过于美好，先踏踏实实地写出来吧，哪怕最终只有五个人结实地受益，也不为枉写了。